河北省科技计划资助项目（项目编号：17217667D）

钢铁企业两化融合

王大勇　张雪斌　著

北　京

冶 金 工 业 出 版 社

2018

内 容 简 介

本书是河北省科技计划项目"钢铁工业两化融合规范"（项目编号：17217667D）成果的比较深入的阐述。本书介绍了信息化、工业化及其融合的概念和意义，介绍了钢铁工业及其主要工序，提出了钢铁企业两化融合的基本要求、基本原则和程序，明确了钢铁企业两化融合系统的主要功能，介绍了智能制造的概念、基础，提出了钢铁企业智能制造的优先方向。本书收录了河北省冶金行业协会团体标准 T/HBMIA 1—2018《钢铁企业两化融合规范》，作为附录。

本书可供钢铁企业、工业信息化服务企业、钢铁工业主管部门、高等院校的管理人员、技术人员、软件开发人员、教师和学生参考。

图书在版编目（CIP）数据

钢铁企业两化融合/王大勇，张雪斌著 . —北京：冶金工业出版社，2018.10

ISBN 978-7-5024-7897-1

Ⅰ. ①钢… Ⅱ. ①王… ②张… Ⅲ. ①钢铁企业—工业企业管理—研究—中国 Ⅳ. ①F426.31

中国版本图书馆 CIP 数据核字（2018）第 221427 号

出 版 人 谭学余
地　　址 北京市东城区嵩祝院北巷 39 号　邮编　100009　电话　（010）64027926
网　　址 www.cnmip.com.cn　电子信箱　yjcbs@cnmip.com.cn
责任编辑 于昕蕾　美术编辑　彭子赫　版式设计　孙跃红
责任校对 卿文春　责任印制　李玉山
ISBN 978-7-5024-7897-1
冶金工业出版社出版发行；各地新华书店经销；三河市双峰印刷装订有限公司印刷
2018 年 10 月第 1 版，2018 年 10 月第 1 次印刷
169mm×239mm；16.5 印张；283 千字；253 页
64.00 元

冶金工业出版社　投稿电话　（010）64027932　投稿信箱　tougao@cnmip.com.cn
冶金工业出版社营销中心　电话　（010）64044283　传真　（010）64027893
冶金书店　地址　北京市东四西大街 46 号（100010）　电话　（010）65289081（兼传真）
冶金工业出版社天猫旗舰店　yjgycbs.tmall.com
（本书如有印装质量问题，本社营销中心负责退换）

课 题 组

课题负责人　王大勇

技术负责人　张雪斌

团队核心成员

王大勇	张雪斌	付军立	李文兴
陈俊芬	王远继	赵　辉	高　林
王学诚	武建丽	孙晓东	白东云

专家组成员

毕英杰	梁碧青	马　蕴	董兆伟
刘树惶	王　新	张国庆	吕玉兰
郑景须	谢艳峰	祁云东	徐明君
周乐挺	卜　冰	王　鑫	史新辉
宋继宽	王大为	张　露	丁玉欣
方文龙			

前　言

　　以信息技术改造钢铁工业，使信息技术完全融入钢铁企业产品研发设计、生产制造、经营管理和营销服务过程，通过业务系统综合集成、企业间业务协同等建成完备的信息化系统，实现钢铁企业信息化，促进钢铁企业发展理念和发展模式的创新，提高钢铁企业运营效率，这是钢铁企业两化融合的主要内容。

　　在信息科学技术迅猛发展的情况下，如何使其融合到钢铁企业中，与钢铁企业成为一体，促进钢铁企业的绿色发展、科学发展，实现钢铁企业的智能制造，是摆在所有钢铁企业面前的一个课题。很多钢铁企业在信息化改造方面都进行了一些有益的探索和尝试，取得了很多成功的经验，也有一些不太成功的教训。

　　为了规范钢铁企业两化融合，使信息化成为钢铁企业发展的内生要素，以提升钢铁企业的创新能力、能源资源优化配置水平和利用效率，减少污染物排放，实现创新发展、智能发展和绿色发展，形成可持续发展竞争能力，河北省科学技术厅下达了河北省科技计划课题"钢铁工业两化融合规范"。

　　课题由河北省冶金行业协会承担，冶金工业信息标准研究院、中钢石家庄工程设计研究院有限公司为协作单位。课题进行过程中，上海宝信软件股份有限公司、赛意信息科技股份有限公司、山东天利和软件有限公司参与了研究，最终形成了《钢铁企业两化融合规范》。

在课题研究中，查阅了大量文献资料，使作者更加深刻地理解了工业化、信息化及其融合的含义，对钢铁工业两化融合和钢铁企业两化融合的联系和区别的理解更加深入。为此，作者整理了研究过程中的有关资料和心得，对研究成果进行了深入阐述，形成了本书。

本书介绍了信息化、工业化及其融合的概念和意义，对钢铁企业两化融合的基本要求、基本原则进行了阐释，对钢铁企业实现两化融合的程序进行详细的说明，明确了钢铁企业两化融合系统框架和各系统的主要功能，介绍了智能制造的概念和钢铁企业智能制造所需要的基础，提出了钢铁企业智能制造的优先方向。

在课题研究中，各协作单位给予了大力支持；河北省科学技术厅、河北省工业和信息化厅多次进行指导；王新、张国庆、赵克时、马蕴、石铁铸、孙东伟、王晓冉、袁园、刘芳等提供了各种支持和协助，河北省冶金行业协会秘书处工作人员提供了良好的条件和各种协助，在此谨致谢意！

本书对研究成果进行了比较深入的阐述，有助于理解河北省冶金行业协会团体标准 T/HBMIA 1—2018，可供相关人士参考。

欢迎各位读者批评指正，不吝赐教。

作　者

2018 年 7 月

目　录

第一章　信息化、工业化及其融合 ………………………………………… 1

第一节　信息化 ……………………………………………………… 1

第二节　工业化 ……………………………………………………… 9

第三节　信息化和工业化的关系 ………………………………… 18

第四节　两化融化 ………………………………………………… 20

第二章　钢铁企业概述 …………………………………………………… 31

第一节　钢铁企业 ………………………………………………… 31

第二节　钢铁企业主要生产工序 ………………………………… 34

第三章　基本要求 ………………………………………………………… 53

第一节　战略 ……………………………………………………… 53

第二节　基础 ……………………………………………………… 63

第三节　管理体系 ………………………………………………… 69

第四节　投入 ……………………………………………………… 74

第五节　组织结构 ………………………………………………… 79

第四章　基本原则 ………………………………………………………… 90

第一节　重方法 …………………………………………………… 90

第二节　多特性 …………………………………………………… 101

第三节　兼要素 …………………………………………………… 109

第四节　相匹配 …………………………………………………… 116

第五节　易构架 …………………………………………………… 121

第六节　适需求 …………………………………………………… 125

第七节　向纵深 …………………………………………………… 129

第八节　避风险 …………………………………………………… 135

第五章　程序 ·· 141

第一节　策划 ·· 141

第二节　实施 ·· 149

第三节　运行 ·· 157

第四节　评测和改进 ···································· 162

第六章　功能 ·· 164

第一节　系统构架 ····································· 164

第二节　产供销管理系统功能 ·················· 165

第三节　电子商务系统功能 ····················· 174

第四节　过程控制系统功能 ····················· 176

第五节　检化验和计量控制系统 ·············· 180

第六节　能源环境管理系统 ····················· 181

第七节　物流管理系统 ··························· 183

第八节　数据分析与决策支持系统 ··········· 184

第九节　战略管理系统 ··························· 187

第十节　研发、设计管理系统 ·················· 188

第七章　智能制造 ···································· 191

第一节　概述 ·· 191

第二节　智能制造优先行动领域 ·············· 200

附录　T/HBMIA 1—2018 钢铁企业两化融合规范 ·········· 210

参考文献 ·· 246

第一章 信息化、工业化及其融合

第一节 信息化

一、信息化概念

(一) 一般性定义

信息化的概念起源于 20 世纪 60 年代的日本，首先由一位日本学者提出，后被译成英文传播到西方，西方社会普遍使用"信息社会"和"信息化"的概念是 20 世纪 70 年代后期才开始的。

关于信息化的表述，在我国学术界和政府内部做过较长时间的研讨。有人认为，信息化就是计算机、通信和网络技术的现代化；有人认为，信息化就是从物质生产占主导地位的社会向信息产业占主导地位的社会转变的发展过程；也有人认为，信息化就是从工业社会向信息社会演进的过程；还有其他观点。

1997 年召开的第一届全国信息化工作会议，对信息化和国家信息化做出了定义："信息化是指培育、发展以智能化工具为代表的新的生产力并使之造福于社会的历史过程。国家信息化就是在国家统一规划和组织下，在农业、工业、科学技术、国防及社会生活各个方面应用现代信息技术，深入开发广泛利用信息资源，加速实现国家现代化进程。"

实现信息化就要构筑和完善 6 个要素的国家信息化体系，一是开发利用信息资源，二是建设国家信息网络，三是推进信息技术应用，四是发展信息技术和产业，五是培育信息化人才，六是制定和完善信息化政策。

(二) 通信经济学中的定义

所谓信息化，是指社会经济的发展，从以物质与能源为经济结构的重心，向以信息为经济结构的重心转变的过程。

信息化代表了一种信息技术被高度应用，信息资源被高度共享，从而使得人的智能潜力以及社会物质资源潜力得以充分发挥，个人行为、组织决策和社会运行趋于合理化的理想状态。同时，信息化也是信息技术产业发展与信息技术在社会经济各部门扩散的基础之上，不断运用信息技术改造传统的经济、社会结构从而通往理想状态的一个持续的过程。

这个定义综合了以下学者的定义：

（1）1963年，日本学者 Tadao Umesao 在题为《论信息产业》的文章中提出，"信息化是指通讯现代化、计算机化和行为合理化的总称。"其中行为合理化是指人类按公认的合理准则与规范进行；通讯现代化是指社会活动中的信息交流基于现代通信技术基础上进行的过程；计算机化是社会组织和组织间信息的产生、存储、处理（或控制）、传递等广泛采用先进计算机技术和设备管理的过程，而现代通信技术是在计算机控制与管理下实现的。因此，社会计算机化的程度是衡量社会是否进入信息化的一个重要标志。

（2）林毅夫等指出："所谓信息化，是指建立在信息技术产业发展与信息技术在社会经济各部门扩散的基础之上，运用信息技术改造传统的经济、社会结构的过程"。

（3）赵苹等给信息化所下的定义则是："信息化是指人们对现代信息技术的应用达到较高的程度，在全社会范围内实现信息资源的高度共享，推动人的智能潜力和社会物质资源潜力充分发挥，使社会经济向高效、优质方向发展的历史进程"。

（三）信息管理学中的定义

信息化指在现代信息技术广泛普及的基础上，社会和经济各个方面发生深刻变革，通过提高信息资源管理和利用水平，大幅提高各种社会活动的功能和效率，从而达到人类社会新的物质和精神文明水平的过程。通常称之为"管理信息化"。

（四）社会学中的定义

信息化是指由计算机和互联网生产工具的革命所引起的工业经济转向信息经济的一种社会经济过程。按业务领域来分，信息化可分为信息技术的产业化、传统产业的信息化、基础设施的信息化、生产方式的信息化、生活方式的信息化；按从低级到高级的层次结构来分，信息化又可分为产品信息化、企业信息化、信息产业化、产业信息化、经济信息化和社会信息化。

（五）信息化的理解

信息化可以如下理解：

（1）信息化是指在国民经济和社会生活中最广泛地应用先进的信息技术，以提高生产力和人民生活水平，促进国民经济的发展。其内涵包括：一是用于收集、加工、处理、输送、发布各类经济信息所需的各类硬件环境，包括计算机、传真机、电话、摄像机、计算机网络、光纤及卫星网络等；二是一套完整的信息标准和科学的信息法规；三是一套有效的经济信息化的应用系统；四是多方面反映国民经济运行情况的各类数据库；五是符合要求的高素质的人力资源。

（2）信息化是指在经济和社会活动中，通过普遍地采用信息技术和电子信息装备，更有效地开发和利用信息资源，推动经济发展和社会进步，使由于利用了信息资源而创造的信息经济增加值在国民生产总值中的比重逐步上升直至占据主导地位的过程。其内涵包括：信息基础结构、信息技术、信息产业、信息应用和信息服务。

（3）信息化是指在工业化的过程中，在逐步提高信息经济在国民生产总值中的比重的同时，通过"信息高速公路"的建设，把我国的信息产业发展起来，把信息技术的应用普及和信息技术的自主开发能力提上去。其内涵包括信息基础设施、信息产业、信息技术、信息人才和信息环境，其中信息产业是支柱，信息技术是根基，信息人才是动力，信息环境则是信息化有序运行的保障。各要素相互联系，相互依托，共同构成我国信息化基础结构。

（4）信息化就是要加快国民经济各部门之间、部门内部以及企业间的信息沟通和交流，促进企业技术改造，使企业的发展更适应新技术的发展和不断变化的市场需求，从而加快经济的运行节奏，促进经济发展。国民经济信息化有利于实现经济增长方式从粗放型向集约型转变，有利于建立资源优化配置的经济运行体制，有利于调整产业结构、降低资源消耗、减少污染物排放、加快资金周转、提高经济效益。国民经济信息化不仅表现为信息产业在国民经济中占有较大的比重，还体现在国民经济各部门由于信息技术的应用和信息产业的发展而获得巨大利益。

（5）信息化是在国民经济发展中充分发展信息市场要素、网络要素、公用软件和硬件要素及数据库资源开发要素等四个基本要素，并通过这四个要素提高全社会的经济效率，全面刺激、促进和带动国民经济的持续和稳定增长。

（6）信息化是指随着近代工业的产生与发展，在国民经济结构日趋复杂并处于不断变化的状态中，用信息化创造智能型的、强大的社会生产力，改造、更新和装备国民经济的各个部门，通过快速、高效、低能耗的信息传递，把社会的生产、分配、交换、消费四个环节有机地联系起来，提高管理与决策中信息运用的水平，加快知识、技术、人才和资金流动，建立国民经济的稳定有序状态，以大幅度提高社会的劳动生产率，推动经济发展和社会进步。

（7）信息化不单纯指信息技术，更多是指因信息技术而产生变化和发展的产业，如工业、电子行业，以及因信息化发生变革的社会运转状态，如人们日常需求的各种信息化服务。

（8）信息化是以信息技术为依托，在社会各个方面或各个行业中所产生的变化。信息化所带来的影响已经深入到社会的各个角落，从与人们生活、工作密切相关的各种服务、功能，到在信息基础支撑下发展起来的第三产业，都与人们的生活和社会的发展息息相关。

（9）信息化是指培养、发展以计算机为主的智能化工具为代表的新生产力，并使之造福于社会的历史过程。智能化工具又称信息化的生产工具，一般必须具备信息获取、信息传递、信息处理、信息再生、信息利用的功能，与智能化工具相适应的生产力，称为信息化生产力；智能化生产工具与以前生产力中的生产工具不同之处在于其不再是一件孤立分散的物质，而是一个具有庞大规模的、自上而下的、有组织的信息网络体系。这种网络体系、这种智能化生产工具将改变人类的生产方式、工作方式、学习方式、交往方式、生活方式、思维方式等，将使人类社会发生极其深刻的变化。

（10）信息化是以现代通信、网络、数据库技术为基础，对所研究对象的各要素汇总至数据库，供特定的人群生活、工作、学习、辅助决策等和人类息息相关的各种行为相结合的一种技术，使用这种技术后，可以极大地提高各种行为的效率，为推动人类社会进步提供极大的技术支持。

（11）根据2006—2020年国家信息化发展战略，信息化是充分利用信息技术，开发利用信息资源，促进信息交流和知识共享，提高经济增长质量，推动经济社会发展转型的历史进程。在1997年6要素的基础上增加"信息安全"要素后，成为7要素。

（六）企业信息化

企业信息化是指企业在研究与开发、生产、市场经营等各个层次、各个环节和各个方面，选择先进适用的计算机、通信、网络和软件等现代信息技术和设备，建设应用系统和网络，充分开发、广泛利用企业内外的信息资源，调整或重构企业组织结构和业务模式，逐步实现企业运行的全面自动化，伴随着现代企业制度的建立和形成，建成对市场快速反应的能力，从而提高企业经济效益和企业竞争力的过程。

二、信息化的主要作用

信息化对经济发展的作用是信息经济学研究的一个重要课题。很多学者都对此进行了尝试。比较有代表性的有两种论述：一是将信息化的作用概括为支柱作用和改造作用两个方面；二是将信息化的作用概括为先导作用、软化作用、替代作用、增值作用和优化作用等五个方面。这些观点对充分认识信息化的经济功能（或称作用）具有一定的参考价值。信息化对促进经济发展具有不可替代的作用，这种作用主要是通过信息产业的经济作用予以体现。主要有以下几个方面。

（一）信息产业的支柱作用

信息产业是国民经济的支柱产业，体现在两个方面。一是信息产业是国民经济新的增长点，信息产业快速发展，增加值在国内生产总值中的比重不断提高，对国民经济的直接贡献率不断提高，间接贡献率稳步提高；二是信息产业将发展成为最大的产业之一，在国家对外贸易中的支柱地位将得到进一步巩固和提高，信息产业在国民经济产业中位居前列。

（二）信息产业的基础作用

信息产业是关系国家经济命脉和国家安全的基础性和战略性产业，主要体现在两个方面。一是通信网络是国民经济的基础设施，网络与信息安全是国家安全的重要内容；强大的电子信息产品制造业和软件业是确保网络与信息安全的根本保障；二是信息技术和装备是国防现代化建设的重要保障，信息产业已经成为各国争夺科技、经济、军事主导权和制高点的战略性产业之一。

（三）信息产业的先导作用

信息产业是国家经济的先导产业，主要体现在四个方面。一是信息产业的发展已经成为世界各国经济发展的主要动力和社会再生产的基础；二是信息产业作为高新技术产业群的主要组成部分，是带动其他高新技术产业腾飞的领军产业；三是信息产业的不断拓展，信息技术向国民经济各领域的不断渗透，将创造出新的产业门类；四是信息技术的广泛应用，将缩短技术创新的周期，极大地提高国家的知识创新能力。

（四）信息产业的核心作用

信息产业是推进国家信息化、促进国民经济增长方式转变的核心产业，主要体现在三个方面。一是通信网络和信息技术装备是国家信息化的物质基础和主要动力；二是信息技术的普及和信息产品的广泛应用，将推动社会生产、生活方式的转型；三是信息产业的发展大量降低物资消耗和交易成本，对实现我国经济增长方式向节约资源、保护环境、促进可持续发展的内涵集约型方式转变具有重要推动作用。

三、信息化的基本层次

信息化有产品信息化、企业信息化、产业信息化、国民经济信息化、社会生活信息化等层次。

（一）产品信息化

产品信息化是信息化的基础，一是产品所含各类信息比重日益增大、物质比重日益降低，产品逐步由物质产品的特征向信息产品的特征迈进；二是越来越多的产品中嵌入了智能化元器件，使产品具有越来越强的信息处理功能。

（二）企业信息化

企业信息化是国民经济信息化的基础，企业在企业经营及产品的设计、开发、生产制造、管理、营销等多个环节中广泛利用信息技术，并大力培养信息人才，完善信息服务，加速建设企业信息化系统。

（三）产业信息化

产业信息化是农业、工业、服务业等传统产业和新兴战略性产业广泛利用信息技术，大力开发和利用信息资源，建立各类的数据库和网络，实现产业内各种资源、要素的优化与重组，从而实现产业的转型升级。

（四）国民经济信息化

国民经济信息化是在经济大系统内实现统一的信息大流动，形成国民经济大数据系统，使金融、贸易、投资、计划、通关、营销等组成一个信息大系统，使生产、流通、分配、消费等经济的四个环节通过信息进一步联成一个整体。

（五）社会生活信息化

社会生活信息化涉及社会生活的各个方面，指包括经济、科技、教育、军事、政务、日常生活等在内的整个社会体系采用先进的信息技术，建立各种信息网络，大力开发与人们日常生活有关的信息内容，实现家庭生活、社会生活的信息化，丰富人的精神生活，拓展人的活动时空。

四、信息化生产力

信息化生产力是迄今人类最先进的生产力，要求要有先进的生产关系和上层建筑与之相适应，一切与之不适应的生产关系和上层建筑应随之改变。完整的信息化内涵包括以下四方面内容：

一是信息网络体系，包括信息资源、各种信息系统、公用通信网络平台等。

二是信息产业基础，包括信息科学技术研究与开发、信息装备制造、信息咨询服务等。

三是社会运行环境，包括现代工业、农业和服务业，包括管理体制、政策法律、规章制度、文化、道德观念等生产关系与上层建筑。

四是效用积累过程，包括劳动者素质、国家现代化水平、人民生活质量不断提高，精神文明和物质文明建设不断进步等。

五、管理信息化平台

企业管理信息化有知识管理平台、日常办公平台、信息集成平台、信息发布平台、协同工作平台、公文流转平台、企业内部通信平台等七个基本平台。

（一）知识管理平台

知识管理平台用于建立学习型企业，更好地提高员工的学习能力，系统性地利用企业积累的信息资源、专家技能，改进企业的创新能力、快速响应能力，提高生产效率和员工的技能素质。图书馆系统建立知识管理平台，可以面向社会。

（二）日常办公平台

日常办公平台可将日常安排、任务变更等集成在一个平台下，改变传统的集中办公方式，扩大了办公区域。通过网络的连接，用户可在家中、城市各地甚至世界各个角落随时办公。

（三）信息集成平台

对于一些使用 ERP 系统的企业，已存在的生产、销售、财务等一些企业经营管理业务数据，对企业的经营运作起着关键性作用。企业信息的统筹运用，需要信息集成平台，避免形成信息孤岛；政府可以将各职能部门信息进行集成。

（四）信息发布平台

建立信息发布平台的标准流程，规范化运作，为信息发布、交流提供一个有效场所，使法律法规、规章、规范性文件、公告、标准、通知等和企业的规章制度、新闻简报、技术交流、公告事项等都能及时传播，而公民可以及时获知政府信息，企业员工可以及时获知企业的发展动态。信息发布平台可采用网站、微信公众号等各种方式，并可多种方式共同应用。

（五）协同工作平台

将企业各类业务集成到 OA 办公系统当中，制定标准，将传统垂直化领导模式转化为"扁平式管理"模式，使下属与上级、普通员工与管理层之间的距离在物理空间上缩小的同时，心理距离也逐渐缩小，从而提高团队化协作能力，最大限度地发挥人的主观能动性和创造力，提高工作效率。

（六）公文流转平台

企业在信息化的环境中，改变传统纸质公文办公模式，内外部的收发文、呈批件、文件管理、档案管理、报表传递、会议通知等均采用电子起草、传阅、审批、会签、签发、归档等电子化流转方式，真正实现无纸化办公。

（七）企业内部通信平台

企业范围内的电子邮件系统，使企业内部通信与信息交流快捷流畅，同时便于信息的管理。

第二节　工业化

一、工业化概念

工业化概念相对来说已经非常成熟。自全球性工业革命开始，社会的发展就依赖于工业生产，大规模的工业生产为人们生活带来了更多便捷，为社会创造了更多发展成果。工业化概念在不同的工业发展时期也有着相应的特点，传统的工业发展基本上以经济利益为主要目的，因此对生产过程所产生的资源消耗、生态环境的破坏等问题没有过多关注。工业化发展状态持续一定时期后，各种问题逐渐暴露并突出显现出来，许多国家都对新型工业模式的调整提出了要求。新型工业化是当前工业发展的主题，综合考虑了更多与人类社会健康发展相关的因素，依赖于多种先进的技术支持，以实现工业化的可持续发展。

（一）狭义工业化定义

狭义的"工业化"定义是，工业化是工业、特别是其中的制造业在国民经济中比重不断上升的过程。

工业化是一个过程，国民收入中制造业活动或第二产业所占比例提高了，在制造业或第二产业就业的劳动人数比例有增加的趋势。在这两种比例增加的同时，除了暂时的中断以外，整个人口的人均收入也增加了。

工业化通常被定义为工业（特别是其中的制造业）或第二产业产值（或收入）在国民生产总值（或国民收入）中比重不断上升的过程，以及工业就业人数在总就业人数中比例不断上升的过程。

（二）广义工业化定义

广义的"工业化"定义，可以表述为"国民经济中一系列基本的生产函数（或生产要素组合方式）连续发生由低级到高级的突破性变化（或变革）的过程"。

广义工业化定义可以反映产业革命以来经济社会的主要变化，既包括工业本身的机械化、自动化和现代化，也包括工业发展是工业化的显著特征之一，但工业化并不能狭隘地仅仅理解为工业发展。因为工业化是现代化的核心内容，是传统农业社会向现代工业社会转变的过程。在这一过程中，工业发展绝不是孤立进行的，而总是与城市化和服务业发展相辅相成的。

二、工业化的特征

工业化是机器大工业在国民经济中发展并取得优势地位的过程，亦即通过发展科学技术，采用先进的技术手段和科学管理方法，使各项工业技术经济指标达到先进水平的过程。

工业化是一个历史性概念。在人类历史上，工业的发展已经历过3次科学技术革命，每一次科学技术革命都不同程度地推进了工业化过程；随着科学技术的不断发展，在不同的历史时代，工业化有不同的内涵。

工业化是一个整体性概念。工业化是一个国家整个国民经济中工业发展程度与世界上先进的工业发展程度相比较的指标体系，而不是工业中某一部门、行业或某种产品的工业发展程度。

工业化的主要内容，一是劳动资料的现代化，在主要工业部门实现生产过程的机械化、自动化，采用新技术、新材料、新工艺和最新科技成果；二是工业管理的现代化，在工业管理中采用现代化的管理体制、合理化的生产组织、科学化的管理方法和电子计算机化的管理手段，达到优化资源配置，取得最佳经济效益的目的；三是劳动者和管理者知识结构的现代化，劳动者和管理者的科学文化水平和专业知识普遍提高，在业职工构成发生变化，技术人员的比重将不断上升，直接生产工人的比重将逐渐下降，具有专业知识的人员会迅速增加；四是工业部门结构的现代化，技术密集型工业的比重日益提高、新兴工业部门的建立与发展，是工业部门结构高度化的主要标志；五是主要技术经济指标达到先进水平，如主要工业产品产量、劳动生产率、主要原料和能源的消耗水平、资金占用等指标。工业化的这5项主要内容是互相联系、不可分割的。

工业化的特征概括可以概括为四个：一是生产技术的突出变化，具体表现为以机器生产代替手工劳动；二是各个层次经济结构的变化，包括农业产值和就业比重的相对下降与工业产值和就业比重的上升；三是生产组织的变化；四是经济制度和文化的相应变化。

三、工业化的背景

工业化指一个国家和地区国民经济中，工业生产活动取得主导地位的发展过程。

工业化最初只是一种自发的社会现象，始于18世纪60年代的英国。这种以大规模机器生产为特征的工业生产活动向原有的生产方式和狭小的地方市场提出挑战，旧的生产方式已无法满足日益增长的市场容量的需求。同时，资本积累和科学技术的发展又为工业化的产生奠定了基础。

工业化是一个相当长的发展过程。在工业化初期，一些先行的工业化国家为实现人口自由流动和提供充足、廉价的劳动力，迫切要求打破原有的社会劳动组织系统，这一时期约有100年的历史。20世纪以来，特别是在第二次世界大战后，工业化成为世界各国经济发展的目标。工业生产的空间活动范围在工业化不同发展阶段具有较明显的趋向性。初期时，工业生产活动往往局限在一定的地域范围内，随着交通条件的改善而呈线状或带状向外扩散，最终达到一个国家或地区相对的均衡分布状态。

工业化的发展，对人类社会的进步既有积极作用，也有消极影响。伴随着大规模工业化而产生的日益严重的大气、海洋和陆地水体等环境污染，大量土地被占用，水土流失和沙漠化加剧等，对社会、自然、生态造成了巨大破坏，甚至危及人类自身生存，迫使各国对工业化的发展进行某种限制和改造。

四、新型工业化的特点

我国提出了新型工业化的概念。

所谓新型工业化，就是坚持以信息化带动工业化，以工业化促进信息化，是一条科技含量高、经济效益好、资源消耗低、环境污染少、人力资源优势得到充分发挥的工业化道路。

新型工业化与传统工业化相比，有三个突出的特点。一是以信息化带动的、能够实现跨越式发展的工业化，以科技进步和创新为动力，注重科技进步和劳动者素质的提高，在激烈的市场竞争中以质优价廉的商品争取更大的市场份额；二是能够增强可持续发展能力的工业化，要强调生态建设和环境保护，强调处理好经济发展与人口、资源、环境之间的关系，降低资源消耗，减少环境污染，提供强大的技术支撑，从而大大增强我国的可持续发展能力；三是能够充分发挥人力资源优势的工业化。

五、工业化的发展

现在世界主要工业化国家，其工业化大都在19世纪完成，依靠殖民掠夺、大量消耗能源、水资源、矿产资源和其他资源，对大气环境、水环境、土壤环境造成了严重破坏，对自然界和社会造成的负面影响长期难以恢复，给后人留下了极为深刻的教训。

　　为此，我国提出"以信息化带动工业化，以工业化促进信息化，走一条科技含量高、经济效益好、资源消耗低、环境污染少、人力资源优势得到充分发挥的新型工业化道路。"明确提出走新型工业化道路，是立足国情，面向世界、面向未来作出的重大决策，是发展思想上的与时俱进和重大创新。

　　新型工业化，是从外延式扩大再生产向内涵式扩大再生产的转变。与以往的工业化道路相比，我国的新型工业化必须符合科技含量高、经济效益好、资源消耗低、环境污染少、人力资源优势得到充分发挥的标准。科技含量高，就是要加快科技进步，加快先进科技成果的推广应用，充分发挥科技作为第一生产力的作用，促进科技成果更好地转化为现实生产力，把经济发展建立在科技进步的基础上，提高产品的质量和竞争力；经济效益好，就是要实现经济增长方式从粗放型向集约型转变，即从主要依靠增加投入、建设新项目、追求数量，转到以经济效益为中心的轨道上来，通过技术进步、加强科学管理、降低成本来提高劳动生产率；资源消耗低，就是要充分考虑我国人均资源相对短缺的实际，实施可持续发展战略，坚持资源开发和节约并举，把节约放在首位，努力提高资源利用效率，积极推进资源利用方式从粗放向高效转变，转变生产方式和消费方式；环境污染少，就是要高度重视生态环境问题，从宏观管理入手，注重从源头上和过程中防止环境污染和生态破坏，避免旧工业化过程中的先污染后治理；人力资源优势得到充分发挥，就是要从我国人口众多、劳动力资源比较丰富的实际出发，制定推进工业化的具体政策，处理好发展资金技术密集型产业与劳动密集型产业的关系，坚持走中国特色的城镇化道路，通过教育和培训提高劳动者的能力。纵观世界经济发展的历史，任何一个国家工业化进程都与时代紧密相关，成功的工业化都是吸收和应用当时最先进技术的结果。

　　人类社会进入信息时代，必须十分重视信息化在工业化发展过程中的倍增作用和催化作用，积极推进信息化。但是还应当看到，信息化是工业化发展到一定阶段的产物，信息基础设施的建设、信息技术的研究和开发、信息产业的发展，都是以工业化的成果为基础的，工业化为信息化提供了物质基础，并对信息化发展提出了应用要求。因此，忽视工业化、离开工业化的信息化，将缺乏必要的物质基础，缺乏必要的工业支撑，片面发展信息化的道路也就不可能走通。

　　从根本上说，工业化过程就是伴随科技进步、经济不断发展、产业结构优化升级的过程。根据世界经济科技发展新趋势和走新型工业化道路的要求，针对我国经济建设中存在的突出问题，推进产业结构优化升级的部署，形成以高新技术产业为先导、基础产业和制造业为支撑、服务业全面发展的产业格局。

新型工业化首先要发展包括信息产业在内的科技含量高、发展速度快、渗透力和带动力强，特别是要加快信息产业的开发，广泛应用信息技术，使国民经济和社会信息化。其次，要大力振兴装备制造业。处于工业中心地位的制造业，特别是装备制造业，是国民经济持续发展的基础，是国家工业化、现代化的发动机。国民经济各行业的生产技术水平和竞争能力，在很大程度上取决于制造业提供的技术装备的性能和水平。必须认识到，没有强大的制造业，不用先进的制造业武装各个产业，提升其装备和生产技术水平，我国要实现工业化和现代化，是不可能的。

新型工业化是我国顺应世界科技经济发展的必然选择。20世纪90年代以来，世界科技经济发展出现了巨大变化，主要表现在两个方面。一是新的科技革命突飞猛进，高新技术特别是信息技术广泛应用，不但成为经济社会发展的强大推动力，而且使人类生活活动和社会活动开始进入信息化、智能化、自动化时代；二是经济全球化深入发展，世界范围内经济贸易发展的资金技术流动加快，各国经济和市场进一步相互开放、相互依存，特别是信息化以世界为舞台，导致了信息、技术、资本、人才等生产要素更为激烈的国际竞争。

走新型工业化道路也是由我国基本国情所决定的。我国人口众多、人均资源不足、劳动力供大于求的矛盾突出。历史经验证明，在一个人均资源相对不足的国家，以资源的过量消耗和环境生态破坏为代价来推进的工业化，不仅资源难以支撑、工业化和经济发展难以为继，而且破坏生态、污染环境、妨碍人民生活质量的提高。因此，重视科技进步的作用，着力提高经济效益，节约和合理利用资源，保护生态环境，走可持续发展之路是我国工业化道路的唯一选择。

六、工业化的阶段和类型

工业化不仅是工业部门比重不断上升的过程，而且是工业部门内部结构不断变化的过程。

（一）工业化的阶段

工业化过程一般要经历三个阶段。第一阶段是消费品工业（相当于轻工业，如食品、纺织、烟草、家具等工业）居主导的阶段；第二阶段是资本品工业（相当于重工业，如冶金、化工、机械、汽车等工业）加速发展并逐步赶上消费品工业的阶段；第三阶段是资本品工业居主导的阶段。

（二）工业化的类型

根据发动者是政府还是个人，工业化分为三类。一类是个人或私人发动，一类是政府发动，一类是政府和私人共同发动。

在现实中，一个国家的工业化属于其中哪一类有时是难以说清的，但如果允许有一定的误差，则可将英国、法国、美国的工业化归为私人发动的，前苏联的工业化归为政府发动的，日本和德国的工业化则可归为政府和私人共同发动的。

一般来说，私人发动的工业化往往属于"渐进型"，政府发动的工业化则属于"激进型或革命型"。渐进型工业化往往始于消费品工业如纺织工业和食品工业，激进型工业化则往往始于资本品工业如冶金工业。

七、工业化的本质

工业化不仅是要使工业成为国民经济的主导产业，更重要的是要将大工业的思想和理念融入社会的方方面面，在快速发展工业的同时，对农业和服务业的生产模式实行脱胎换骨的改造，促使农业和服务业的生产模式发生重大变化（如农业机械化），使农业和服务业的劳动生产率得到迅速提高。

我国加入世界贸易组织（WTO）后，全国各地发展工业的热情十分高涨，工业生产和固定资产投资高速增长。但在目前的工业化热潮中，存在着一些认识上的偏向和误区，即对工业化的认识片面化、表面化，把第一、第二、第三产业割裂开来，认为工业化是工业部门的事情，农业与工业化的关系就是提供原料，第三产业与工业化的关系就是为工业生产和流通提供各种服务。

工业化的本质是一个涉及社会方方面面的过程，是一个产业升级和发展的过程，是一个各行各业的生产、管理、经营方式向标准化、规范化、规模化、社会化、专业化发展的过程，是一个社会观念从自然经济观念向商品经济观念全面转变的过程。

工业化的目标是提高工业生产在国民经济中的比重，但这只是衡量工业化水平的重要外在指标之一；重要的内在指标包括工业结构、整体技术水平、合理的企业组织结构、社会化专业化组织程度等。除了这些指标外，一个国家的工业化水平，还反映在农业、第三产业的生产经营中和政府的管理中多大程度上运用了工业化的组织方式，如专业化分工协作、规模化生产、科学化管理等。这才是工业化的本质。

八、工业化的意义

所谓工业化，主要是指工业在一国经济中的比重不断提高至取代农业，成为经济主体的过程，简单地说是传统的农业社会向现代化工业社会转变的过程。这一过程的特征主要是农业劳动力大量转向工业，农村人口大量向城镇转移，伴随着城镇化的进程，城镇人口逐步超过农村人口。工业化是现代化的基础和前提，高度发达的工业社会是现代化的重要标志。我国实现工业化的任务，是第一个五年计划提出来的，从"一五"计划算起，我国为实现工业化已经奋斗了60多年，把一个落后的农业大国建设成为拥有独立的、比较完整的、其中一部分达到现代化水平的工业体系和国民经济体系。但是，我国的工业化任务还没有完成，总体上还处于工业化中期阶段，突出表现在农业现代化和农村城镇化水平较低，农村人口在全社会劳动力和总人口中占50%左右；产业结构层次较低，竞争力不强，工业特别是制造业的技术水平还不够高，服务业的比重和水平同已经实现工业化的发达国家相比还有相当大的差距。工业化没有完成，现代化就难以实现。因此，继续完成工业化，仍然是我国现代化进程中重要而艰巨的历史任务。

（一）仅仅只依赖市场机制无法建立完整的大工业体系

处于主流地位的西方经济学是以小农经济为实践的理论，与现代工业经济社会并不相适应。那种期盼由市场机制自动、自发地实现国家富裕的愿望不过是一个幻想。一国经济的落后不是由于缺乏市场机制，很多国家建立了纯粹的市场经济，但仍然未改变落后状况就是很好的例证，其实落后的根源在于缺乏与现代工业经济相适应的大工业体系。我国的大工业体系无法通过市场机制和自由贸易来建立，而只有通过政府力量，通过政府导向，甚至通过一定程度的政府干预，集中人力、物力、财力来实现。只有这样，才能摆脱对发达国家的依附，掌握国家经济命脉主导权，才有机会占据世界经济利益高地。

市场机制是以小农经济为实践的理论。任何理论都是有前提条件和适用范围的，同时理论有时也有其本身所担负的特殊使命，"看不见的手"的市场机制也不例外。"看不见的手"基本是以农业社会及典型庄园私有经济特征的工场手工业或处于自由竞争的工业生产社会初期为实践的经济理论，其前提是分散的、独立的、力量均势的买家和分散的、独立的、力量均势的卖家，买卖双方完全用市场价格自发地、平等地进行商品交换的行为。因此，不真正理解现实的工业社会和工业经济运行规律，梦想"以市场换技术"，并把"看不见的手"奉为神明，把市场经济与产权明晰当宝贝，以为只要建立了"健全的市场经济体制"，让所有资产归于能发财的个人，强国就指日可待，财富就滚滚而来。殊不知这个世界根本没有一个靠"看不见的手"的自由市场而进步发展成发达国家的例子，发动全球贸易战的美国，就是一个活生生的现实。现实中的全球经济、国家经济、地区经济都与"看不见的手"的理论前提相差甚远，综观经济现实，现在正处于工业经济高度发展的时期，经济也总是被处于垄断地位的大资本所操纵。在这种情况下，研究我国的经济问题就不能用小农经济、自由市场经济的眼光分析，而应当从现代工业社会的角度来研究我国的问题。

农业经济时代，个人是生产的主体，使用简单生产工具进行重复性劳动。而现代工业经济以普遍使用先进机械、整个社会互相配合、不断发展变化的大生产为特征。在工业社会中，生产是由人和机器组合而成的工业体系来完成的，机器有远远超过人的体力和精力，能够达到人力远远不及的生产效率。人在生产中只是设计和操作机器。整个现代工业社会其实就像一台机器，具有高度组织化社会结构，需要各部门协调配合方能运转。现代工业生产的主体是重工业体系，其生产力几乎没有上限，只受限于能够获得的资源和市场。即使农业，也是现代工业的结果，没有现代工业提供的农业机械、化肥、农药、种子等工业产品，农业的单位土地产量会大大降低，不能养活现在这么多人口。零散的个人积极性在大工业体系这个钢铁怪物面前也是渺小的。至于其他行业，统一的大工业体系的效率更是远远超过零散的人力。早期的机器缺乏灵活性，只适合进行规范化大规模生产，但随着计算机控制技术的进展，机器的柔性逐步增强，不断取代人在生产中的位置。目前，由于机器技术的发展，在整个工业生产链中，大量人工已经被机器取代，只是在最后的组装环节，由于品种多，单次装配批量小，不可能为每种装配单独设计自动生产线，还需要大量的人工。工业社会中的人要么提高知识和技术水平，从事机器不能涉足的智能领域，或者提高积极性，从事简单机构的装配业，与机器的效率竞争，用血肉之躯对阵钢铁。

（二）落后的主要根源是缺乏完整的大工业体系

农业、手工业或第三产业都不可能像重工业一样自行促进本身的产量或质量，除非同比例地增加人口。如传统农业，无论为下一年的耕作做多么充分的准备，在土地上流多少汗水，种下多少种子，也很难让下一年的产量在历史最高产量上提高10%；手工业产品的质量和产量完全取决于手工业者的技术水平，最好找一个好的师傅，引导自己成为一个熟练工人。但农业与手工业的技术进步是单项的、孤立的，无法与其他技术成果互相促进的技术进步是不具有持续性的，一旦新技术普及，进步也就此停滞。与此相比较，现代工业不仅在规模上可以指数化扩大，加工精度和技术可以在一代机器中积累，各种技术之间是可以相互支援、提高的。手工工具可以用来生产最初的机床，而机床本身又可以生产更精密的工具、更精密的机床，为自身生产动力机械，同时通过提供标准化的实验器材促进整个科学的进步，再从科学进步中得到进一步发展的方向。最终，人们可以得到整个现代工业体系。在不到200年的时间里，简陋的机床和蒸汽机进化成了现在的光伏发电、风力发电、数控机床、气象卫星、燃气轮机、电力机车，而且能源－资源的采集和加工能力的提高还没有触顶的迹象，这种进步手工业－农业社会根本无法完成。

近代以来，落后国家通过出售自己的资源和劳动力，换取发达国家的机器设备、关键材料和部件，也可以进入机器大生产时代。引进外国成熟的设备工艺能在短时间内提高生产能力，但由于资源和劳动力相对过剩、价格低廉，且资源开采和劳动力的数量、劳动强度的提高存在上限，也就不具备重工业技术指数增殖的特征。依靠引进外国重工业技术来发展经济基本上呈现追赶的趋势。

是否拥有完整全面的钢铁、化学、机械、电子等基础骨干产业，是区别发达国家与发展中国家的根本标志。拥有完整全面的基础骨干产业就是发达国家，可以设计制造几乎一切现代化的产品。拥有大工业体系的国家也可能暂时会贫穷，也可能有些基础骨干产业的技术水平低，但只要全面完整，选择合适的发展路径，就可以实现生物般的指数增殖和进化，在短时间内成为富裕国家。

（三）建立完整的大工业体系是我国强大的唯一道路

现在的世界格局限制了发展中国家的活动范围，发展中国家参与已经存在但为西方发达国家所主导的全球贸易体系。类似"美国优先"的理念、大工业体系的特性和"看不见的手"相结合阻止了这些国家建立自己的大工业体系。试图在西方大工业体系已经占绝对地位的情况下，单靠贸易和国内企业自行发展获得工业化资源和技术，结果就会落入低水平发展的陷阱。因为根据比较效益，建立自己的生产知识体系和大工业体系，需要大量的人才培训，需要漫长的时间和资金，而且开始时做出的工业品质次价高。如果国家政权能够有效阻断其他大工业体系的干涉，在一个足够大的国家内建立独立的经济体系是完全可能的。发展中国家可借鉴西方已经崛起的历史经验，抓住经济进步的关键——工业革命，更快地提高本国的科技和经济水平。这是在现存的西方大工业体系被垄断和限制，进而无法充分扩大为全体人类服务的情况下，建立独立的大工业体系的发展中国家的无奈而必然的选择。

第三节 信息化和工业化的关系

一、影响信息化和工业化关系的因素

信息化和工业化关系受到宏观因素、产业因素、企业的产业链管理模式等的影响。

（一）宏观因素

工业化发展至今已经有了较高的技术水平和运营管理水平。然而信息化应用由于受到诸多因素的影响，而一直无法将其有效运用。从宏观角度来说造成信息化与工业化关系无法协调发展的原因主要是我国社会资源和各种政策性因素。如果信息化与工业化有效融合，并实现工业化的大发展，必然会使更多参与工业生产的劳动力被解放出来，对我国本就紧张的就业环境造成更大的压力，增加更多社会流动劳动力。另外，我国发展工业所提出的政策标准有着非常明确的目标和计划，如果实现工业生产的信息化，必然会影响这些计划的推进。因此，我国宏观因素上已经对信息化和工业化两者的关系发展形成一定的制约。

（二）产业因素

工业产业化发展目前已经极具规模，如果继续保持这种发展态势，必然能够使工业生产取得更大进步。我国当前的工业产业化发展状态，基本上已经形成了多种不同工业集合的产业集群，而这种产业集群模式既为产业化工业发展带来了影响，同时又为其快速发展起到了一定的推动作用。在这种状态下，工业产业化发展基本上处于稳定状态，受其他发展因素的影响不会过于明显，因此也就阻碍了信息化对工业化发展的影响。

（三）企业的产业链管理模式

现代企业管理模式对产业链式的企业管理提出了明确要求，而目前我国的工业企业也正在普遍构建这种模式。在产业链中的企业运转背景下，要求企业能够掌握更多的信息资源为企业的生产经营过程服务。由于产业链模式的影响，要求工业企业在发展的同时寻求与信息化的结合，所以这种管理模式也对信息化与工业化相互关系产生了促进。

二、信息化和工业化的关系

（一）工业化的信息化创新能够促进工业发展水平提升

由于当前工业化发展的时代任务，以及其所受的主观因素影响，信息化与工业化的融合成为不可抵挡的发展趋势。然而，由于多种因素影响着两者之间关系的发展，所以要使两者关系实现协调，需要科学的手段。

信息化与工业化的关系首先表现在信息化在工业产业中的创新，其能够实现对工业发展的有效促进作用。目前工业化发展处于一种比较现代化的新型工业生产经营模式，但与当前现代企业管理理念特别是产业链经营管理模式相比，仍然表现出明显的信息资源不足和信息技术落后问题。因此，应当对两者进行协调关系的研究，使工业发展能够获得更好的效果。另外，信息技术的创新在工业化生产中的应用需要依靠自主创新来实现，这种自主创新也有效推动了信息化的发展。

（二）工业产业升级为信息化在工业方面的创新发展提供支持

工业产业升级是从工业革命开始以来不断支撑工业发展的有效途径，对当前有信息化发展需求的工业变革来说，选择产业升级的方式为信息化技术革新提供支持，是目前最具现实意义的工业改革途径。工业的产业升级主要是指在现有基础上对工业生产的技术、设备、生产管理模式、生产规划等各项工作环节进行全面的改进和升级，寻求更高水平的产业化工业运营。

目前，我国在传统工业行业的发展中已经加入了一定的信息化技术支持，如电子信息支持的电子机械制造、有高信息技术含量的汽车产业等。然而，这些信息化因素与工业化的渗透都是集中在生产技术的革新上，没有真正发挥两者的相互促进关系，实现深层融合。因此，当前工业化与信息化关系要建立深入融合方案，才能使相互之间关系产生的作用有效发挥，促进各自的深化发展。

（三）融合是信息化与工业化相互促进关系实现的唯一选择

信息技术与工业生产技术的融合能够促进信息化和工业化的关系更好发展，取得最佳成效。信息化与工业化本身就有着极大的联系，这种联系既支撑着当前新型工业化向信息化工业的发展，也支撑着信息技术在工业方面的技术提升，这种相对促进的关系客观存在。同时，如果能够有效发挥信息化和工业化的促进关系就能够实现其共同发展。在促进信息化和工业化融合方面应当采取适合的发展规划，基本原则是发展适合工业的信息技术，再投入工业应用，并随着应用的推广实现信息技术的再次革新。

（四）信息化和工业化相互促进关系支撑我国的产业化发展水平提升

产业化发展对各个行业都有着直接要求。目前我国推进产业化建设的事业目标已经不仅仅定在了传统的第一、第二产业，对于新兴的第三产业更是有着非常直接的要求。任何与信息化相关的技术支持都能够为产业化发展提供更加适合的环境。发挥信息化和工业化的关系，并促进信息化和工业化的融合，实现共同发展，能够支撑我国产业化发展水平的提升，以及信息化技术在其他各个行业中的推广应用。

我国当前的工业发展环境为信息化技术应用和发展提供了一定的支持，但同时传统工业产业模式也制约着信息技术在工业中的应用和发展。协调信息技术和工业生产的关系才能保障其共同发展，为信息化和工业化融合提供政策性、制度性支持，才能促进我国信息化发展水平与工业发展水平共同提高。

≫ 第四节　两化融化 ≪

两化融合是信息化和工业化的高层次的深度结合，是指以信息化带动工业化、以工业化促进信息化，走新型工业化道路；两化融合的核心就是信息化支撑，追求可持续发展模式。

一、两化融合概念

两化融合是信息化和工业化融合的简称。工业企业围绕其发展战略目标，以信息化作为企业发展的内生要素，在信息技术和工业技术不断演进、变革与交叉渗透的环境下，夯实工业自动化基础，推进产品研发设计、生产制造、经营管理和营销服务的优化提升，推动业务系统综合集成、企业间业务协同以及发展理念和模式的创新，以提升创新能力、提高能源资源优化配置水平和利用效率，实现创新发展、智能发展和绿色发展，形成可持续发展竞争能力的过程。

融合，是指将两种或者多种不同的事物合成一体。融合涉及的方面和层次众多，是一个较为抽象和宽泛的概念。两化融合是指信息化与工业化的高层次融合和深度融合，是我国新型工业化的必经之路，也是贯彻落实科学发展观的具体体现，宗旨在于促进工业各产业和工业企业的转型和升级。

两化融合是电子信息技术广泛应用到工业生产的各个环节，信息化成为工业企业生产控制和经营管理的常规手段。信息化进程和工业化进程不再相互独立进行，不再是单方的带动和促进关系，而是两者在技术、产品、管理等各个层面相互交融，彼此不可分割，并催生工业电子、工业软件、工业信息服务业等新产业。两化融合是工业化和信息化发展到一定阶段的必然产物。

二、两化融合的四个方面

信息化与工业化主要在技术、产品、业务、产业四个方面进行融合，亦即两化融合包括技术融合、产品融合、业务融合、产业衍生四个方面。

（一）技术融合

技术融合是指工业技术与信息技术的融合，产生新的技术，推动技术创新。如汽车制造技术和电子技术融合产生的汽车电子技术，机床制造技术和电子技术融合产生的数控机床技术，工业和计算机控制技术融合产生的工业控制技术。

（二）产品融合

产品融合是指电子信息技术或产品渗透到产品中，增加产品的技术含量。如普通机床加上数控系统之后就变成了数控机床，传统家电采用了智能化技术之后就变成了智能家电，普通飞机模型增加控制芯片之后就成了遥控飞机。信息技术含量的提高使产品的附加值大大提高。

（三）业务融合

业务融合是指信息技术应用到企业研发设计、生产制造、经营管理、市场营销等各个环节，推动企业业务创新和管理升级。如计算机管理方式改变了传统手工台账，极大地提高了管理效率；信息技术应用提高了生产自动化、智能化程度，生产效率大大提高；网店等网络营销成为一种新的市场营销方式，受众大量增加，营销成本大大降低。

（四）产业衍生

产业衍生是指两化融合可以催生出的新产业，形成一些新兴业态，如工业电子、工业软件、工业信息服务业。工业电子包括机械电子、汽车电子、船舶电子、航空电子等；工业软件包括工业设计软件、工业控制软件等；工业信息服务业包括工业企业 B2B 电子商务、工业原材料或产成品大宗交易、工业企业信息化咨询等。

三、两化融合各层次涉及的内容

（一）行业层次

行业层次非常重要，涉及行业产业群、供应链、标准规范和服务。

产业群是产业集群在互联网上的一种共称，产业集群是一组在地理上靠近的专业生产某类产品（包括中间产品）的一个群体；产业集群只局限于制造业，是一组在地理上靠近的相互联系的公司和关联的机构，其同处于或相关于一个特定的产业领域，由于具有共性和互补性而联系在一起。

产业集群是当今世界经济发展的新亮点，不仅可以成为区域经济发展的主导，而且也可以成为提高一国产业国际竞争力的新力量。产业集群作为一种为创造竞争优势而形成的产业空间组织形式，具有的群体竞争优势和集聚发展的规模效益是其他形式无法相比的。从世界范围看，产业集群化已是一个非常普遍的现象，国际上有竞争力的产业大多是集群模式。在经济全球化的今天，产业集群化发展已成为全球性的经济发展潮流，产业集群构成了当今世界经济的基本空间构架。

供应链是指商品到达消费者手中之前各相关者的连接或业务的衔接，是围绕核心企业，通过对信息流、物流、资金流的控制，从采购原材料开始，制成中间产品以及最终产品，最后由销售网络把产品送到消费者手中的将供应商、制造商、分销商、零售商直到最终用户连成一个整体的功能网链结构。供应链管理的经营理念是从消费者的角度，通过企业间的协作，谋求供应链整体最佳化。成功的供应链管理能够协调并整合供应链中所有的活动，最终成为无缝连接的一体化过程。

（二）区域层次

区域层次涉及基础设施，不仅仅是网络和信息化的基础设施，也包括工业化的基础设施。另外，支撑市场的一体化服务平台也要做很多工作。

基础设施是指为社会生产和居民生活提供公共服务的物质工程设施，是用于保证国家或地区社会经济活动正常进行的公共服务系统，是社会赖以生存发展的一般物质条件。基础设施具有基础性、先行性、不可贸易性、整体不可分性、准公共物品性的特点。

一体化工作平台是指利用现代计算机信息技术、物联网技术等多手段进行企业管理的一种系统平台。

一体化工作平台在一定程度上利用计算机技术、计算机网络技术、计算机软件技术、物联网技术、射频技术、无线通信技术、卫星定位技术和数据库技术等组合而成的集成化，综合利用帮助企业管理生产经营活动中的所有信息，实现企业内外部的有效利用，用以提高企业经济效益和市场竞争力、提高管理水平、开发能力、经营水平的过程。

（三）企业层次

在企业这个层次，有三个目标。

一是企业提升自己的创新能力，不仅是开发新产品，而且是通过两化融合在技术上、商业模式上、资源利用上、扩展企业影响力上建立起创新的体系，这种能力是要建立在信息化的基础上的。

创新能力是技术和各种实践活动领域中不断提供具有经济价值、社会价值、生态价值的新思想、新理论、新方法和新发明的能力。创新能力由多种能力构成，包括学习能力、分析能力、综合能力、想象能力、批判能力、创造能力、解决问题的能力、实践能力、组织协调能力以及整合多种能力的能力。

创新体系是将创新主体、创新环境和创新机制融于一体，促进全社会创新资源合理配置和高效利用，促进创新机构之间相互协调和良性互动，充分体现创新意志和目标的系统。

二是提升效率、降低成本。效率是结果与使用的资源之间的关系，是指在特定时间内组织的各种投入与产出之间的比率关系。成本是为取得物质资源所需付出的经济价值，是生产和销售一定种类与数量产品以耗费资源用货币计量的经济价值，是为过程增值和结果有效已付出或应付出的资源代价。企业为进行生产经营活动，购置各种生产资料或采购商品，而支付的价款和费用，就是购置成本或采购成本。

三是可持续、低碳化、绿色化。可持续是可以把某种模式或者状态在时间上延续下去，并且没有间断；低碳化是减少化石燃料消耗，减少温室气体排放；绿色化是科技含量高、资源消耗低、环境污染少的产业结构和生产方式。

融合最关键的问题是要有好的方法论，用方法论来指导融合的过程，可以保证持续不断。也就是说，一定要建立一个体系架构，这个构架不是一次性的，而是循环不断的，是企业发展的常态。

四、两化融合的基本特点

信息化和工业化融合有五个基本特点。

（一）工业化是信息化的基础

工业化是信息化的基础，工业化促进信息化的发展，具体表现在五个方面。一是工业化为信息化提供物质基础；二是工业化为信息化发展提供资金积累；三是工业化促进社会对信息化的需求，为信息化扩大了市场容量；四是工业化促进人力资源从传统部门向新兴部门转移，为信息化输送不可或缺的人才；五是工业化为信息技术的扩散和信息资源的有效利用提供发展机遇。

（二）信息化带动工业化

信息化带动工业化，信息化主导着新时期工业化的发展方向，使工业朝着高附加值化发展，也具体表现在五个方面。一是信息化拉动工业化投资和消费需求，为工业化创造大量的就业机会；二是信息化促进工业化的观念更新，提高工业化的管理效率，改善工业化进程中的资源、能源的利用效率；三是信息化扩展工业化的资源范围，信息资源特别是知识资源（经过整理的信息资源）成为工业化进程中越来越重要的发展资源；四是信息化提高工业化的人力资源素质，提高工业化的产业和区域的整体素质和综合竞争力；五是信息化提高工业化进程中政府对社会资源的调控能力和市场配置资源的效率。

（三）现代化的突出标志

信息化现在是现代化的突出标志，只有用信息化武装起来的自主和完整的工业体系，才能为社会提供更加坚实的物质基础。

（四）衍生新方式

信息化与工业化相融合，必将催生出新兴生产方式，这个方式将为"建设生态文明，基本形成节约能源资源和保护生态环境的产业结构、增长方式、消费模式"提供最有力的支持。

（五）带来新问题

信息化与工业化的融合，还将带来大量的技术问题和经济社会问题。信息技术的大量应用，必将引起企业生产、管理、组织等全方位的变革，不仅涉及大量技术性问题，更涉及组织再造、规则变动、观念更新等经济社会性问题。特别值得注意的是，随着信息化程度的不断深入，其应用的战略重要性将大大增加，要求产业变革的范围及程度也将不断扩大；如果没有组织结构、业务流程、绩效考核、激励机制等方面相应的变动，信息就不能发挥应有的作用；而这些变动需要跨越更多组织部门，需要定义新的业务流程，需要改写产业规则，势必导致整个产业体系全面、复杂的变革。因此，相对而言，这些经济社会性问题比技术性问题更难解决。

五、两化融合与系统创新

在新工业革命来临之际，我国制造业中小企业已经主动开始谋求由制造向"智造"转变。这不仅需要应用信息化加工生产，对于生产中的管理、体制模式也是一种创新挑战。当前我国的制造业企业，或通过配套加工、外包等方式，或凭借价廉、优质的产品，通过跨国零售企业的全球采购体系进入全球产业链。而"智造"的核心，是在自主研发能力不强却拥有广阔市场的情况下，通过与国际接轨整合产业链的方式，活跃和提升企业在全球商业体系链条中的角色。

目前，我国已经发展成为全球最大的制造中心，有 172 类制造业产品产量居于世界首位，占据了多个制造产品领域的隐形冠军，但由于缺乏核心技术与自主品牌，仍缺乏核心话语权。

企业是"中国智造"主体，管理模式创新需求迫切。当前，我国的产业升级与企业转型同步进行，必然对企业产生更多的管理需求，并将进一步催生管理模式的变革。在第三次工业革命背景下，我国越来越多的企业开始关注内部管理体系的建立，并且已经付诸行动。有学者表示，要实现"中国智造"的转型，不仅要学习西方先进的管理模式，更要创新我国的管理模式，只有寻找到与转型期相匹配的管理模式，才能重塑企业竞争力，真正实现转型。

在两化融合大趋势下，制造企业必须应对以下八大挑战。

一是如何有效管理企业的业务流程。如何能够让流程化繁为简？如何让流程得以贯彻？如何有效监控业务流程的执行？需要深入了解企业的业务流程，致力于让业务流程可视化、标准化、自动化，创建一个统一的业务流程库，实现信息系统之间基于业务流程的集成。

二是如何有效应用最新的信息技术。信息技术在应用实践当中，不断产生出新理念（如绿色信息技术、智慧地球、清晰企业、物联网）、新理论（如 EA、企业架构）、新构架、新模式（如 SAAS、云计算、云安全）和新技术（如广域网加速、内网安全），企业应当积极地吸纳这些新兴技术的精髓，同时谨慎地拂去泡沫，为我所用。

三是信息系统如何跟上企业的快速变革，支撑企业的发展战略。我国国民经济在政府政策与投资的拉动下，已经初步走出低谷，开始走向复苏，尤其是汽车行业的表现十分突出；而一些与基础建设投资密切相关的行业，实际上并未受到经济危机的影响，依然高歌猛进，例如铁路、工程机械；同时，5G 给通信行业带来了新的希望；与民生有关的行业，如消费品、制药，则保持稳步发展；我国的军工行业以及国家垄断行业的企业，仍然保持良好的发展势头。在企业迅速变革的过程中，信息系统必须能够支撑企业增收节支，实现精细化管理。同时，制造企业的发展也越来越需要借助于并购、扩张，以及向上下游的延伸，制造企业的组织形态正在迅速由单工厂变为多工厂，由单组织变为多组织。企业必须致力于建立具有良好的开放性、可扩展性、可配置性和柔性的信息系统，能够支撑企业组织、运营模式、兼并收购等战略举措，使企业的发展战略能够得以实现。

四是信息系统如何满足业务运作的需求。通过信息化的深化应用，业务部门已经从被业务部门激发需求，转变为不断在实践当中提出需求。企业必须有效管理业务部门提出的需求，分析需求是否合理，是否属于共性需求，如何与已建立的信息系统集成，如何控制不合理的需求，从而有计划地组织企业的信息化建设，使信息系统能够最大限度地满足业务正常运作的需求。

五是信息系统如何适应制造模式的变化。近年来，制造企业的制造模式发生了深刻的变化，逐渐由纵向一体化转向横向一体化，越来越多地采用制造外包；制造装备逐渐由普通机床为主转变为数控化、自动化，越来越多地采用工业机器人；逐渐由离散制造变为流水线制造；精益生产、敏捷制造、智能制造、绿色制造等制造理论逐渐在制造企业中应用。在制造模式的迅速变革趋势下，应当从重点解决企业内部的信息化问题，扩展到解决上下游企业间的协同信息化问题；企业要实现闭环管理，就必须实时获取生产制造、质量等反馈信息，充分考虑自动识别技术的应用；必须考虑底层自动化系统与企业级信息系统的集成，重点关注车间级的信息化。

六是如何有效实现信息技术治理。随着企业的信息技术架构和应用系统越来越复杂，制造企业必须进行有效的信息技术治理。首席信息官应当致力于建立信息技术治理体制、信息技术治理机制，并掌握和应用信息技术治理方法，在信息化系统的规划、实施和运维过程中，有章可循，实现企业信息化建设的可持续发展。

七是如何实现有效沟通，提升领导力。在信息化建设过程中，需要能够与企业领导、业务部门和信息技术部门员工进行有效沟通，获取各方的积极支持与参与；还需要与信息技术合作伙伴，包括硬件、软件提供商，咨询服务与实施合作伙伴，信息技术外包合作伙伴进行有效沟通，建立企业与合作伙伴之间的相互信任与长期合作，从而支撑企业信息化建设的长期发展。

八是如何有效实现信息技术项目的管理。企业的信息化建设，应当在信息化总体规划的指导下，通过一个个信息技术项目的实施落地。抓好信息技术项目的管理，准确把握项目的需求，明确项目实施的计划、资源、目标和预算，跟踪项目的进展，把握项目实施的关键，抓好项目实施的文档管理、沟通协调，做好项目实施的风险控制，确保信息技术项目能够在预定的时间、预计的成本范围内，达到项目的目标。

六、两化融合的意义

两化融合具有重要的现实意义，主要表现在三方面。

一是促进节能减排。目前，在建材、石油化工、钢铁等能源消耗高、污染物初始浓度高的行业，信息技术的普遍运用有效地促进了企业的节能减排。另外两化融合在政府对于环境保护的决策方面也起到了有力的支撑作用，环境监测和预警系统的建立和应用，有利于全面掌握各项环境指标，体现了信息化技术对于工业生产的带动作用。

二是推动区域产业进行转型升级以及经济的增长。信息技术在工业产品的研发设计、生产制造和经营管理等环节的应用和融合，不仅促使新型工业产品、生产工艺的产生，而且促使了许多信息化单项应用比较成熟的行业，如汽车、纺织、家电等中的骨干企业逐步由单项向综合集成应用的过渡，形成了大规模定制、产品全生命周期的管理、异地的协同研制等新型的业务模式。

三是推动生产性服务行业的兴起和发展。两化融合的提出，促进了生产性服务行业的兴起。生产性服务业成为信息化与工业化融合的核心产业和典型部门，其发展最能够体现两化融合，其产值占生产总值的比例以及就业人口占总就业人口的比例是衡量两化融合宏观上的标准。

七、两化深度融合

两化深度融合是指信息化与工业化在更大的范围、更细的行业、更广的领域、更高的层次、更深的应用、更多的智能方面实现彼此交融。

两化深度融合是两化融合的继承和发展，是在两化融合实践的基础上，在一些关键领域进行深化、提升，例如新一代信息技术应用、产品信息化、企业信息化集成应用和融合创新、产业集群两化融合、先进制造业和现代服务业融合（简称两业融合）、培育新兴业态等。

（一）范围

从范围来看，两化融合将向地市、区县、产业集群、园区等基层单位延伸。从行业来看，两化融合将从大类行业向各自细分行业扩展，并从工业扩展到生产性服务业。从领域来看，两化融合将从单个企业的信息化向产业链信息化延伸，从管理领域向研发设计、生产制造、节能减排、安全生产领域延伸。

从层次来看，两化融合不只是停留在技术应用层面，还将引发商业模式创新甚至商业革命，催生更多新兴业态。

从应用来看，物联网、云计算等新一代信息技术将在工业领域得到应用，企业信息化从单项应用向局部集成应用、全面集成应用发展。

从智能来看，企业生产经营各个环节的智能化水平将更高，涌现出一批"智慧企业""智慧行业"和"智慧产业"。

（二） 两化深度融合意义

如果说以前的两化融合只是把两种物质搅在一起，产生"混合物"，那么两化深度融合将是两种物质起化学反应，产生"化合物"。

推动两化深度融合，是我国转变经济发展方式、走新型工业化道路的必然要求，是促进产业转型升级、构建现代产业体系的重要举措。

（三） 两化深度融合方向

1. 推进产品信息化

推进产品信息化，提高产品的信息技术含量、网络化和智能化水平。

一是发展智能家电、智能家具等智能家居产品，为打造"智慧家庭"奠定基础。发展变频家电、物联网家电，推广家电能耗管理系统，降低家电能耗，实现家电联网和远程控制；应用电子信息和自动控制技术，发展满足人体工程学的智能家具。

二是发展智能化的生产设备、机械装备。重点发展具有远程控制、远程监测和故障诊断等功能的工程机械，发展类似工业机器人的无人驾驶、智能化工作的工程机械，发展网络化、具有协作能力的工程机械群。

三是发展智能化的交通工具，提高汽车电子、船舶电子、航空电子自主创新和产业化能力，提高汽车、船舶、飞机的信息技术含量，使之成为移动的信息终端。

2. 推进集成应用创新

大力发展协同设计、协同制造、协同商务，促进企业内部各部门的信息共享和业务协同。建立企业数据目录和交换体系，实现产品、项目、服务等的全生命周期管理。推进管理信息系统之间的集成，如 ERP 与制造企业生产过程执行管理系统 MES，生产设备和工位智能化联网管理系统 DNC，生产数据及设备状态信息采集分析管理系统 MDC，制造过程文档管理系统 PDM，工装及刀夹量具智能数据库管理系统 Tracker、PLM 等的集成。发展企业信息门户，实现企业多个信息系统的单一入口登录。鼓励企业通过信息化集成应用实现管理创新、商业模式创新。

3. 产业集群两化融合

产业集群是在某一产业领域相互关联的企业及其支撑体系在一定领域内大量集聚发展，并形成具有持续竞争优势的经济群落。开展调查研究，立足产业集群的共性需求、关键问题和关键环节，找准切入点，开展试点示范，循序渐进地推进产业集群两化融合。支持一批面向产业集群、市场化运作的两化融合服务平台，采用"政府补一点、平台让一点、企业出一点"的方式，降低集群内中小企业使用两化融合服务平台的成本。地方各级信息化推进部门和中小企业主管部门加强协作，充分发挥各自优势，共同推进产业集群两化融合。

4. 抓住两业融合契机

两业融合已成为全球经济的重要趋势。两业融合的具体表现是制造业服务化和服务业产品化。在服装、家具等行业推广基于信息化手段开展大规模定制，满足个性化需求。推进现代物流、工业设计、售后服务等生产性服务业信息化。通过政策引导，鼓励企业信息化部门从原企业剥离出来，为本行业甚至其他行业提供信息化产品和服务。

5. 培育新兴业态

信息化与工业化融合可以催生出新的业态，如工业电子产业、工业软件产业、工业信息化服务业。

在工业电子产业领域，重点发展汽车电子、船舶电子、航空电子、机电一体化、消费电子、智能仪器仪表等。在工业软件产业领域，重点发展工业设计软件、工业控制软件、工业仿真软件、工业装备或产品中的嵌入式软件等。在工业信息化服务业领域，重点发展全程电子商务平台、大宗工业原材料电子交易平台、第四方物流信息平台等。发展覆盖企业信息化规划、建设、管理、运维等环节的第三方咨询服务。

大力培育发展支撑两化融合的生产性服务业，促进工业电子、工业软件、工业信息化服务企业与工业企业的供需对接，实施一批两化融合新兴业态培育项目。整合研发资源，构建产学研合作体系，突破一批核心技术、关键技术。

第二章 钢铁企业概述

》 第一节 钢铁企业 《

钢铁工业是基础材料工业，在国民经济中占有重要地位。钢铁工业为国计民生各个部门提供了大量的优质的原材料，是建设现代化强国所不可缺少的。

钢铁作为基础材料，具有多方面的优越性能。钢铁具有较高的强度及韧性，容易进行铸、锻、切削及焊接等多种方式加工；所需资源（铁矿、煤炭等）储量丰富，可供长期采用，钢铁产品相对而言成本低廉、价格便宜，因而广泛应用于各种机械装备制造业、运输业、建筑业以及民用领域。随着人类历史的发展和科技文明的进步，钢铁材料的生产加工已有丰富的经验和成熟的技术，与其他工业相比较，钢铁工业具有生产规模大、生产效率高、产品质量好的优势，即使在今后相当长的时间内，也不会有其他材料能够取代钢铁材料的地位。

发展钢铁工业需要具备丰富的矿石、煤炭及一些辅助材料资源，要有充足的电力、水源和方便的交通运输条件，还需有重型机械制造及电子工业为其服务。我国虽然幅员辽阔、物产丰富，但缺少富铁矿资源，焦煤也显短缺，发展钢铁工业有所不足。我国人口众多，发展空间巨大，广阔的市场和巨大的社会需求促使我国的钢铁工业得到了很大发展。

一、钢铁工业

钢铁工业是一个完整的工业门类，是对以从事黑色金属矿物采选和黑色金属冶炼加工等工业生产活动为主的工业行业的统称，包括金属铁、铬、锰等的矿物采选业、炼铁业、炼钢业、钢加工业、铁合金冶炼业、钢丝及其制品业等。作为一个全面的生产系统，钢铁工业的生产又必须涉及非金属矿物采选和制品等一些其他工业门类，如焦化、耐火材料、炭素制品等，其产品与钢铁工业生产密切相关，通常将其与钢铁工业视为一个整体。

钢铁工业是指生产生铁、粗钢、钢材、工业纯铁和铁合金的工业，是世界所有工业化国家的基础工业之一。经济学家通常把粗钢产量或人均粗钢产量作为衡量各国经济实力的一项重要指标。

钢铁工业是重要的基础工业部门，是发展国民经济与国防建设的物质基础，其水平也是衡量一个国家工业化的标志。钢铁工业是庞大的重工业部门。其原料、燃料及辅助材料资源状况，影响着钢铁工业规模、产品质量、经济效益和布局方向。

钢铁工业也称黑色冶金工业。

二、企业

（一）企业

企业是共同承担一个明确任务、目的和目标，以提供产品或服务等输出的一个或多个组织。企业一般是指以营利为目的，运用各种生产要素（土地、劳动力、资本和技术等），向市场提供商品或服务，实行自主经营、自负盈亏、独立核算的具有法人资格的社会经济组织。

1. 企业是市场经济活动的主要参加者

市场经济活动的顺利进行离不开企业的生产和销售活动，离开了企业的生产和销售活动，市场就成了无源之水，无本之木。因此，企业的生产和经营活动直接关系着整个市场经济的发展。

2. 企业是社会生产和流通的直接承担者

社会经济活动的主要过程即生产和流通，这些都是企业来承担和完成的。离开了企业，社会经济活动就会中断或停止。企业的生产状况和经济效益可直接影响国家经济实力的增长、人民物质生活水平的提高。

3. 社会经济技术进步的主要力量

企业在经济活动中通过生产和经营活动，在竞争中不仅创造和实现社会财富，而且也是先进技术和先进生产工具的积极采用者和制造者，这在客观上推动了整个社会经济技术的进步。企业是国民经济的细胞，我国国民经济体系就是由数以百万计的不同所有制、不同组织形式的企业组成的，千千万万个企业的生产和经营活动，不仅决定着市场经济的发展状况，而且决定着我国社会经济活动的生机和活力。因此，企业是最重要的市场主体，在社会经济生活中发挥着巨大作用。

（二）企业活动

企业活动是由企业执行的基本任务所组成的全部或部分过程功能。企业基本任务要消耗输入，并分配时间和资源以产生输出。

（三）企业运行

企业运行是为实现企业目标而执行业务过程。

企业运行的基本要素是劳动力、物资、资金和信息。劳动力要素包括参加企业运行的全部人力资源，是企业运行的主体；物资要素包括劳动手段和劳动对象，是企业运行过程中被劳动力所利用或作用的对象；资金要素包括运行的全部资本垫付，是商品经济环境下实现企业与外部联系所借助的必要手段；信息要素包括企业内部管理信息与外部市场信息等，是连接企业内外关系，连接企业运行过程中人与人之间、人与物之间以及物与物之间关系的纽带。

企业运行过程中要素有机结合形成生产结构、经营结构和管理结构。生产结构履行物资形式转换与产品价值和使用价值的创造职能；经营结构履行对外联系的职能，完成生产要素以企业生产成果输出企业的任务；管理结构履行协调的职能，使运行过程中人、财、物和信息各要素之间保持最佳组合关系，发挥最高效率。

（四）企业运行机制

企业运行机制是指推动、调节、制约企业系统各生产要素正常运转，以实现企业目标的功能体系。企业运行机制构成企业经营机制的主体部分，涉及企业生产经营供应、生产、营销的决策、计划、组织、控制等管理活动的全过程。完善企业的运行机制，是通过权力的划分，责任的明确，利益的调整，使企业内部的责、权、利有机地统一起来。其完善过程，涉及企业决策体系、领导制度、组织制度、分配制度以及企业内部调控体系的深入调整，是企业改革的进一步深化。

企业运行机制表明企业运行的内在结构及运行的机理，包括投入运行过程的基本要素、由要素有机结合所形成的结构、结构所发挥出的机能和运行的基本轨迹等层次分明的内容。

（五）企业组织结构的机能

企业组织结构在运行过程中所发挥出来的作用形式可表现为生产、营销、财务、人事和创新等五大机能。

生产机能以效率为原则，进行物资形式转换，创造新的物质和使用功能；营销机能利用资金和信息进行生产原料采购与生产成果销售，实现生产所创造的价值；财务机能以效益为原则进行资金运筹，以满足营销需要；人事机能以协调为原则配置和调节劳动力，以保证其他机能的有效发挥；创新机能以进步为原则进行技术改造和制度方法变革，促进企业发展。

三、钢铁企业

（一）钢铁企业

钢铁企业是主要从事黑色金属矿物采选和黑色金属冶炼、加工及制品生产，以及与钢铁工业生产密切相关的非金属矿物采选和制品、炼焦等工业生产的实体。按产品分为钢铁产品生产企业、钢铁生产主要原材料生产企业、钢铁制品生产企业；按包含的生产工序分为钢铁联合企业、独立炼铁企业、独立炼钢企业、独立钢加工企业等。

（二）钢铁联合企业

钢铁联合企业是具备炼铁、炼钢、钢加工等钢铁工业主要生产环节并基本配套的生产企业。

钢铁工业的基本生产过程是在高炉内把铁矿石炼成生铁，用生铁水炼成粗钢，直接或经精炼后再铸成钢锭或连铸坯，经轧钢等方法加工成各种用途的钢材。拥有上述全过程生产设备的企业就是钢铁联合企业。

▶▶ 第二节 钢铁企业主要生产工序 ◀◀

钢铁生产有两种工艺流程，一种是高炉—转炉—轧机流程，称长流程；另一种是直接还原（或熔融还原）—电炉—轧机流程，称为短流程；短流程是以废钢为原料，经电弧炉冶炼及精炼后，连铸轧钢的生产流程。长流程目前仍为主体流程。

高炉炼铁必须使用块状矿石，对于大量贫铁矿资源，需先经矿石破碎和选矿富集，再进行烧结或球团造块，也离不开质量优良的焦炭。炼焦、烧结（球团）和高炉冶炼过程产生的废气、粉尘及污水如果处理得不好，会造成环境的严重污染，长流程面临着能源和环境保护的严峻挑战。

短流程是20世纪70年代后兴起的，其炼铁阶段有铁矿石的直接还原和熔融还原两种工艺。直接还原工艺是使用天然或人造富铁矿石，用天然气或煤作还原剂，得到固态的海绵铁，然后在电炉里炼钢；而熔融还原得到液态铁水，再入转炉或电炉炼钢。这两种新工艺最大的优点就是不用焦炭并舍弃了庞大的高炉，整个钢铁生产流程缩短，节约能源。但气基法直接还原流程需要有天然气资源，要求矿石为富矿，杂质要少，后续为电炉炼钢，需要耗用大量电力，受到资源条件限制，未能普遍发展。以煤为还原剂的直接还原法回转窑流程，工艺过程比较难以控制，生产不太稳定，效率也不高，也未得到大的发展。铁矿石熔融还原，也是用煤炼铁，得到与高炉铁水相近的液态铁水，使得转炉炼钢的优势继续发挥。熔融还原工艺要实现大规模工业化生产，还有一些技术问题需要解决与完善。尽管直接还原法和熔融还原法炼铁的发展速度不慢，但到目前为止短流程还仅仅是传统钢铁生产流程的一个补充，在今后一段时间内，高炉—转炉流程仍然是钢铁生产中占有统治地位的主体流程。

一、钢铁生产长流程

钢铁联合企业主生产工序有焦化、造块（烧结或球团）、炼铁、炼钢、轧钢，辅助工序有制氧、发电、动力。焦化工序也可认为是能源转换工序。

由于我国铁矿石资源的限制，铁矿石必须球磨成粉状，再经磁选等选矿工序将铁元素富集，得到铁精粉，再由造块工序（烧结或球团）生产为块矿，即烧结矿或球团矿，才能作为高炉炼铁的原料。而煤炭亦不能直接入炉，需要进行洗选成为洗精煤，再经焦炉冶炼为焦炭。块矿（富矿原矿、烧结矿、球团矿）和焦炭一起装入高炉，空气经热风炉加热后鼓入高炉，部分精煤经粉磨、烘干后从风口喷入高炉。矿石与焦炭反应，生成生铁，经铁水预处理后进入氧气顶吹转炉冶炼为粗钢，部分经精炼设备精炼，钢水由连铸机铸成连铸坯，经轧钢加热炉加热后由轧机轧制成钢材。部分钢材再经冷轧，成为冷轧材。还可进一步深加工，生产涂层、镀层等钢材。

钢铁生产过程中产生的煤气，部分作为工序设备的燃料，其余用作化工原料或锅炉燃料产生蒸汽发电；高炉渣作为原料输送到水泥厂，尘泥和氧化铁皮返回烧结工序作为原料。

钢铁一般生产流程如图2-1所示。

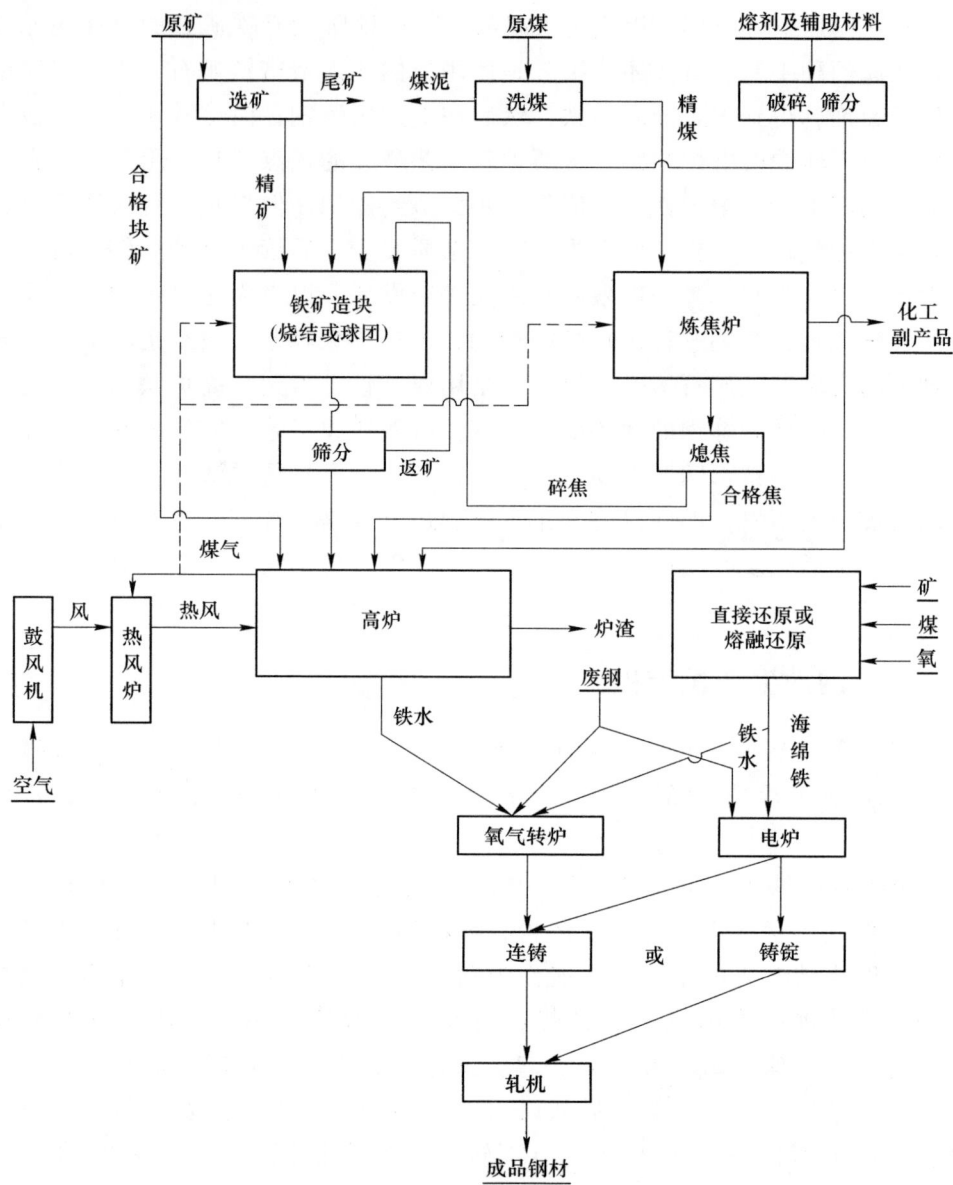

图 2-1 钢铁生产流程示意图

二、烧结工艺流程

烧结工序是把铁精粉烧结成烧结矿，作为高炉炼铁的原料。

烧结生产工艺流程一般包括烧结原料的准备、配料、混合造球、布料、点火、抽风烧结、烧结产品处理以及烧结过程的除尘、烧结烟气的净化等环节。

将准备好的矿粉、燃料、高炉返矿（冷返矿）和溶剂按一定比例进行配料，然后再配入一部分烧结机尾筛分的热返矿，进入混合机进行加水润湿、混匀和制粒。经两次混合后，混合料由布料器铺到烧结机台车上，由煤气点火后开始烧结。烧结过程是靠抽风机抽进空气，燃烧混合料层中的固体燃料，自上而下进行烧结。烧结矿烧结完成后经单辊破碎机破碎、筛分，筛上物进行冷却和整粒，作为成品烧结矿送往高炉；筛下物作为热返矿，再配入混合料重新烧结。烧结过程产生的废气经除尘、脱硫、脱硝等净化后，由引风机排入烟囱，进入大气。烧结工艺流程如图2-2所示。

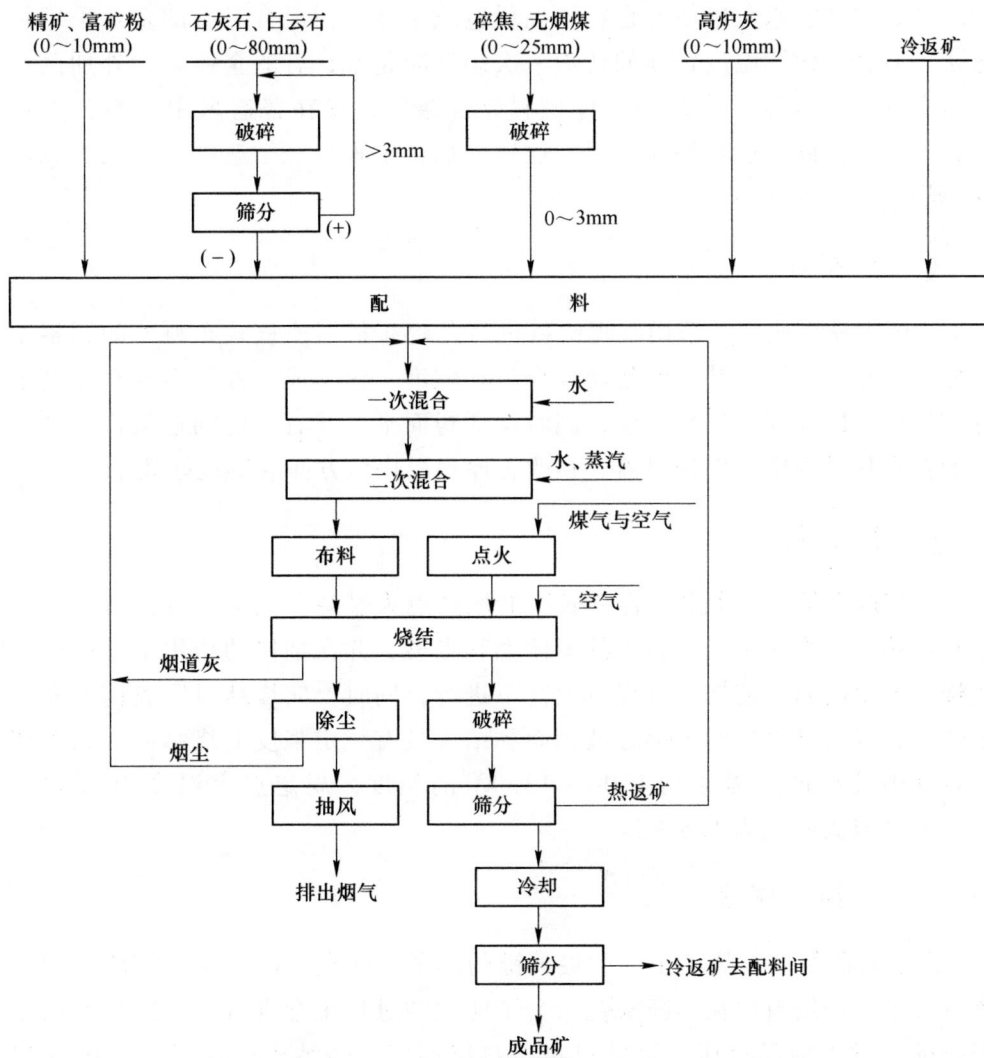

图2-2　烧结工艺流程示意图

（一）配料与混料

烧结原料包括铁精矿粉、熔剂（石灰石、白云石或生石灰）、燃料（焦粉或无烟煤）、附加物（氧化铁皮、尘泥等）及返矿。

配好的各种粉料以及返矿必须进行混匀，以保证获得质量比较均匀的烧结矿。在混合过程中加入必需的水分使烧结原料被水润湿，便于烧结料中细粉造球以提高烧结料的透气性。在我国绝大部分用铁精粉烧结的情况下，普遍采用二次混合工艺。在一次混合时主要是混匀并加适当水润湿，在二次混合时补足到适宜水分以使混合料中细粉造成小球。在混合时有的企业采用热返矿，有企业使用温度较高的转炉一次烟气净化水，有的企业采用外加蒸汽以提高混合料温度。为改善固体燃料燃烧条件，现在普遍采用燃料分加技术，即将部分固体燃料加入二混，这样既加快了垂直烧结速度，又减少或消除了烧结矿中的残碳。

（二）布料

我国钢铁企业广泛采用圆辊给料机与九辊布料器或核式布料器的圆辊给料器联合布料工艺，其目的是使混合料在粒度、化学成分方面沿台车宽度上分布均匀，以保证透气性一致，同时保证料面平整并有一定的松散性。许多企业在布料过程中采用松料器，在改善厚料层烧结方面取得较好效果。

（三）点火

烧结过程是从台车上混合料表层的燃料点火燃烧开始的。点火时要供给足够的热量，将表层混合料中的固体燃料点燃，并在抽风的作用下继续往下燃烧，产生高温，使烧结过程自上往下进行；同时，向烧结料层表面补充一定热量，以利于表层产生熔融液相而黏结成具有一定强度的烧结矿。由于烧结过程中液相产生需达到 $1100 \sim 1300℃$ 的温度，规定点火温度为 $1200 \sim 1250℃$，点火时间为 $1.5 \sim 2s$。

（四）抽风烧结

混合料的烧结是烧结工艺中最关键的环节。在点火后直至烧结终了的整个过程中，烧结料层在不断变化，为了使烧结过程正常进行，获得最好的生产指标，对于抽风负压、烧结风量、料层厚度、烧结机台车运行速度（机速）、烧结终点的控制都是非常重要的。

烧结机台车运行速度（机速）根据料层厚度及垂直烧结速度确定。正常生产中，料层厚度不变，通过适当调整机速来控制烧结终点。一般将烧结终点控制在机尾倒数第二个或第三个风箱处（机上冷却者除外），由安装在该处的热电偶测量的温度判断和自动调节烧结机机速。目前，我国推行低水分、低配碳、厚料层、低机速的烧结工艺制度。

（五）烧结矿的筛分冷却

从机尾落下的烧结饼由单辊破碎机及靠自重摔落而破碎，粒度很不均匀，部分大块甚至超过200mm，不符合高炉冶炼要求，而且红热的烧结矿不便于运输、储存，需要后续处理。烧结矿的处理就是对已经烧好的烧结矿进行冷却和整粒（破碎、筛分），为高炉冶炼提供优质的烧结矿。

烧结矿的冷却分为机上冷却和机外冷却。机上冷却是将烧结机延长后，直接在烧结机的后半部进行烧结矿的冷却，烧结段和冷却段各有独立的抽风系统。机外冷却则是在烧结机以外设置专门的冷却设备，如带式冷却机、盘式冷却机、环式冷却机等。大多数烧结厂采用机外冷却。

冷却后的烧结矿经破碎、筛分，以使烧结矿粒度合适、均匀。小于5mm的烧结矿作为冷返矿参加配料，5~40mm的烧结矿作为成品矿送往高炉。

现在，一些钢铁企业采用小球烧结工艺，混料增加了造球过程，其工艺流程如图2-3所示。

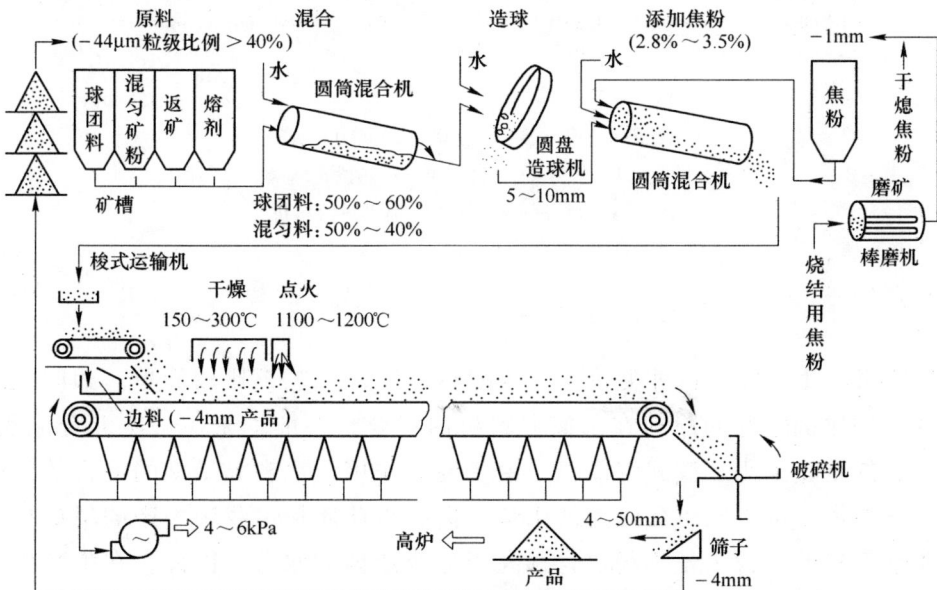

图2-3 小球烧结工艺流程图

三、球团工艺流程

球团工序的作用与烧结工序相同，也是造块工序，目的是把铁精粉制成块状原料，供给高炉炼铁。

我国使用三种经济上合理的球团焙烧方法，即带式焙烧机焙烧、链箅机—回转窑焙烧和竖炉焙烧。三种焙烧工艺流程和设备如图2-4～图2-6所示。

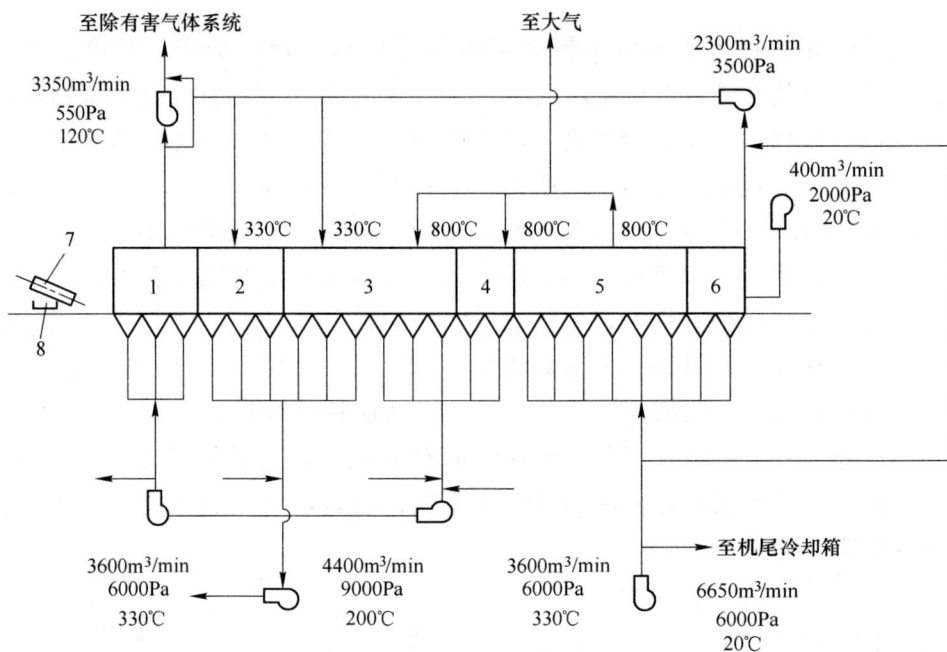

图 2-4　带式焙烧机焙烧球团示意图
1，2—干燥段；3—预热及熔烧段；4—均热段；5，6—冷却段；
7—带式给料机；8—铺边、铺底料给料机

（一）配料、混合和造球

球团矿使用的原料种类较少，故配料、混合工艺都比较简单。如同烧结一样，按比例配好的原料在圆筒混料机内混合，一般均采用一次混合流程。国外有的企业采用连续式混磨机，由于混磨作用，水和黏结剂的混合效果得到充分发挥，可以减少黏结剂的用量，提高生球质量。我国生产的精矿粉一般脱水都较差，含水量不稳定且远高于适合造球的水分。因此，在配料中设置精矿粉烘干系统。我国自产精矿粉粒度较粗、比表面积小，为弥补这一缺

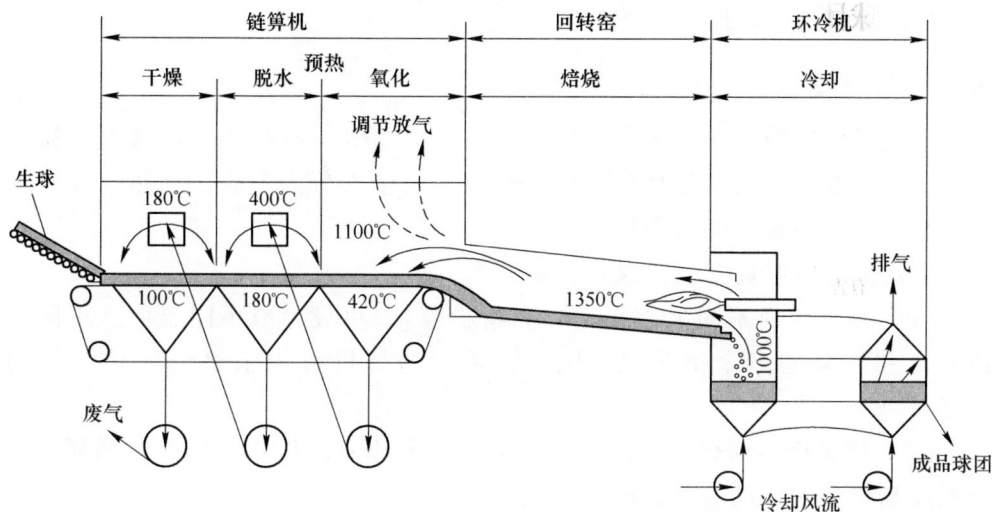

图 2-5 链算机—回转窑焙烧球团示意图

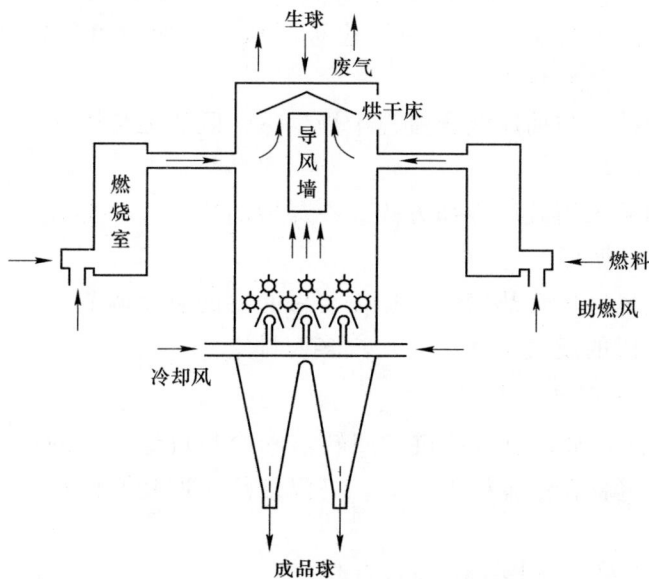

图 2-6 竖炉焙烧球团示意图

陷，部分企业增设了润磨机。

在生产工艺流程中，造球机一般均与辊筛形成闭路系统，将小于8mm和大于16mm的球筛除，经打碎再参加造球。

（二）焙烧作业

1. 带式焙烧机焙烧

带式焙烧机的基本结构形式与带式烧结机相似，而两者生产过程却完全不同。一般在球团带式焙烧机的整个长度上可依次分为干燥、预热、燃料点火、焙烧、均热和冷却六个段。

带式焙烧机焙烧工艺特点是：

（1）根据原料不同（磁精粉、赤精粉等），可设计成不同温度、不同气体流量和流向的多个工艺段。因此，带式焙烧机可用来焙烧各种原料的生球。

（2）可采用不同燃料生产，燃料的选择余地大，且采用热气体循环，充分利用焙烧球团矿的显热，能耗较低。

（3）铺有底料和边料。底料的作用是保护台车免受高温烧坏，使气流分布均匀；在下抽干燥时可吸收一部分废热，其潜热再在鼓风冷却带回收；保证下层球团焙烧温度，从而保证球团质量。边料的作用是保护台车两侧边板，防止其被高温烧坏；防止两侧边板漏风。这两项可使料层得到充分焙烧，而且可延长台车寿命。

（4）采用鼓风与抽风混合流程干燥生球，既能强化干燥，又可以提高球团矿的质量和产量。

（5）球团矿采用鼓风冷却方式，冷却后的热空气一部分直接循环，另一部分借助于风机循环。

（6）各抽风区风箱热废气根据需要做必要的温度调节。

（7）干燥段的废气温度低、水汽多而排空。

2. 链箅机—回转窑焙烧

链箅机—回转窑是由链箅机、回转窑和冷却机组合成的焙烧工艺。生球的干燥和预热过程在链箅机上完成，高温焙烧在回转窑内进行，冷却则在冷却机上完成。

链箅机—回转窑焙烧工艺的特点是：

（1）生球在链箅机上利用回转窑来的热气体进行鼓风干燥、抽风干燥和抽风预热，而且各段长度可根据矿石类型的特点进行调整；由于在链箅机上只进行干燥和预热，铺底料是没有必要的。

（2）球团矿在回转窑内不断滚动，各部分受热均匀，球团中颗粒接触更紧密，球团矿的强度好且质量均匀。

（3）根据生产工艺的要求来控制窑内气氛，可以生产氧化球团、还原球团或金属化球团，还可以通过氧化焙烧处理多金属矿物等。

（4）生产操作不当时容易"结圈"，其原因主要是在高温带产生过多的浓相。物料中低熔点物质的数量、物料化学成分的波动、气氛的变化及球团粉末数量和操作参数是否稳定等，都对球团有影响。为防止结圈，必须对上述各因素进行分析，采取对应的措施来防止，如生球筛除粉末、在链箅机上提高预热球的强度、严格控制焙烧气氛和焙烧温度、稳定原料化学成分、选用高熔点灰分的煤粉等。

3. 竖炉焙烧

焙烧球团矿的竖炉是一种按逆流原理工作的热交换设备。生球装入竖炉后以均匀的速度连续下降，燃烧室生成的热气体从喷火口进入炉内，热气流自下而上与自上而下的生球进行热交换。生球经干燥、预热后进入焙烧区进行固相反应而固结，球团在炉子下部冷却，然后排出，整个过程在竖炉内一次完成。

竖炉焙烧工艺特点是：

（1）生球的干燥和预热可利用上升热废气在上部进行。我国独创的炉顶烘干床可使生球在烘干床上被上升的混合废气（温度为 550～750℃ 的由导风墙导出的冷却带热风和穿过焙烧带上升的废气的混合物）烘干，这一创新不仅加速了烘干过程，而且可有效利用废气热量，提高竖炉热效率。同时，由于气流分布较合理，减少了烘干和预热过程中的生球破裂，减少了粉尘，提高了料柱透气性，为强化焙烧提供了条件。

（2）合理组织焙烧带的气流分布和供热是直接影响竖炉焙烧效果的关键。我国利用低热量高炉煤气在燃烧室内燃烧到 1100～1150℃ 的烟气进入竖炉，由于导风墙的设置，基本上解决了冷却风对此烟气流股的干扰和混合，保证磁铁矿球团焙烧所要求的温度，并使焙烧带的高度和焙烧温度保持稳定，从而较好地保证焙烧的进行。

（3）导风墙的设置还能克服气流边缘效应所造成的炉子上部中心"死料柱"（即透气性差甚至完全不透气的湿料柱），使气流分布更趋均匀，球团矿成品质量得以改善。

四、焦化工艺流程

焦化是炼焦煤在隔绝空气条件下加热到 1000℃ 左右（高温干馏），通过热分解和结焦产生焦炭、焦炉煤气和炼焦化学产品的工艺过程。冶金焦炭含碳量高、气孔率高、强度特别是高温强度大，是高炉炼铁的重要燃料和还原剂，也是整个高炉料柱的支撑剂和疏松剂。炼焦副产的焦炉煤气发热量高，是优良的气体燃料，也是重要的化工原料，在钢铁联合企业中是重要的能源。炼焦化学产品是重要的化工原料。因此炼焦生产是现代钢铁工业的一个重要环节。

焦化生产工艺如下。

（一）炼焦煤料的制备

炼焦煤料的制备简称备煤，是将煤矿运来的各种精煤（或低灰分原煤）制备成配比准确、粒度适当、质量均匀、符合炼焦要求的煤料。一般包括：卸煤、贮存、混匀、配合、粉碎和混合，并将制备好的煤料送到焦炉贮煤塔。严寒地区还应有解冻库和破冻块设备。炼制优质焦炭，首先要把煤混匀好，提高配煤的准确度，使煤质波动最小，保证焦炭的化学成分和物理性能、力学性能的稳定，以稳定焦炭质量。因此配煤设备必须准确地按给定值配煤，配煤槽要均匀连续下料。煤中杂物要去除干净，水分不能过高。煤料的粒度合理，可以有效地提高焦炭的机械强度，必须根据具体情况对不同的煤料确定最适宜的粉碎粒度。

备煤流程与炼焦煤源和所需焦炭的质量有很大的关系。目前，我国绝大多数焦化厂都采用先按规定比例配煤混合再粉碎的流程，不能根据各种煤的硬度差异分别进行处理，只适用于黏结性较好、煤质较均匀的炼焦煤料。较新的备煤流程有三种：一是单独粉碎流程，是将各种煤先单独进行粉碎，然后按规定的比例配合，再进行混合；二是分组粉碎流程，是先将硬度相近的各煤种，按比例配合成组，各组分别送往各自的粉碎机粉碎到要求的粒度，再进行混合；三是选择粉碎流程，是将粉碎到一定程度的煤过筛，将筛出的粗粒级组分进行再粉碎，这样可使黏结性差、惰性物含量高的粗粒级组分粉碎得较细，避免黏结性好的岩相组分过度粉碎。

（二）炼焦生产

已经制备好的煤料从煤塔放入装煤车，分别送至各个炭化室装炉；对于捣固焦生产，则是先捣固成煤饼，从侧面推入炭化室。经过一个结焦周期（即从装炉到推焦所需的时间，一般为 14~18h，视炭化室宽度而定），用推焦机将炼制成熟的焦炭经拦焦机推入熄焦车，进入熄焦塔或干熄焦炉；干馏产生的煤气经集气系统送往化学产品回收车间加工处理。熄焦后，将焦炭卸入凉焦台，然后筛分、贮藏。

（三）焦炭处理

从炼焦炉出炉的高温焦炭，需经熄焦、凉焦、筛焦、贮焦等一系列处理。为满足炼铁的要求，有的还需进行整粒。

1. 熄焦

熄焦有湿法熄焦和干熄焦两种方式。湿法熄焦是用熄焦车将出炉的红焦载往熄焦塔用水喷淋；干熄焦是用180℃左右的惰性气体逆流穿过红焦层进行热交换，焦炭被冷却到约200℃，惰性气体则升温到800℃左右，并送入余热锅炉，生产蒸汽。每吨焦可产生蒸汽400~500kg，干熄焦可消除湿法熄焦对环境的污染，提高焦炭质量，同时回收大量热能，但基建投资大，设备复杂，维修费用高。

2. 凉焦

将湿法熄焦后的焦炭，卸到倾斜的凉焦台面上进行冷却。焦炭在凉焦台上的停留时间一般要30min左右，以使水分蒸发，并对少数未熄灭的红焦补熄。

3. 筛焦

根据用户要求将混合焦在筛焦楼进行筛分分级。我国钢铁联合企业的焦化工序，一般将焦炭筛分成四级，即粒度大于40mm为大块焦，40~25mm为中块焦，25~10mm为小块焦，小于10mm为粉焦。通常大、中块焦供高炉炼铁使用，小块焦供化工部门使用，粉焦用作烧结工序燃料。

4. 贮焦

将筛分处理后的各级焦炭，分别贮存在贮焦槽内，然后装车外运，或由皮带输送机直接送给用户。

5. 整粒

将大于80mm（或75mm）的焦炭预先筛出，经切焦机破碎后再过筛，得到粒度80~25mm（或75~25mm）焦炭用于高炉炼铁。这样可以提高焦炭粒度的均匀性，并避免大块焦炭沿固有的裂纹在高炉内碎裂，从而提高焦炭的机械强度，有利于高炉炼铁生产。

五、高炉炼铁工艺流程

一个完整的高炉炼铁系统除了高炉本体外，还包括高炉用原料储存、运输及炉顶上料的供料系统，鼓风机、热风炉组成的送风系统，高炉冶炼产生的煤气经除尘净化后再供用户使用的煤气净化系统，高炉冶炼的铁水及炉渣由炉内放出进行处理的渣铁处理系统。现代高炉炼铁都采用喷吹燃料以替代和节约焦炭，因此还配有喷吹燃料系统。

炼铁是钢铁企业的主要生产流程之一，其目的是把以氧化物形式存在的铁元素置换出来。炼铁的原料为"块矿"（烧结矿和球团矿）及焦炭。

在高炉炼铁生产中，高炉是工艺流程的主体，从其上部装入的铁矿石（烧结矿和球团矿）、焦炭向下运动；下部吹入空气及煤粉，燃烧燃料过程中产生大量的高温还原性气体向上运动。炉料经过加热、还原、熔化、造渣、渗炭、脱硫等一系列物理化学过程，最后生成液态炉渣和生铁，分别从出渣口和出铁口流出，产生的高炉煤气则从高炉顶部引出。炼铁工艺流程除高炉本体外，还有上料系统、装料系统、送风系统、煤气回收与净化系统、炉渣处理系统、喷煤系统以及为这些系统服务的动力系统。

高炉炼铁生产工艺流程如图 2-7 所示。

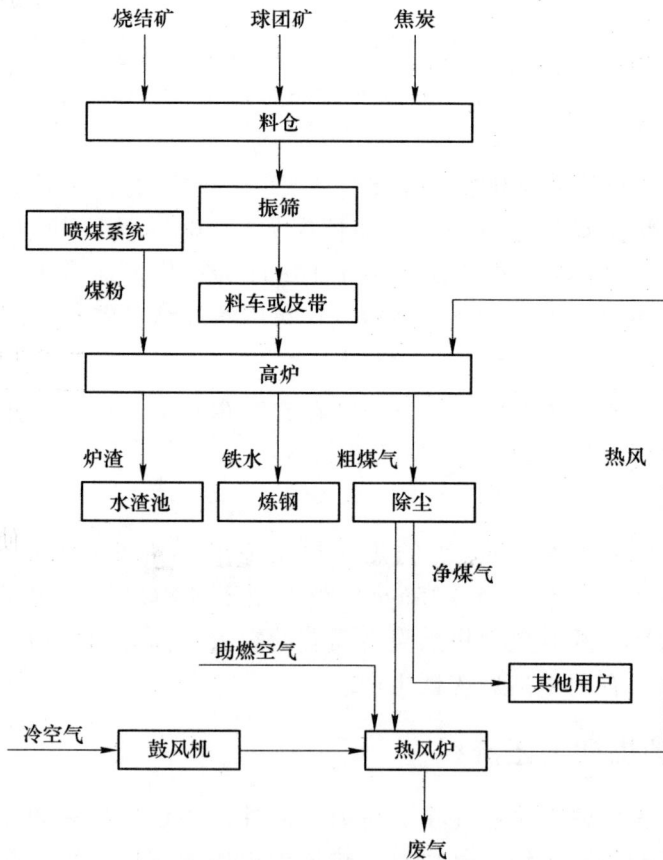

图 2-7 高炉炼铁生产工艺流程图

炼铁工序主要生产设备为高炉及配套热风炉、喷煤系统，热风炉可提供 1200℃ 高温热风。高炉均配备 TRT 系统或 BPRT 系统，回收高炉煤气余压。

（一）上料

高炉上料系统的作用要是将配比、称量好的炉料按照生产工艺要求运往高炉炉顶。高炉炉料通过斜桥式料车或皮带上料系统运到炉顶，经过炉顶设备装入高炉，并均匀布料。

（二）高炉鼓风

高炉鼓风系统是由鼓风机，热风炉和冷、热风管等组成。鼓风通过冷风管进入热风炉预热，再经热风管送到高炉风口进入高炉。鼓风机送出的冷空气在热风炉加热到 1100～1250℃，经风口连续而稳定地进入炉缸，热风使风口前的焦炭燃烧，产生 2000℃ 以上的炽热还原性煤气。

（三）高炉冶炼

高炉炼铁是现代炼铁的主要方法，钢铁生产中的重要环节。这种方法是由古代竖炉炼铁发展、改进而来的。高炉炼铁技术经济指标良好，工艺简单，生产量大，劳动生产率高，能耗低。

高炉冶炼是把铁矿石还原成生铁的连续生产过程。铁矿石（烧结矿、球团矿和原矿块矿）、焦炭和熔剂等固体原料按规定配料比由炉顶装料装置分批送入高炉，并使炉喉料面保持一定的高度。焦炭和铁矿石在炉内形成交替分层结构。铁矿石在下降过程中逐步被还原、熔化成铁和渣，聚集在炉缸中，定期从铁口、渣口放出。

上升的高温煤气流加热铁矿石和熔剂，使之成为液态，并使铁矿石完成一系列物理化学变化，煤气流则逐渐冷却。下降料柱与上升煤气流之间进行剧烈的传热、传质和传动量的过程。

下降炉料中的毛细水分当受热到 100～200℃ 即蒸发，褐铁矿和某些脉石中的结晶水要到 500～800℃ 才分解蒸发。主要的熔剂石灰石和白云石，以及其他碳酸盐和硫酸盐，也在炉中受热分解。石灰石中 $CaCO_3$ 和白云石中 $MgCO_3$ 的分解温度分别为 900～1000℃ 和 740～900℃。铁矿石在高炉中于 400℃ 或稍低温度下开始还原。部分氧化铁是在下部高温区先熔于炉渣，然后再从渣中还原出铁。

焦炭在高炉中并不熔化，只是到风口前才燃烧气化，少部分焦炭在还原氧化物时气化成CO。而铁矿石在部分还原并升温到1000~1100℃时就开始软化，到1350~1400℃时完全熔化，超过1400℃就滴落。焦炭和铁矿石在下降过程中，一直保持交替分层的结构。由于高炉中的逆流热交换，形成了温度分布不同的几个区域：一是铁矿石与焦炭分层的干区，称块状带，没有液体；二是由软熔层和焦炭夹层组成的软熔带，矿石开始软化到完全熔化；三区是液态渣、铁的滴落带，带内只有焦炭仍是固体；四区是风口前有一个袋形的焦炭回旋区，在这个区域里，焦炭强烈地回旋和燃烧，是炉内热量和气体还原剂的主要产生地。

液态渣铁积聚于炉缸底部，由于密度不同，渣液浮于铁液之上，定时从炉缸放出。铁水出炉温度一般为1400~1550℃，渣温比铁温一般高30~70℃。

煤气流沿高炉断面上升，分布合理均匀，能改善煤气与炉料之间的传热和传质过程，顺利地完成加热、还原铁矿石和熔化渣、铁等过程，达到高产、低耗、优质的要求。

（四）出铁出渣

冶炼好的生铁由出铁口排出高炉，冶炼过程中形成的高炉渣也排出炉外。

（五）高炉煤气系统

高炉冶炼从炉顶装入使用焦炭，从风口喷吹进煤粉，焦炭和煤粉在风口前的不完全燃烧为高炉冶炼提供了热量和还原剂。入炉的碳元素及其燃烧产物CO是使铁及合金元素还原的还原剂，并为铁水渗碳提供了碳源。风口前焦炭的燃烧也为炉料下降提供了空间。

高炉是一竖炉，煤气在风口区形成，在上升过程中要穿过下部的固-液两相区、软熔区以及上部的固体炉料区，与下降的炉料进行热量和物质的交换。煤气能够顺利地通过高炉料柱，是焦炭起到的而其他燃料难以替代的料柱骨架作用，因此高炉冶炼是不能没有焦炭的。

煤气在上升过程中与铁矿石发生反应和热交换，其成分和温度也在不断变化，最后从炉顶离开高炉，经重力除尘和布袋除尘后，再经TRT或BPRT，其余压做功后，一部分作为高炉热风炉的燃料，一部分直接或经高炉煤气柜进入高炉煤气管网。

六、转炉炼钢

国内钢铁联合企业中绝大多数炼钢工序实现了炼钢生产现代化，建立起包括铁水脱硫预处理—转炉复合吹炼—炉外精炼—连铸的现代化转炉炼钢生产流程；短流程生产企业建立起以大型超高功率电炉为主体、实现炼钢—精炼—连铸—连轧的短流程生产线。

转炉炼钢是以铁水、废钢、铁合金为主要原料，使氧气与铁水成分接触，靠铁液本身的物理热和铁液组分及其与氧气化学反应产生的热量而在转炉中完成炼钢过程。

转炉炼钢的原材料分为金属料、非金属料和气体。金属料包括铁水、废钢、铁合金，非金属料包括造渣料、熔剂、冷却剂，气体包括氧气、氮气、氩气、二氧化碳等。非金属料是在转炉炼钢过程中为了去除磷、硫等杂质，控制好过程温度而加入的材料。主要有石灰、白云石等造渣料，萤石、氧化铁皮等熔剂，铁矿石、石灰石、废钢等冷却剂，焦炭、石墨、煤块、重油等增碳剂和燃料。

炼钢工序的基本任务是降低生铁中的含碳量，使其由铁转换为钢。

铁水直接或经预处理后通过铁水包吊运到转炉平台装入转炉内，再加预先检验过的废钢和铁块。在下氧枪吹氧的同时加石灰、白云石等第一批辅助料，吹炼到一定程度，根据化渣情况加第二批辅助料（石灰、白云石等）后再吹炼，最后根据火焰状况、供氧数量和吹炼时间等因素，按所炼钢种的成分和温度要求，确定吹炼终点。这时要提高氧枪停止供氧，倒炉、测温、取样。根据炉前化验室分析结果，决定出钢或补吹时间。当钢水成分和温度都已合格时，打开出钢口，倒炉出钢。在出钢过程中，向盛钢水的钢包内加入合金料，进行脱氧和合金化。出完钢后，将剩余炉渣倒入炉坑渣盘内运出。

在吹炼过程中的煤气通过汽化冷却烟道降温，然后干法或湿法净化，进入转炉煤气柜。当 O_2 超标或 CO 浓度过低不符合回收要求时，通过放散塔点火后放散。

出钢完毕后根据钢种要求，直接或经各种精炼后送往连铸，由连铸机铸成连铸坯。

转炉冶炼过程如下：

（1）上炉出钢、倒渣，检查炉衬和倾动设备等并进行必要的修补和修理（溅渣护炉等）。

（2）倾炉，加废钢、兑铁水，摇正炉体（至垂直位置）。

（3）降枪开吹，同时加入第一批辅助料；这时炉内噪声较大，从炉口冒出赤色烟雾，随后喷出暗红的火焰；3~5min后硅锰氧化接近结束，碳氧反应逐渐激烈，炉口的火焰变大，亮度随之提高；同时渣料熔化，噪声减弱。

（4）3~5min后加入第二批辅助料继续吹炼；随吹炼进行钢中碳逐渐降低，约12min后火焰微弱，停吹。

（5）倒炉，测温、取样，并确定补吹时间或出钢。

（6）出钢，同时将计算好的合金料加入钢包中进行脱氧合金化。

现在转炉炼钢均已使用溅渣护炉工艺。在比较短的时间内，将炉渣均匀地溅射涂敷在整个炉衬表面，并在易于蚀损而又不易修补的耳轴、渣线等部位形成厚而致密的溅渣层，使其得以修补。

连铸机由中间罐、结晶器、二次冷却装置、振动装置、拉坯矫直装置、切割等项装备所组成。进行连续浇铸时，钢包中的钢水经中间罐注入软水冷却的结晶器中，开浇时最初注入的钢水，受到预先设置在结晶器内的"引锭"所承托（引锭很长，一直拖过拉坯矫直机）。通过冷却水的强制冷却作用，使结晶器内的钢水急速冷却而凝固为一个具有一定厚度的坯壳，当其与引锭结为一体后，便可启动拉坯矫直机，以一定速度通过引锭将已初步凝固的连铸坯拉出结晶器。为防止内部尚未完全凝固的连铸坯外壳被拉裂并减少结晶器对拉坯的阻力，在浇铸过程中结晶器要始终进行不断的往返振动。待连铸坯通过喷水二次冷却后才能完全凝固，通过拉矫机后脱去引锭。连铸坯经矫直后再使用火焰切割或压力剪按所需长度定尺，由输送辊道运走。随钢水不断注入连铸坯连续向下延伸，形成了连续浇铸过程，连铸进入正常生产。

七、轧钢工艺流程

由钢坯轧制成具有一定规格和性能的钢材的一系列加工工序的组合称为轧钢生产工艺过程。

采用连铸坯的轧钢生产系统的工艺过程是由连铸机铸成的连铸坯，一次加热轧出成品，并可采用连铸坯直接轧制，这种工艺过程可大幅度节约热能，提高成材率及简化工艺及设备，是轧钢生产发展的方向。

从连铸机出来的连铸坯在红热状态下送到轧钢加热炉内，加热到一定温度后出炉，经水除鳞后进入粗轧机和精轧机组，轧制成钢材，经后部处理

（精整等）后入库或直接出厂。

轧钢工艺流程如图 2-8 所示。

八、制氧工艺流程

氧气是氧气顶吹转炉炼钢、顶底复合吹炼转炉等所必需的原料（载能工质）。钢铁企业一般采用空气分离方法制取氧气，氧气大部分供转炉炼钢用，部分送入炼铁高炉进行富氧鼓风。

原料空气经空气过滤器除去灰尘及其他固体杂质后，在离心式压缩机中压缩至 0.55 MPa 左右，经空气冷却塔预冷。冷却水分两段进入冷却塔内，下段为循环冷却水，上段为低温冷冻水，空气自下而上穿过空冷塔，在冷却的同时，又得到清洗，空气经空冷塔后温度降至 -10 ~ -18℃，然后进入分子筛吸附器，空气中的二氧化碳、碳氢化合物及残留的水蒸气被吸附，分子筛为两只切换使用，其中一只工作，另一只再生。分子筛定时自动切换。

空气出分子筛后，分为两路：一路（大部分）直接进入主换热器，而另一路去增压膨胀机增压后进主换热器。大部分气体在主换热器中与返流气体换热达到接近空气液化温度约为 -173℃进入下塔，增压空气在主换热器内被返流气体冷却至 -100 ~ -120℃时抽出进入膨胀机膨胀制冷，膨胀空气经热虹吸蒸发器后进入上塔参加精馏。

在下塔中，空气被初步分离成氮和富氧液空，顶部氮气在冷凝蒸发器中被冷凝为液体，同时主冷的低压侧液氧被汽化。部分液氮作为下塔回流液，另一部分液氮从下塔顶部引出，经过冷器被氮气和污氮气过冷并节流后送入上塔顶部和精氩塔冷凝器。液空在过冷器中过冷后，经节流送入上塔中部作回流液和精氩塔冷凝器作冷源。

氧气从上塔底部引出，并在主换热器中复热后出冷箱进入氧压机，加压后送往用户。

氮气从上塔顶部引出，在过冷器和主换热器中复热后出冷箱，一部分作为产品经氮压机压缩后送往用户，其余氮气进入水冷塔与污氮气一起降低水冷塔水的温度。

制氧工艺流程如图 2-9 所示。

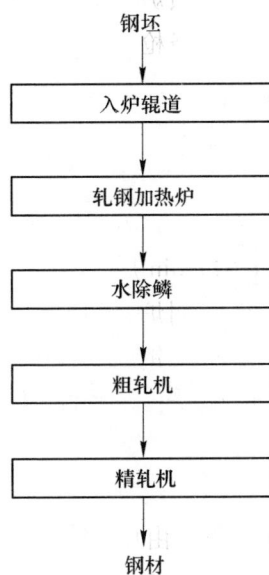

钢坯

入炉辊道

轧钢加热炉

水除鳞

粗轧机

精轧机

钢材

图 2-8 轧钢工艺
流程示意图

空气

| 过滤器 |

| 空气压缩机 |

| 空气冷却塔 |

| 分子筛 |

| 膨胀机 |

| 空分塔 |

氧气　　　　　　　　　　　　　氮气

| 氧气压缩机 | | 氮气压缩机 |

| 氧气储罐 | | 氮气储罐 |

氧气　　　　　　　　　　　　　氮气

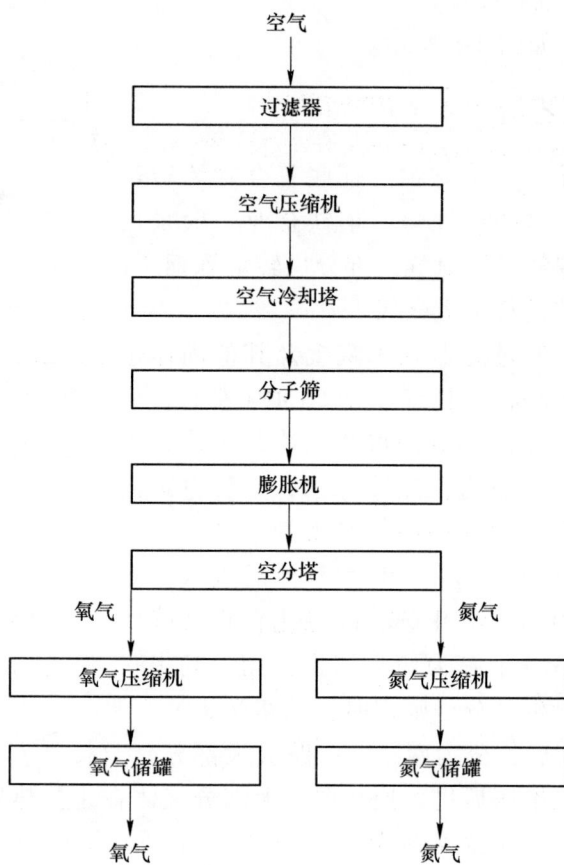

图 2-9　制氧工艺流程示意图

第三章　基本要求

基本是根本的、主要的、大体上、大部分的意思，要求是提出具体事项或愿望，希望做到或实现。基本要求就是应能实现的主要事项。

钢铁企业要实现两化融合，在战略、基础、管理体系、投入、组织结构等五个方面都要达到一定的基本要求。

第一节　战　略

一、战略定义

战略，原意为作战的谋略，是指导战争全局的计划和策略。

"战略与战术乃二个全异之行动。战术是关于战斗诸种行动之指导法，战略乃连系配合各种战斗之谓。战略为作战之根源，即创意定计；战术乃实行战略所要求之手段。"

现在，战略的含义已扩大，指为实现某种目标（如政治、军事、经济或国家利益方面的目标）而制定的大规模、全方位的长期行动计划，也可以说是在一定历史时期指导全局的方略。

企业战略是指企业对有关全局性、长远性、纲领性目标的谋划和决策，即企业为适应未来环境的变化，对生产经营和持续、稳定发展中的全局性、长远性、纲领性目标的谋划和决策。战略是企业的灵魂，是企业的精神所在，在整个现代企业管理中居于核心地位，起着主导的、决定性的作用。

企业战略是表明企业如何达到目标，完成使命的整体谋划，是提出详细行动计划的起点，但又凌驾于任何特定计划的各种细节计划之上。战略反映了企业董事会对于行动、环境和业绩之间的理解，用于企业已确定的使命、愿景、价值观的实现，同时用以指导对所采取行动的决策。

企业战略的本质是企业竞争形势的一种定位，是企业商业模式的一种创新，是企业最高层领导的一种价值观念，是企业管理的一种创新，是企业的一种行动计划。

企业战略具有全局性、长远性、方向性、指导性、竞争性、预见性、风险性、竞争性等特点，对于明确企业的发展方向、发展目标、资源配置、竞争能力和抗风险能力具有重要意义。

根据企业目标层次，企业战略分为总体战略（公司战略）、业务战略和职能战略。职能战略是业务战略的补充和支持，业务战略是企业总体战略的支持。

战略是设计用来开发核心竞争力、获取竞争优势的一系列综合的、协调的约定和行动。如果选择了一种战略，企业即在不同的竞争方式中作出了选择。从这个意义上来说，战略选择表明了一个企业打算做什么，以及不做什么。

当一个企业实施的战略，竞争对手不能复制或因成本太高而无法模仿时，它就获得了竞争优势。只有当竞争对手模仿其战略的努力停止或失败后，一个企业才能确信其战略产生了一个或多个有用的竞争优势。此外，企业也必须了解，没有任何竞争优势是永恒的。竞争对手获得用于复制这个企业价值创造战略的技能的速度，决定了这个竞争优势能够持续多久。

二、钢铁企业战略

钢铁企业战略分为整体战略、发展战略、业务战略和职能战略，有些观点认为，业务战略和职能战略是发展战略的组成部分。

（一）整体战略

钢铁企业整体战略是指企业整体意义上的发展大方向。一般会根据希望达到的目标，制定 3~5 年，或 5~10 年，或 10~20 年的阶段计划，企业的所有"活动"会围绕整体发展方向、总目标、阶段目标来开展。

整体战略一般可分为防御型战略、稳定型战略、紧缩型战略、混合型战略、进攻型战略和增长型战略。钢铁企业战略管理中存在着许多可供选择的战略类型，这不仅是因为企业决策者的视角不同，而且还因为企业具有不同的层面、不同的内在特质和外部环境，会在不同的条件下选择不同的战略。

整体战略是研究企业要去哪儿和企业应该经营哪些事业以使企业长期获利等，是企业的战略总纲领，是企业最高管理层指导和控制企业的一切行为的最高行动纲领。

企业整体战略需要回答企业应该经营哪些事业以使企业的长期利益达到最大化。整体战略注重把握企业内外部环境的变化，同时努力将企业内部各个部门间的资源进行有效的战略配置，并以企业的整体为对象。整体战略强调"做一件正确的事情"，以价值为取向，并以抽象的原则为基础，忽略具体性原则。整体战略注重深远性和未来性，代表了企业的发展方向。在整体战略思考中，企业需要考虑一体化战略、多角化战略、战略联盟和收购战略。必要时将考虑企业重组以增强企业的整体效率。整体战略具有整体性与长期性的特点，主要由企业高层的管理人员来执行，与企业的组织形态关系密切。

（二）发展战略

钢铁企业发展战略是关于钢铁企业如何发展的理论体系。发展战略是一定时期内对钢铁企业发展方向、发展速度与质量、发展点及发展能力的重大选择、规划及策略。钢铁企业发展战略可以帮助企业指引长远发展方向，明确发展目标，指明发展点，并确定钢铁企业需要的发展能力，战略的真正目的就是要解决企业的发展问题，实现企业快速、健康、可持续发展。

钢铁企业发展战略摆脱钢铁企业面临的价格战等陷阱，解决钢铁企业长期成长缓慢或停滞不前甚至走向衰退等问题。钢铁企业应该从发展方向、发展速度与质量、发展点和发展能力四个方面入手，来系统地解决企业发展问题，而这四个方面又构成了发展战略的四个重要组成部分。发展战略理论使企业竞争的焦点由竞争转向发展，企业可以通过竞争来实现发展，还可以通过合作来实现发展，也可以避开竞争，选择更具前景的领域来发展。发展战略理论是对传统竞争战略理论的一种颠覆，摆脱了价格战等的困扰，使企业更加良性的参与竞争，把主要精力投入到企业的发展问题的解决上，发展方向、发展速度与质量、发展点和发展能力的规划与实施上，最终实现钢铁企业的快速、健康、可持续发展。

钢铁企业要实现发展，就需要思考四个问题。一是钢铁企业发展方向，也就是未来要发展成为什么样子；二是发展速度与质量，也就是钢铁企业未来以什么样的速度与质量来实现发展；三是发展点，亦即钢铁企业未来从哪些方面来保证这种速度与质量；四是发展能力，就是钢铁企业未来需要哪些发展能力支撑。这四个问题是以钢铁企业发展为导向，关于这四个问题的回答就能系统解决钢铁企业的发展问题。如果这四个问题都能有效解决，那么钢铁企业的发展问题就能得到系统的、有效的解决。

（三）业务战略

业务战略与企业相对于竞争对手而言在行业中所处的位置相关。那些在行业内定位准确的企业通常能更好地应付五种竞争力量。

主要种类有：企业业务发展策略方案、企业多元化经营方案、企业业务调整方案、企业业务整合方案。

要想找准定位，企业必须决定其准备采取的行动能否使其以不同于竞争对手的方式开展活动或开展完全不同于竞争对手的活动。企业通常在四种广义的业务层战略中进行选择，已在某一特定竞争领域形成并利用某种竞争优势：成本领先、差异化、集中成本领先和集中差异化。第五种广义的业务层战略是成本领先与差异化整合的战略。

业务战略强调了各单位在各自产业领域中的生存、竞争与发展之道。如何整合资源、创造价值，以满足顾客，是业务战略关心的重点。在进行业务战略制定时，可以分别从以下6个方面来构思企业的业务战略：钢铁产品品种与特色产品、目标市场、垂直整合程度、相对规模与规模经济、地理涵盖范围和竞争优势。

业务战略包括以下几个方面。

1. 钢铁产品品种与特色产品

产品品种与特色产品是钢铁企业与顾客间最直接接触的接口，是钢铁企业生存最基本的依据，是最容易掌握与描述的企业特性，也是企业在战略上可以具体追求精进与变化的所在。因此钢铁产品品种与特色产品，是描述企业业务战略的首要项目。

2. 目标市场

目标市场是本企业所欲服务与满足的对象，是主要的外界资源来源，是描述业务战略的重要构成层面。

钢铁产业中不同的企业对目标市场的细分方式未必相同，细分方式也代表其战略思考的方式与战略选择。例如有的企业依客户的规模划分市场，有些则是依地区。不同的划分方法，在战略上甚至组织上，都代表着不同的意义。

业务战略的制定者应思考并决定其所负责的业务，现在如何界定和选择企业的目标市场？未来如何界定和选择企业的目标市场？这一细分方式有何战略上的意义？目标市场中的顾客在购买行为和需求特性方面，是否与本业务的产品线广度与特色相配合？所选定的目标市场将来成长潜力及需求特性的稳定程度如何？各个目标市场差别或客户类型对本企业的依赖程度如何？本企业对它们的依赖程度又如何？将目标市场细分以后，企业未必就只选择其中一个。

3. 垂直整合程度

钢铁企业由原料到产品，必须经过焦化、烧结及球团、炼铁、炼钢、连铸、轧钢等工序的作业，另外还有制氧、石灰、发电等辅助工序作业。这些作业，钢铁企业可以自己做，也可以让别人来做，各有其优劣之处。在决定垂直整合程度时，必须先了解产业上下游共有哪些流程与阶段，才能深入分析而有所取舍。有些业务的竞争优势的形成极具关键性，应尽量掌握在自己手中，有些业务与竞争优势或企业的核心能力关联不大，外界又有许多机构可以代劳，则可以考虑外包来精减组织。

4. 相对规模与规模经济

规模经济是随着经营规模的扩大而带来的效益，可能表现在产能的充分利用、采购上的谈判力、全国性广告的运用以及人员训练与研究发展等。而这些效益的大小又随着产业特性而有所不同。即使在同一个产业，也会因为科技的进步、产业结构的演进等因素而有所变化。

在规模方面，战略制定者要知道：相对于同业而言，本企业现在是以大规模还是中小规模的方式来竞争？就本产业的特性来说，本业务的规模水准已经能发挥哪些规模经济上的效益？还不能发挥哪些规模经济上的效益？

要描述"相对规模与规模经济"，必须要先仔细思考并回答以上这些问题，而不只是简单地提出本企业的营业额或资本额而已。想要回答以上这些问题，需要深入的研究，也需要一些主观的判断。

在许多高科技或电子商务的产业，由子产业特性是大者恒大，未达一定门槛规模者很快就会被淘汰，所以快速追求规模成长是关键大事。在投资新业务前，需要先想清楚，这一产业的规模要求或门槛是多少，本身的资源与战略雄心是否能配合产业规模的要求。而即使是产业中的老将，当面对产业环境剧烈变化时，也应深入检讨自己在规模方面的地位与决策。

5. 地理涵盖范围

一个企业可以是地方性企业，可以是全国性企业，也可以是全球性企业。它可以将同一地方生产的产品，运到许多不同的市场去；也可以将产自各地工厂的产品，运到同一个地区市场来。有许多企业已将它的各项价值活动分散到世界各地，例如某一产销自行车的企业，在中国台湾进行研究发展与大部分的制造，而在中国内地做一部分的装配，并由日本进口关键零部件，而最终产品又销往美国与欧洲。这种地理涵盖范围上的运用，与其产品定位、目标市场之选择、规模经济之发挥等都有密切的配合关系。

将各个价值活动分散到不同的地区，或许是为了接近市场，也可能是为了接近原料产地，也可能是为了追求国际间产销的比较利益，例如较低廉的人工成本。然而将战线拉长，也会提高运储的成本，以及沟通与协调的困难。

6. 竞争优势

战略制定者希望能由以上各项战略决策，创造出业务所独特拥有的竞争优势。这些竞争优势可能是营销方面的优势，例如品牌知名度和渠道的掌握；也可能是在生产和财务方面，例如生产效率和低成本的资金来源；也可以是技术的独创与领先。但这些战略上的竞争优势，有时彼此并非互相独立，而是互相支援、互相呼应、互相配合的。

有些竞争优势是从本业务的战略形态所形成的，或说是从以上五个战略形态延伸出来的。例如"产品品质特别好""产品种类比别人多""交货迅速"等这些优势，是与"产品线广度与特色"有关的。"掌握了最忠诚的客户""找到了最好的经销商"是与"目标市场之区隔方式与选择"有关的优势。"产销一贯化""善用外包以精简组织"是与"垂直整合程度之取决"有关的优势。"规模大所以成本低""采购量大，所以受到供应商重视"是与"相对规模与规模经济"有关的。"到原产地去采购""工厂外移到工资低廉的国家造成成本优势""掌握国外订单"，这些优势则是与"地理涵盖范围"有关的。

但有些竞争优势则由所谓的"非战略形态因素"所造成。例如有些企业的竞争优势来自其他业务单位或关系企业所提供的协同效应或关系。有些则是因为当初投资时间早所创造的时机因素或"先进入者优势"（例如先进入产业者享有较高的顾客忠诚度或拥有更好的渠道关系等）。有些竞争优势是基于在某些关键资源，或市场上享有特殊的独占力量（例如拥有专利权或特许执照等），而独占力量的大小也有程度上的问题。有些竞争优势纯粹是因为财力雄厚，可以藉着财力吸引各种资源与人才，也可以凭着财力进行投资或竞争上的持久战。

协同效应、关系、时机、独占力、财力、能力、信息科技的运用等，都是竞争优势来源。例如：A信息公司的竞争优势是研发、系统整合能力强，代理知名品牌产品，了解国际卡规格及银行发卡流程，与中国电信等关系良好。

（四）职能战略

职能战略是按照整体战略和发展战略、业务战略对企业内各方面职能活动进行的谋划。职能战略是为企业战略和发展战略、业务战略服务的，所以必须与企业战略和发展战略、业务战略相配合。

职能战略描述了在执行企业战略和经营单位战略的过程中，企业中的每一职能部门所采用的方法和手段。职能战略在几个方面不同于企业战略和经营单位战略。首先，职能战略的时间跨度要比企业战略短得多；其次，职能战略要比企业战略更具体和专门化，且具有行动导向性；企业战略只是给出公司发展的一般方向，而职能战略必须指明比较具体的方向；最后，职能战略的制定需要较低层管理人员的积极参与。

职能战略一般可分为生产运营型职能战略、资源保障型职能战略和战略支持型职能战略。

生产运营型职能战略是企业或业务单元的基础性职能战略，从企业或业务运营的基本职能上为总体战略或业务战略提供支持，包括研发战略、采购战略、生产战略、质量战略、营销战略、物流战略等。

资源保障型职能战略是为总体战略或业务战略提供资源保障和支持的职能战略，包括财务战略、人力资源战略、信息化战略、知识管理战略、技术战略等。

战略支持型职能战略是从企业全局上为总体战略和业务战略提供支持的战略，包括组织结构战略、企业文化战略、公共关系战略等。

三、两化融合对钢铁企业战略的要求

钢铁企业要以战略统领所有运营活动，以获得持续发展和成功。

两化融合涉及理念的变革、发展要素的演变、模式的转型和技术的创新，服务于钢铁企业全面优化和升级发展。钢铁企业要把两化融合提升到战略高度，确保两化融合工作与其战略的一致性和协调性，并为战略的实现和持续改进提供可管控的手段。钢铁企业要把信息化纳入其整体战略和发展战略，将两化融合作为贯穿战略始终的重要内容。

钢铁企业两化融合是一个需要持续改进的长期过程，涵盖业务和管理的优化与变革，覆盖组织的所有职能和层次。企业领导的理念意识、变革决心和领导能力，是两化融合管理体系有效运行的基本前提和坚实保障。

钢铁企业两化融合是一个需要循序渐进和不断完善的过程，持续改进是其两化融合管理体系有效性得到确立、保持和提升的必然途径，适用于两化融合管理体系的所有相关过程。

改进是一系列持续的活动，包括但不限于四个方面：一是评估分析现状和问题以识别可改进的机会；二是确定改进目标，寻找可行方案以实现这些目标；三是评审并实施所选择的方案；四是对实施结果进行评估分析以确定改进目标的实现情况。

两化融合各项要求的全面贯彻落实，需要钢铁企业达成共识，全员积极配合和充分参与。钢铁企业要应用新技术、新方法、新理念，不断加强员工赋能和绩效激励，以充分调动员工的积极性和创造力。

钢铁企业要制定信息化战略，为信息化改造指明方向。

（一）必要性

随着我国经济的发展和科技的进步，信息化已在越来越多的企业中得到应用，而钢铁企业作为我国的经济支柱之一，在近年来也逐渐实现了钢铁企业的信息化建设。在钢铁企业中实施信息化建设，一方面是可以将钢铁企业的发展空间扩大，提高企业本身在市场的竞争力，使其在现在竞争激烈的市场中占有一席之地，对钢铁企业实施信息化建设是企业发展的需要；另一方面，由于钢铁企业的业务涉及的数据、文档和图纸等的数量都是比较多的，想要将这些数据、文档和图纸储存起来是一件不容易的事，操作起来比较复杂，而通过信息化技术的支持则可以大大简化这个储存操作的过程，便于人员进行操作，使钢铁企业的运行效率大幅提高。企业实施信息化建设是钢铁企业管理的需要。除此之外，随着生产链全球化和供应链全球化的日益紧密，钢铁企业作为我国的经济支柱之一，要求其利用信息化管理加强对钢铁生产建设的指导的迫切性已是越来越突出。因此，钢铁企业实施信息化建设是非常必要的，是钢铁企业本身发展的需要，是钢铁企业管理的需要，也是生产链世界化和供应链世界化对钢铁企业生产的要求。

1. 钢铁企业提升竞争力的需要

世界经济的发展尤其是世界钢铁行业的发展将进入从数量的增长急速转向质量的提高，我国钢铁企业在过去的几十年中通过数量的增长得到发展，尽管我国钢铁产品需求在未来一段时间仍会增长，但从世界范围看，总体钢铁产品需求增长缓慢，我国在重化工时代结束后有一个钢铁产品需求萎缩的过程，在以后数量增长受阻的情况下，钢铁企业若不做任何根本性的变革，将会后患无穷。同时，现在也是一个竞争的时代，竞争的残酷性必须要求企业家和管理层具有超前思维，如何以顾客为中心，如何以提升竞争力为中心，以企业信息为支撑，整合钢铁企业内部营销、生产、技术、设备、财务、采购资源，把内部信息系统向顾客和供应商两端延伸，形成一个"对外快速响应"的能够随时适应环境变化，以信息技术为手段大力推进透明化管理进而推进授权管理，形成对内高效沟通的企业经营运作系统，提升"对外快速响应、对内高效沟通"的能力，改善传统管理效能，从过去的"利润最大化"到现在的"价值最大化"、从过去的"对上级负责"转变为现在的"对市场负责"，采用先进的信息技术，通过加速工作流程和限制无效劳动不断创造价值，达到提升企业竞争力的目的。

2. 企业信息化为实现产业方向转移提供机会

信息化必将拓展钢铁企业的经营领域，形成非常强劲的非钢产业，会导致产业结构的优化。一是大型钢铁企业具有人才、资金、信息、产品资源的优势，充分利用这些优势，借助于内部市场的培植，培养一批信息产业的人才和产品，并以其为基础向其他同行企业及其他行业企业进行拓展信息产品。同时，钢铁企业借助信息化在网络化管理、网络化营销、网络化服务和网络化采购中的进程中，实现钢铁产品及其他产品购销、配送、物流等服务业的发展，形成一个较有竞争力的服务产业群。

（二）问题和风险

1. 抵触情绪

钢铁企业信息化的首要问题是企业管理层直接或间接的抵制，原因有很多。一是利益调整，企业信息化最难的不是技术而是管理，管理的难度在于涉及企业的管理体制、业务流程重组、利益调整等。涉及企业的原有文化，关键是人观念的转变；涉及员工的大量培训和较长时间的适应。另外，管理层有其他紧急事情要做，对技术有恐惧情绪，还没有认同成功的可能性等。

2. 信息安全

信息系统和网络的安全建设是钢铁企业信息化建设的一项重要工作内容。搞好信息/网络安全必须一手抓管理一手抓技术。要健全信息/网络安全管理的策略和各项制度，在分析现状的基础上，有步骤地配套实施行之有效的安全技术措施，全方位地强化信息管理，并从设计、开发、维护等几个生命周期阶段对信息化系统进行全程管理，如从硬件系统、网络应用软件多个方面加强系统设计和系统开发管理，提前介入，提前采取安全措施；从技术、管理、资源等多个方面，全面加强系统的运行维护管理。

3. 竞争环境风险

竞争环境风险主要指与钢铁企业竞争对手相比在企业信息化方面表现的超前或滞后带来的风险，"超前"可获得"先机"，但竞争对手在信息技术进步迅速发展的时代可能以更低的成本、更先进的技术迅速赶上或超出。

较好的解决方案是分析环境，根据钢铁企业发展的需要，结合钢铁企业的人力、财力，总体规划分步实施，动态调整完善。

4. 技术风险

技术风险主要表现在技术的选择即先进性和成熟性的选择，先进但可能不稳定，成熟但可能落后。

解决方案应坚持成熟为主，保留扩展的可能性。

5. 项目管理风险

在信息化过程中，钢铁企业高层如果对信息化过程中企业文化转变等问题没有深刻的认识和战略考虑，不能充分协调不同应用项目管理者之间的矛盾和冲突，项目的实施很难在预算范围内按期完成。项目管理者的矛盾主要是企业不同部门都会选择部门认为最佳的解决方案，而集成做到由全部最佳方案组合并不容易。此外，企业现有系统与扩展的新系统集成，也是要解决的问题之一，集成还是放弃现有系统的选择会带来风险。

6. 缺乏完整的信息系统

就我国目前的大多数钢铁企业而言，在实现钢铁企业信息化时，往往都没有完整的信息系统作为支持，具体表现一是在财务管理方面，只是简单地应用了一些软件，用于数据的传输和储存，或者只是用于成本的自动核算，同时也没有与互联网相连，这就使得在向上级提交财务报表时需要花费较多的人力、物力，程序比较复杂，且存在的风险较大；二是在生产方面，一些钢铁企业虽然在生产系统中应用了自动控制模式，但也没有将其应用好，主要还是依靠调度调控来对生产系统进行管理，这就使得生产的效率不是很高；三是有些钢铁企业获知二级生产厂的信息依然依靠的是电话方式和报表方式，缺乏对信息获知的及时性，以至于无法对存在的不足进行及时的补足，也就无法对存在的风险进行及时的预防和控制。

7. 缺乏对信息系统的长远考虑

有些钢铁企业在建设信息系统时，往往会缺乏对信息系统的长远考虑，而是随着技术水平的提高和业务发展的需要，才将某个功能增加到原有的系统上。以某钢铁企业为例，该钢铁企业的老区域系统，是在需要模型控制时，才增加模型控制，在需要数据采集时，才增加数据采集，在需要用到视频系统时，才安装上监控探头等，缺乏对信息系统的长远规划，没有为将来的信息化系统做出整体性的建设规划。

8. 对钢铁企业的信息化认识不清

对信息化认识不清是钢铁企业信息化最大的风险。一些钢铁企业的领导者、决策者由于年龄和科技文化水平的原因，对于现代的信息化的了解和认识不够全面、深入，对于企业由手工管理转向信息化管理的欲望还不是很高，思想过于保守。

9. 缺乏信息系统间的信息共享

钢铁企业有多个生产区域，而每个生产区域都有各自的信息系统，如炼铁区域有着炼铁数学模型，炼钢区域有着智能控制系统和轧材过程控制系统，焦化系统也有着自己的专家系统，但这些系统都是相对独立的，没有将系统间的信息进行集成，形成了多个"信息孤岛"。使得管理层对生产的情况和投料的情况无法进行及时查询，需通过人工进行上报，而所上报的数据有可能存在着虚假成分。

第二节 基 础

基础的本意是指建筑物地面以下的承重结构，是建筑物的墙或柱子在地下的扩大部分，其作用是承受建筑物上部结构传下来的荷载，并把它们连同自重一起传给地基。

钢铁企业两化融合的基础，是指钢铁企业进行两化融合所具备的基本条件。钢铁联合企业应具备信息化的基础，在计量器具和信息化计量管理系统、检测装置和信息化检测管理系统、过程控制系统、信息基础设施方面有一定的基础。当然，对新建企业可以在设计时就考虑两化融合的需要，建设完善的信息化系统。

一、计量器具和信息化计量管理系统

完善的具有数据传输功能的计量器具和信息化计量管理系统是钢铁企业两化融合的重要基础条件，没有完善的具有数据传输功能的计量器具和信息化计量管理系统，要建立钢铁企业完善的信息化系统，实现钢铁企业的两化融合是不可能的，是无源之水、无米之炊。

钢铁企业应建立信息化计量管理系统，利用计算机技术实现能源计量数据的网络化管理。

（一）计量器具

计量器具是单独地或连同辅助设备一起用以进行测量的器具，又叫做测

量仪器，一般是指能用以直接或间接测出被测对象量值的装置、仪器仪表、量具和用于统一量值的标准物质。

1. 计量器具分类

按结构特点分类，计量器具可以分为量具、计量仪器仪表、计量装置等三类。量具即用固定形式复现量值的计量器具，如量块、砝码、竹木直尺、线纹米尺等；计量仪器仪表即将被测量的量转换成可直接观测的指标值等效信息的计量器具，如压力表、流量计、温度计、电流表、电压表、电能表等；计量装置即为了确定被测量值所必须的计量器具和辅助设备的总体组合，如里程计价表检定装置、高频微波功率计校准装置等。

2. 计量器具的特征

计量器具具有以下特征：

（1）标称范围即上下限。

（2）测量不确定度即测量结果的可信程度。

（3）灵敏度即器具响应的变化与被测量值的变化之比。

（4）鉴别力即器具对微小变化的响应能力。

（5）鉴别力域即对器具的响应而言被测量的最小变化值。

（6）分辨力即能够肯定区分的指示器示值的最邻近值。

（7）作用速度即单位时间内测量的最大次数。

（8）稳定度即器具保持计量特性不变的能力。

3. 对计量器具使用的要求

对计量器具的使用有以下要求：

（1）根据需要对计量器具进行调整。

调整是指使计量器具的准确度和其他性能达到规定要求的作业。调整时应遵守计量器具操作规程，防止调整不当而失准。如万用表、游标卡尺等在使用前要进行归零调整。

（2）标示计量器具的校准状态。

一般在计量器具上贴校准状态标签，让使用者了解计量器具的状态（合格、限制使用、停用等）和有效期。

因体积小或影响操作等原因而不宜贴标签的计量器具，其校准状态标签可贴在包装盒上或由其使用者妥善保管，但器具上要刻上编号，便于追溯。

（3）防止调整时校准失效。

采取措施，防止调整时校准失效。比如，对作业人员进行资格认证，须有资格证方可上岗，同时编制调整作业指导书及对校准点进行铅封等。

（4）加强搬运、维护、贮存的防护。

在计量器具使用过程中，一定要采取措施，防止计量器具在搬运、维护和贮存时损坏或失效。如提供适宜的环境条件、采取防护措施等。

（5）做好计量器具失准时的处理。

若发现计量器具偏离校准状态（失准）时，应对检测结果的有效性进行评价，并对设备和受影响的产品采取相应的措施。一是对被检产品，不一定要重新进行检测，但对其有效性一定要评价；二是追回产品进行重新检测并评价，对设备进行修理并重新校准；三是应查明计量仪器失准的原因，应对检定或校准方法、校定、校准周期、计量人员工作责任心及操作熟练度、计量器具的适用性等更新进行评价，根据评价结果再适时采取相应措施。

（6）计量器具应实行定期检定（校准）。凡经检定（校准）不符合要求的或超过检定周期的计量器具一律不准使用。属强制检定的计量器具，其检定周期、检定方式应遵守有关计量法律法规的规定。

（7）在用的计量器具应在明显位置粘贴与计量器具一览表编号对应的标签，以备查验和管理。

（二）信息化计量管理系统

信息技术与计量管理相结合，能够给钢铁企业带来业务流程模式和管理手段的巨大变化，从而实现工作自动化，原有的工作能在更短的时间内完成，在同样的时间内创造更大的经济效益，使"挖潜增效"的目标成为现实。计量管理信息化主要体现在三点，一是计量数据的准确性、及时性、共享性，二是计量业务的系统化、高效率，三是人员的科学管理和考核。

信息化计量管理系统将自动化、信息化与测量管理体系相融合，对测量设备按照用途、专业等分类管理，利用自动化技术实现测量数据采集，利用信息化技术实现测量管理。以数据为中心、以检测技术和信息技术为支撑、以测量管理体系运行为保证的现代计量管理模式，建立钢铁企业测量管理信息系统，实现测量管理体系的信息化，增强对企业计量工作的保障能力。

计量管理系统包括计量器具管理和计量数据管理。

1. 计量器具管理

对于钢铁企业的计量器具管理，首先应当明确企业计量器具管理的流程，对于一个计量器具，首先要增加到计量器具台账里，并根据器具特性、使用部门进行分类管理；其次计量器具为了避免出现故障要进行检修，制定检修计划，下达检修通知，并送检器具，如果出现故障，要进行器具维修；

再次国家对一些计量器具要求强制检定，因此钢铁企业计量器具管理部门要进行年度检定计划制定，下达检定通知，专人负责计量器具送检定，检定结果录入管理。最后，所有计量器具的台账、检修、检定都要提供查询统计功能。

2. 计量数据管理

由于历史原因，有些钢铁企业有不止一套的在线计量数据采集系统，开发于不同时期，侧重于不同功能，各成体系，如物资量动态秤数据采集及发布系统、物资量远程值守系统、动力量数据采集系统、电力计量系统等。一方面职能管理部门和生产单位需要在不同的应用系统中分别登陆、查询各类计量基础数据，记录下来再进行成本分析、指标核算等，多套数据系统不但帮助作用有限，数据不能得到有效利用，各二级生产单位及相关管理部门对物资、能源消耗情况不能及时准确掌控；另一方面部分偏远用户计量器具独立安装，每月一次抄表影响了数据的及时采集，不能满足管理需要。

信息化计量管理系统集物资和动力能源数据管理、查询应用为一体，可实现不同采集来源计量数据的整合，为生产单位提供统一的计量数据互动管理平台，提高数据处理反应速度，使钢铁企业动力能源及物料管理集中于统一平台，能提供及时、透明、权威的计量数据，保证"数出一家"及"数据不落地"。

信息化计量管理系统由计量检测、数据采集、通信网络、数据整合、数据分析应用等五部分组成。系统主要功能有用户管理、数据查询、数据异常处理、数据修正、数据发布、人工录入、生产经营指标统计等模块。

二、检测装置和信息化检测管理系统

化学成分、力学性能是钢铁产品的主要性能指标和质量指标，化学成分也是钢铁企业原料、燃料、辅助材料和中间产品、副产品的主要质量控制指标。化学成分、力学性能检测装置是钢铁企业必备的检验装置。

要实现钢铁企业的信息化，完成两化融合，钢铁企业必须具备完善的具有数据传输功能的化学成分、力学性能检测装置和信息化检测管理系统。

（一）化学成分检测装置

化学成分是化学中的一个概念，在纯物质及混合物中有不同（但相近的）意义。

纯物质的化学成分是指其中各化学元素的比例，用分子式表示。如水的

分子式是 H_2O，表示各个分子由 2 个氢原子（H）及 1 个氧原子（O）组成。

混合物的化学成分定义为其中各纯物质的比例，就是其中各成分的浓度。因为浓度有许多不同的表示方式，混合物的化学成分也可以用几种不同的方式表示，例如摩尔分数、体积分数、质量分数、质量摩尔浓度及物质的量浓度。

化学成分检测主要是检测产品的化学成分，对化学成分进行定性定量分析。通过一定的技术如光谱、色谱、能谱、热谱、质谱等来实现对材料物质内部分析，达到确定成分的目的。

化学成分检测装置是检测物质的组成和含量的装置，用于检测气体成分、液体成分、固体成分及浓度等。自动化学成分检测装置可以对生产过程中的各种物质的化学成分进行检查和测量，并将数值指示或记录下来。

具有数据传输功能的化学成分检测装置可以将检测结果自动传输到相关平台和系统。

（二）力学性能检测装置

1. 力学性能

钢铁产品的力学性能是指其在不同环境（温度、介质、湿度）下，承受各种外加载荷（拉伸、压缩、弯曲、扭转、冲击、交变应力等）时所表现出的力学特征。一般来说钢铁产品的力学性能分为十种：

（1）脆性。脆性是指材料在损坏之前没有发生塑性变形的一种特性，与韧性和塑性相反。脆性材料没有屈服点，有断裂强度和极限强度，并且两者几乎一样。铸铁及作为钢铁生产辅料的各种石头都是脆性材料。与其他许多工程材料相比，脆性材料在拉伸方面的性能较弱，对脆性材料通常采用压缩试验进行评定。

（2）强度。强度是指钢铁产品在静载荷作用下抵抗永久变形或断裂的能力。同时，也可以定义为比例极限、屈服强度、断裂强度或极限强度。钢铁产品的行为随着应力种类的变化和其应用形式的变化而变化，没有一个确切的单一参数能够准确定义这个特性。强度是一个很常用的术语。

（3）塑性。塑性是指钢铁产品在载荷作用下产生永久变形而不破坏的能力。塑性变形发生在钢铁产品承受的应力超过弹性极限并且载荷去除之后，此时钢铁产品保留了一部分或全部载荷时的变形。

（4）硬度。硬度是指钢铁产品表面抵抗比其更硬的物体压入的能力。

（5）韧性。韧性是指钢铁产品抵抗冲击载荷而不被破坏的能力。韧性是钢铁产品在拉应力的作用下，在发生断裂前有一定塑性变形的特性。

（6）疲劳强度。疲劳强度是指钢铁产品零件和结构零件对疲劳破坏的抗力。

（7）弹性。弹性是指金属材料在外力消失时，能使材料恢复原先尺寸的一种特性。钢材在到达弹性极限前是弹性的。

（8）延展性。延展性是指材料在拉应力或压应力的作用下，材料断裂前承受一定塑性变形的特性。塑性材料一般使用轧制和锻造工艺，钢材既是塑性的也是具有延展性的。

（9）刚性。刚性是金属材料承受较高应力而没有发生很大应变的特性。刚性的大小通过测量材料的弹性模量 E 来评价。

（10）屈服点或屈服应力。屈服点或屈服应力是金属的应力水平，用MPa度量。在屈服点以上，当外来载荷撤除后，金属的变形仍然存在，金属材料发生了塑性变形。

2. 力学性能检测装置

力学性能检测主要是对钢铁产品的力学性能进行检测，对其拉伸、弯曲、屈服、压扁、硬度等方面的性能进行检测。

力学性能检测装置是对材料的力学性能检测的装置，根据检测内容不同而不同。

具有完善的数据传输功能的力学性能检测装置可以将检测结果自动传输到指定的平台或系统。

三、过程控制系统

过程是利用输入实现预期结果的相互关联或相互作用的一组活动，生产过程是指从投料开始经过一系列的加工直至成品生产出来的全部过程。这里的过程控制指生产过程控制，是为确保生产过程处于受控状态，对直接或间接影响产品质量的生产、安装和服务过程所采取的作业技术和生产过程的分析、诊断和监控；是以表征生产过程的参数为被控制量使之接近给定值或保持在给定范围内的自动控制系统。这里"过程"是指在生产装置或设备中进行的物质和能量的相互作用和转换过程。表征过程的主要参数有温度、压力、流量、液位、成分、浓度等。通过对过程参数的控制，可使生产过程中产品的产量增加、质量提高、能耗减少和产生的污染物减少。一般的过程控制系统通常采用反馈控制的形式，这是过程控制的主要方式。

凡是采用模拟或数字控制方式对生产过程的某一个或某一些物理参数进

行的自动控制就称为过程控制。过程控制系统可以分为常规仪表过程控制系统与计算机过程控制系统两大类。随着钢铁生产设备的大型化、生产过程的连续化，靠仪表控制系统已很难达到生产和管理要求，计算机过程控制系统是近几十年发展起来的以计算机为核心的控制系统。

生产过程自动化是保持生产稳定、降低消耗、降低成本、改善劳动条件、促进文明生产、保证生产安全和提高劳动生产率的重要手段，是 20 世纪科学技术进步的特征，是工业现代化的标志。

在实际生产过程中，往往有多个参数（被控量）需要控制，又有多个变量可用作控制量。在很多情况下，被控量与控制量之间呈现出交互影响的关系，每个控制量的变化会同时引起几个被控量变化。这种变量间的交互影响称为耦合，其存在会使过程控制系统变得更复杂。简化控制系统结构的一种方法是采用解耦控制，通过引入某种补偿网络或补偿通道把一个有耦合的多变量过程简化成一些无耦合的单变量过程来处理，或者经过适当的变换和处理以减小耦合影响。

实现钢铁工业两化融合，钢铁企业应具备基本的过程控制系统。

⟫ 第三节　管理体系 ⟪

两化融合不仅涉及技术的融合，更是一个管理优化的过程。钢铁企业在技术创新方面已取得长足进步，但管理仍是一个薄弱环节，特别是信息化环境下的管理还处于探索阶段。通过总结提炼推动工业化向信息化推进的管理规律、管理方法和管理机制，建立两化融合管理体系，可有效引导钢铁企业以融合和创新的理念推进两化融合，从而加快钢铁企业两化融合的进程。

钢铁企业应按照 GB/T 23001—2017 建立两化融合管理体系。按照两化融合的发展理念，钢铁企业围绕其战略，以获取可持续竞争优势为关注焦点，坚持数据为驱动、综合集成为突破口、流程化为切入点、服务化为方向，以打造新型能力为主线，稳定获取预期成效，持续提升总体效能和效益。

新型能力是为适应快速变化的环境，不断形成新的竞争优势，整合、建立、重构钢铁企业的内外部能力，实现能力改进的结果。新型能力原则上是影响钢铁企业全局的，其载体是钢铁企业的整体，是在钢铁企业成长历程中积累产生的，并随钢铁企业业务发展、环境变化等因素动态改变。新型能力相对于已有能力，可以表现为量的增长，也可以是质的跨越。

一、管理体系概念

企业管理是项非常复杂与繁琐的动态管控过程，没有一成不变的管理模式，但有一定可遵循的管理规律。违背了这些规律，就很有可能致使某些方面的管理失控和蒙受一定程度的经济损失，甚至于企业走入困境。企业管理的基本规律，应该是系统的、严谨的、权威的、不断创新而符合企业实际发展运行的管理体系，必须具有明确的战略目标和严密的组织结构，切实可行的激励机制以及有效的融资策略。企业管理符合了这一规律，钢铁企业才有可能立足于市场而基业长青。

管理体系，是企业组织制度和企业管理制度的总称。钢铁企业的管理体系可包括若干个不同的管理体系，如质量管理体系、环境管理体系、职业健康和安全管理体系、信息安全管理体系、能源管理体系、两化融合管理体系等。

二、两化融合管理体系

两化融合管理体系是引导钢铁企业强化变革管理、系统推进两化融合的管理方法论，明确了钢铁企业系统地建立、实施、保持和改进两化融合管理机制的通用方法。通过规范两化融合过程，并使其持续受控，引导钢铁企业充分发挥数据要素的创新驱动潜能，推动和实现数据、技术、业务流程、组织结构四要素的互动创新和持续优化，挖掘资源配置潜力，打好新型工业化基础，抢抓信息化发展机遇，从而帮助钢铁企业不断打造信息化环境下的新型能力，获取与其战略相匹配的可持续竞争优势，实现创新发展、智能发展和绿色发展。

两化融合管理体系是钢铁企业系统地建立、实施、保持和改进两化融合过程管理机制的通用方法，覆盖了钢铁企业的全部活动，可引导钢铁企业强化变革管理、规范两化融合过程，并使其持续受控，从而不断打造信息化环境下的新型能力，获取与其战略相匹配的可持续竞争优势。

钢铁企业两化融合管理体系应构建三个循环，即战略—可持续竞争优势—新型能力的战略循环、数据—技术—业务流程—组织结构的要素循环以及策划—支持、实施与运行—评测—改进的管理循环。

钢铁企业应确定两化融合管理体系的边界和适用性，以确定其范围，并通过文件化信息予以明确。在确定范围时应充分考虑内外部环境、可持续竞争优势的需求和信息化环境下的新型能力及其所涉及的业务流程、组织单元和区域等。

钢铁企业应建立、实施、保持和持续改进两化融合管理体系，包括所需过程及其相互作用。当需要对两化融合管理体系进行变更时，应考虑变更目的及其潜在后果、两化融合管理体系的连续性和完整性、资源的可获得性、职责和权限的分配或再分配等。

文件化信息是钢铁企业需要控制和保持的信息及其载体。文件化信息不限制格式、载体和来源，可包括管理体系及钢铁企业运转过程中所产生的信息和所达成结果的证据。钢铁企业两化融合管理体系文件化信息应包括：

（1）两化融合管理手册，包括两化融合管理体系的范围和边界，对两化融合管理体系过程及其相互作用的表述，以及文件化信息的查询途径。

（2）企业两化融合方针。

（3）可持续竞争优势。

（4）新型能力及其目标。

（5）为确保两化融合管理体系有效性所需的文件化信息。

（6）相关标准要求的信息。

钢铁企业两化融合管理体系的有效建设需要一套成熟规范的程序和制度文件进行有效支撑，通过程序、制度文件的执行，保证管理体系有据可依，有据可查。在体系文件建设的过程中，要将两化融合管理体系与企业现有各管理体系的关系进行梳理。对于企业来说，两化融合管理体系的建立并不是 N 个管理体系加上 1 个管理体系的关系，而是将企业现有的 N 个管理体系融入两化融合这个管理体系当中。伴随着钢铁企业信息化程度的不断发展，企业的各项事务最终均会以高效的信息化手段予以实现，企业的各项竞争优势也均会以新型能力的成功打造予以获得。基于此，两化融合体系制度的建立首先要做好文件的顶层设计工作，要对企业现有管理体系文件进行有效的融合、继承和利用。将企业原有体系文件中可以直接引用的部分进行明晰，对现行程序、制度中不符合两化融合管理体系标准的内容进行修订，对暂不完善的程序、制度进行相应补充完善。其次，在程序制度建设过程中需注意明确各个流程和制度的职能部门，加强内部沟通和交流，打破部门壁垒，确保部门职责和业务流程职责明确到人，强调全员参与，完善职责和绩效考核办法，提升管理体系运行的积极性和有效性。

钢铁企业两化融合管理体系不是一个一成不变的体系，要随着钢铁企业发展阶段、战略目标、核心竞争力的变化而不断进行动态调整。两化融合管理体系的动态调整和改进，体现在审核、监视测量、持续改进三个方面。钢铁企业应按策划的时间间隔适时进行内部审核，进行自我评估。钢铁企业需采用适宜的方法对两化融合管理体系运行的全过程进行监视和测量，当策划的结果未能达到需求时，要采取适当的措施予以调整改进。

钢铁企业还必须建立持续改进机制，以保持两化融合管理体系在企业运行过程中的适宜性和充分性，确保两化融合体系的策划过程得到切实的安排和有效的实施。

三、信息基础设施

信息基础设施的范围非常广泛，包含了诸如通信管网（由光纤 PSTN、同轴电缆、以太网线及其管道资源等组成）、无线基站、中继设备、各级机房以及相关配套的电源、建筑等设施。信息基础设施是国家基础设施的重要内容，对国民生产生活发挥着巨大的作用。

对于钢铁企业，信息基础设施是构成工业领域"网＋云＋端"等信息基础设施要素的集合，可实现数据采集、传输、存储和挖掘，进行设备互联以及可靠信息环境的打造。钢铁企业信息基础设施有基础性、先行性、承载性、效益性等特征。

数据采集是指从传感器和其他待测设备等模拟和数字被测单元中自动采集非电量或者电量信号，送到上位机中进行分析、处理。数据采集系统是结合基于计算机或者其他专用测试平台的测量软硬件产品来实现灵活的、用户自定义的测量系统。数据采集又称数据获取，是利用一种装置，从系统外部采集数据并输入到系统内部的一个接口，广泛应用在各个领域。智能制造离不开车间生产数据的支撑。在制造过程中，数控设备不仅是生产工具和设备，更是车间信息网络的节点，通过设备数据的自动化采集、统计、分析和反馈，将结果用于改善制造过程，将大大提高制造过程的柔性和加工过程的集成性，从而提升产品生产过程的质量和效率。数据采集是从传感器和其他待测设备等模拟和数字被测单元中自动采集信息的过程，数据采集系统是结合基于计算机的测量软硬件产品来实现灵活的、用户自定义的测量系统。

数据传输指依照适当的规程，经过一条或多条链路，在数据源和数据宿之间传送数据的过程，也表示借助信道上的信号将数据从一处送往另一处的操作。数据传输是数据从一个地方传送到另一个地方的通信过程。数据传输系统通常由传输信道和信道两端的数据电路终接设备组成，在某些情况下，还包括信道两端的复用设备。传输信道可以是一条专用的通信信道，也可以由数据交换网、电话交换网或其他类型的交换网路来提供。数据传输系统的输入输出设备为终端或计算机。

数据存储是数据流在加工过程中产生的临时文件或加工过程中需要查找的信息。数据以某种格式记录在计算机内部或外部存储介质上。数据存储要命名，这种命名要反映信息特征的组成含义。数据流反映了系统中流动的数据，表现出动态数据的特征；数据存储反映系统中静止的数据，表现出静态数据的特征。

数据挖掘又称为资料探勘、数据采矿，是数据库知识发现中的一个步骤。数据挖掘一般是指从大量的数据中自动搜索隐藏于其中的有着特殊关系性的信息的过程。数据挖掘通常与计算机科学有关，并通过统计、在线分析处理、情报检索、机器学习、专家系统（依靠过去的经验法则）和模式识别等诸多方法来实现上述目标。数据挖掘是通过分析每个数据、从大量数据中寻找其规律的技术，主要有数据准备、规律寻找和规律表示3个步骤。数据挖掘的任务有关联分析、聚类分析、分类分析、异常分析、特异群组分析和演变分析等。

钢铁企业要实现两化融合，应建设完善的信息基础设施。

（一）网

网络是由节点和连线构成，表示诸多对象及其相互联系，是从某种相同类型的实际问题中抽象出来的模型。在计算机领域中，网络是信息传输、接收、共享的虚拟平台，通过它把各个点、面、体的信息联系到一起，从而实现这些资源的共享。实现网络的四个要素，一是通信线路和通信设备，二是有独立功能的计算机，三是网络软件支持，四是实现数据通信与资源共享。

以企业网络构建信息流大通道。网路是实现设备、产品、人等互联互通的多种异构网络的集中组网。企业网络中的异构网络既包括 RFID、蓝牙、Zigbee、WiFi、蜂窝网等适用于不同通信距离、具有不同通信协议的无线通信网络，也包括基于 TCP/IP 协议的互联网和专用协议局域网等有线网络。以太网实现了企业车间工业控制系统的互联互通，形成车间以太网络；企业局域网是企业内部的网络，包括办公网络、生产网络、车间以太网络等；企业局域网通过网络接入互联网。

（二）云

狭义云计算指信息基础设施的交互和使用模式，指通过网络以按需、易扩展的方式获得所需资源；广义云计算指服务的交互和使用模式，指通过网络以按需、易扩展的方式获得所需服务。这种服务可以是信息和软件、互联网相关服务，也可是其他服务，意味着计算能力也可作为一种商品通过互联网进行流通。移动云是专为移动互联网应用服务的云平台，是移动应用从单机版本向联网版本发展的产物。云是指接受服务的对象，是云端，不管在何时何地，都能享受云计算提供的服务。云是网络、互联网的一种比喻说法。

工业云是北京市计算中心在"祥云工程"的引领下，在两化融合政策实施和推动中小企业信息化发展指导思想下，建立的为中小企业提供的便捷云应用和服务平台。

以工业云应用实现新增价值挖掘。"云"是指工业云，包含云计算、大数据基础设施，以及基于云计算技术的各类功能性服务平台。工业云指在云计算模式下，对工业企业提供可扩展的、按需分配的计算资源、存储资源和软件服务，帮助工业企业实现新增价值的挖掘。通过工业云平台，钢铁企业还可以通过"云端"获取制造能力、销售资源等生产工具和生产资料，实现产业链各环节的资源整合和互通。

（三）端

以工业智能终端实现互联接入。"端"是工业智能终端，具体包括工业机器人、移动设备、智能仪器仪表，乃至所有具备网络通信功能的设备等。工业智能终端实现设备数据的采集、上传和控制执行，实现生产环节的互联接入。

第四节 投 入

钢铁企业应保证信息化系统建设的资金投入、设备设施投入、人员投入和信息资源投入。

一、资金投入

资金是钢铁企业拥有的款项或收益，是一种货币表现，是流通中价值的一种货币表现。

资金投入是投资者或企业的投资，即把资金投入到某一企业、项目等。资金的投入是资金运动的起点，投入企业的资金包括投资者投入的资金和债权人提供的资金，前者形成企业的所有者权益，后者属于债权人权益（形成企业的负债）。投入企业的资金在形成企业的所有者权益和负债的同时形成企业的资产，一部分形成流动资产，另一部分构成非流动资产。

资金投入方式包括一次投入和分次投入两种形式。

钢铁企业信息化系统的建设，需要大量的资金投入来保障。钢铁企业应采取相应的融资手段，保证资金的及时、足额投入。

钢铁企业应围绕新型能力的打造、保持、持续改进对相关资金投入与使用进行统筹安排和优化调整，确保资金投入与使用的合理性、适度性和及时性。

二、设备设施投入

设备，通常指可供人们在生产中长期使用，并在反复使用中基本保持原有实物形态和功能的生产资料和物质资料的总称。设备分为通用设备、专用设备，一般是中大型的机具器材集合体，皆无法拿在手上操作而必须有固定的台座，使用电源之类动力运作而非人力。

设施是指为某种需要而建立的机构、建筑等。

两化融合需要大量的设备设施，钢铁企业应确保其投入。

钢铁企业应明确设备设施相关方的责任和权限，统筹安排设备设施的提供、维护和升级改造，并形成文件化信息，以确保设备设施的自动化、数字化、网络化和智能化水平适应新型能力目标，确保设备设施的可用性、可维护性和完整性，确保设备设施的可靠性和安全性。

三、人员投入

人员通常指担任某种职务或从事某种工作的人或在某个团体中的一个成员（单指个人）。这里所说的人员，特指钢铁企业与两化融合有关的人。

钢铁企业应在信息化建设方面提供培训或采取其他措施以帮助员工获得所需的能力，建立适当的激励制度，必要时聘用外部专业人员。

四、信息资源投入

钢铁企业应将信息资源作为战略性基础资源予以管理，建立机制，确保不断推进信息资源的标准化，识别、采集、获取和存储数据、信息和知识并确保其准确性和时效性，持续提高信息资源的传递和共享水平，统一管理数据并挖掘、提炼信息和知识，确保信息资源的可用性、完整性和保密性。

（一）资源

资源是指物力、财力、人力等各种物质要素的总称。

资源分为自然资源、社会经济资源和技术资源三大类。

1. 自然资源

自然资源一般是指一切物质资源和自然产生过程，通常是指在一定技术经济环境条件下对人类有益的资源。

自然资源可从不同的角度进行分类。

从资源的再生性角度可划分为再生资源和非再生资源。

再生资源即在人类参与下可以重新产生的资源，如农田，如果耕作得当，可以使地力常新，不断为人类提供新的农产品。再生资源有两类：一类是可以循环利用的资源，如太阳能、空气、雨水、风和水能、潮汐能等；一类是生物资源。

非再生资源（耗竭性资源）的储量、体积可以测算出来，其质量也可以通过化学成分的百分比来反映，如矿产资源。

再生资源和非再生资源的区分是相对的，如石油、煤炭是非再生资源，但它们却是古生物（古代动、植物）遗骸在地层中物理、化学的长期作用变化的结果，这又说明两者之间可以转化，是物质不灭及能量守恒与转化定律的表现。

按资源的恢复更新的能力，还可分为不可恢复的资源（如各种矿石、石油等）和可恢复的取之不尽的资源（如土壤、陆地和海洋中的自然植物和有益动物以及水能和太阳辐射能等）。

从资源利用的可控性程度，可划分为专有资源和共享资源。专有资源如国家控制、管辖内的资源，共享资源如公海、太空、信息资源等。

2. 社会经济资源

社会经济资源又称社会人文资源，是直接或间接对生产发生作用的社会经济因素。其中人口、劳动力是社会经济发展的主要条件。

3. 技术资源

技术资源广义上也属于社会人文资源，其在经济发展中起着越来越重大的作用。技术是自然科学知识在生产过程中的应用，是直接的生产力，是改造客观世界的方法、手段。技术对社会经济发展最直接的表现就是生产工具的改进，不同时代生产力的标尺是不同的生产工具，主要是由科学技术来决定的。

按资源用途可以分为农业资源、工业资源、信息资源（含服务性资源）；按资源状况可分为现实资源（已经被认识和开发的资源）、潜在资源（尚未被认识，或虽已认识却因技术等条件不具备还不能被开发利用的资源）和废物资源（传统被认为是废物，而由于科学技术的使用，又使其转化为可被开发利用的资源）。

（二）信息资源

1. 信息资源概念

信息资源是钢铁企业在业务活动和生产过程中所产生、采集、处理、存储、传输和使用的数据、信息、知识等的总和。

信息资源是指以信息为核心的各类信息活动要素（信息技术、设备、设施、信息生产者等）的集合。

信息资源是钢铁企业生产及管理过程中所涉及的一切文件、资料、图表和数据等信息的总称，涉及钢铁企业生产和经营活动过程中所产生、获取、处理、存储、传输和使用的一切信息资源，贯穿于钢铁企业管理的全过程。信息同能源、材料并列为当今世界三大资源，广泛存在于经济、社会各个领域和部门，是各种事物形态、内在规律、和其他事物联系等各种条件、关系的反映。随着社会的不断发展，信息资源对国家和民族的发展，对人们工作、生活至关重要，成为国民经济和社会发展的重要战略资源，其开发和利用是整个信息化体系的核心内容。

作为资源，物质为人们提供了各种各样的材料，能量提供各种各样的动力，信息提供各种各样的知识。

信息是普遍存在的，但并非所有的信息都是资源。只有满足一定条件的信息才能构成资源。对于信息资源，有狭义和广义之分。狭义的信息资源，指的是信息本身或信息内容，即经过加工处理，对决策有用的数据；开发利用信息资源的目的就是为了充分发挥信息的效用，实现信息的价值；广义的信息资源，指的是信息活动中各种要素的总称，要素包括信息、信息技术以及相应的设备、资金和人等。

狭义的观点突出了信息是信息资源的核心要素，但忽略了系统。如果只有核心要素，而没有支持部分（技术、设备等），就不能进行有机的配置，不能发挥信息作为资源的最大效用。

归纳起来，可以认为，信息资源由信息生产者、信息、信息技术三大要素组成。信息生产者是为了某种目的的生产信息的劳动者，包括原始信息生产者、信息加工者或信息再生产者。

信息既是信息生产的原料，也是产品，是信息生产者的劳动成果，对社会各种活动直接产生效用，是信息资源的目标要素。

信息技术是能够延长或扩展人的信息能力的各种技术的总称，是对声音、图像、文字等数据和各种传感信号的信息进行收集、加工、存储、传递和利用的技术。信息技术作为生产工具，对信息收集、加工、存储和传递提供支持与保障。

2. 信息资源的主要特点

信息资源与自然资源、物质资源相比，具有以下5个特点：

（1）信息资源能够重复使用，其价值在使用中得到体现。

（2）信息资源的利用具有很强的目标导向，不同的信息在不同的用户中体现不同的价值。

（3）具有整合性，人们对其检索和利用，不受时间、空间、语言、地域和行业的制约。

（4）信息是社会财富，任何人无权全部或永久买下信息的使用权；信息是商品，可以被销售、贸易和交换。

（5）具有流动性。

3. 信息资源的特征

信息资源作为经济资源有以下一般特征：

（1）作为生产要素的人类需求性。

（2）稀缺性，是经济资源最基本的经济学特征。

（3）使用方向的可选择性，关于信息资源的有效配置问题，这是由于信息资源具有很强的渗透性。

与物质资源、能源资源相比，有以下独有特征：

（1）共享性。

（2）时效性，只有时机适宜，才能发挥效益。

（3）动态性，信息资源是一种动态资源，呈现不断丰富、不断增长的趋势。

（4）不可分性，表现在信息在生产过程中的不可分。

（5）不同一性，作为资源的信息必是完全不同一的。

4. 信息资源管理原则

钢铁企业信息资源管理，应遵循以下原则：

（1）必须认识到信息是一种企业资源。信息资源管理的主要目标之一是确保钢铁企业在信息资源方面的投资能够以最佳的方式运作，有关人员必须将信息视为一种宝贵的资源，并视信息资源共享为一种规则而不是例外。

（2）在利用信息资源和技术时，必须保证职责分明。即明确规定谁管理这些资源、谁利用这些资源、彼此的权利和义务是什么、如何确保合作与资源共享等内容。

（3）业务规划与信息资源规划必须紧密地联系在一起。信息资源管理的许多活动领域从前都主要依赖于用户要求的被动的辅助部门，随着信息资源管理的进化，其与最高层的战略规划的关系越来越密切，这种趋势最终形成了一种规则。

（4）必须对信息技术实施集成管理。信息技术的集成管理是实现信息资源管理内部融合的前提，是在新技术环境下提高潜在生产率的必要条件，是最大限度地利用信息技术集成优势的管理保证。

（5）最大限度地提高信息质量。改进信息利用和促进信息增值是钢铁企业的战略目标。信息资源管理的最终目的是使钢铁企业中的每一个员工都成为有效的信息处理者和决策者，从而有效地提高每个人和整个企业的生产率。

（6）支配性，即驾驭性，指信息资源具有开发和支配其他资源的能力。

5. 信息资源管理平台

信息技术的爆炸式发展，政府、企业、社会信息化应用的过热式需求，使信息资源从技术应用变成了无处不在的重要经济资源。信息资源牵动着经济增长、体制改革、社会变迁和发展，信息资源管理技术也从单一走向综合，形成集各种软件构件于一体的大型平台。

信息资源系统平台是以信息资源为基础，以 ERP 平台、信息资源综合管理系统和信息资源存储系统，利用计算机网络和通讯系统，通过满足顾客需求的信息资源加工方法和再利用方式，向用户展现资源价值的一种信息资源系统管理平台架构。

⇒ 第五节　组织结构 ⇐

组织结构是指对于工作任务如何进行分工、分组和协调合作，是表明钢铁企业各职能部门、各生产单位排列顺序、空间位置、聚散状态、联系方式以及各要素之间相互关系的一种模式，是整个管理系统的框架。

组织结构是钢铁企业全体员工为实现企业目标，在管理工作中进行分工协作，在职务范围、责任、权利方面所形成的结构体系。组织结构是钢铁企业在职、责、权方面的动态结构体系，其本质是为实现钢铁企业战略目标而采取的一种分工协作体系，组织结构必须随着钢铁企业的重大战略调整而调整。

钢铁企业组织结构是进行企业流程运转、部门设置及职能规划等最基本的结构依据，常见组织结构形式包括中央集权、分权、直线以及矩阵式等。

钢铁企业的组织架构就是一种决策权的划分体系以及各部门的分工协作体系。组织架构需要根据企业总目标，把企业管理要素配置在一定的方位上，确定其活动条件，规定其活动范围，形成相对稳定的科学的管理体系。

没有组织架构的企业是一盘散沙，组织架构不合理会严重阻碍企业的正常运作，甚至导致企业经营的彻底失败。相反，适宜、高效的组织架构能够最大限度地释放企业的能量，使组织更好发挥协同效应，达到合理的运营状态。

钢铁企业组织结构应与两化融合相适应。

一、四大组织结构

钢铁企业组织架构设计没有固定的模式，根据钢铁生产技术特点及内外部条件而有所不同。但是，组织架构变革的思路与章法还是能够借鉴的。

组织结构一般分为职能结构、层次结构、部门结构和职权结构四个方面。

（一）职能结构

职能结构是指实现企业目标所需的各项业务工作以及比例和关系。其考量维度包括职能交叉（重叠）、职能冗余、职能缺失、职能割裂（或衔接不足）、职能分散、职能分工过细、职能错位、职能弱化等方面。

一项业务的成功运作需要多项职能共同发挥作用，因此在组织架构设计时首先应该确定企业经营到底需要哪几个职能，然后确定各职能间的比例与相互之间的关系。

（二）层次结构

层次结构是指管理层次的构成及管理者所管理的人数（纵向结构），即各管理层次的构成，也就是钢铁企业在纵向上需要设置几个管理层级。其考量维度包括管理人员分管职能的相似性、管理幅度、授权范围、决策复杂性、指导与控制的工作量、下属专业分工的相近性。

（三）部门结构

部门结构是指各管理部门的构成（横向结构），也就是企业在横向需要设置多少部门。其考量维度主要是一些关键部门是否缺失或优化。

（四）职权结构

职权结构，即各层次、各部门在权力和责任方面的分工及相互关系，主要考量部门、岗位之间权责关系是否对等。

二、组织结构的影响因素

（一）企业环境

企业要生存和发展，就必须不断地适应环境的变化、满足环境对组织提出的各种要求。因此，环境是决定管理者采取何种类型组织架构的一个关键因素。

外部环境指企业所处的行业特征、市场特点、经济形势、政府关系及自然环境等。环境因素可以从两个方面影响组织架构的设计，即环境的复杂性和环境稳定性。外部环境对组织的职能结构、层次结构、部门结构以及职权结构都会产生影响。

环境越复杂多变，组织设计就越要强调适应性，加强非程序化决策能力。这也就是为什么在这种情况下结构简单的小规模企业的适应力反而比大企业强。处于高干扰性环境的企业需要减少管理层级，加强部门间的协调与部门授权，减弱企业内部的控制力。在结构上需维持一定程度的灵活与弹性，这样才能使企业更具适应性。

当经济环境相对稳定时，企业追求成本效益，往往规模大，组织架构复杂。在稳定的环境中采用机械式组织架构即可应付，企业内部的规章、程序和权力层级较为明显，企业的集权化程度明显增强。

（二）企业战略

钢铁企业的组织架构是其实现经营战略的主要工具，不同的战略要求不同的结构。一旦战略形成，组织架构应做出相应的调整，以适应战略实施的要求。战略选择的不同能在两个层次上影响企业的组织结构；不同的战略要求开展不同的业务活动，这会影响管理的职能结构；战略重点的改变，会引起钢铁企业的工作重点转变以及各部门在钢铁企业中重要程度的改变，要求对各管理部门之间的关系作相应的调整。

钢铁企业实行多元化战略时，意味着钢铁企业的经营内容涉及多方面业务，高度多元化的战略要求组织架构更加灵活，需要分权式的组织架构，这种结构是相对松散的，具有更多的不同步和灵活性。在这种组织架构下，各多元化业务之间联系相对较少，核心流程可以并行管理。

钢铁企业实施单一经营战略或企业推行低成本战略时，要求组织架构降低运营成本并提高整体运作效率，可选择集权度较高的组织架构，如直线职能制，这样的组织架构通常具有更多的机械性。

（三）企业规模

企业规模是影响钢铁企业组织设计的重要因素。钢铁企业的规模不同，其内部结构也存在明显的差异。随着钢铁企业规模的不断扩大，企业活动的内容日趋复杂，人数逐渐增多，专业分工不断细化，部门和职务的数量逐渐增加。这些都会直接导致组织架构复杂性的增加。

钢铁企业规模越大，需要协调与决策的事物越多，管理幅度就会越大。但是，管理者的时间和精力是有限的。这一矛盾将促使企业增加管理层级并进行更多的分权。钢铁企业规模的扩大会使企业的层级结构、部门结构与职能结构都发生相应的变化。

值得注意的是，企业规模的扩大会相应地增加企业运作的刚性，降低其灵活性。人员与部门不断增多，要求企业进行规范管理。企业将会制定详细的规章制度，并通过严格的程序实现标准化对员工和部门进行控制，企业就容易采用机械性的组织架构。

（四）业务特点

如果企业业务种类众多，就要求企业有相应的资源和管理手段与之对应，来满足业务的需要，因此部门或岗位的设置就会更多，所需要的人员就更多，组织结构相对就复杂一些。一般情况下，业务种类越多企业内部部门或岗位设置就越多。

企业的各个业务联系越紧密，组织机构设计越需要考虑部门及部门内部的业务之间的相互作用，越不能采用分散的组织机构，这种情况下采用直线职能制或矩阵式组织机构更合适。一般而言，业务相关程度越大，越要进行综合管理。

如果企业业务之间联系不紧密，或业务之间的离散度很高，那么企业各部门或岗位之间的联系就越少，部门或岗位的独立性就越强。这种运作状况下，企业宜采用事业部制组织架构，给下属部门更多的权力。业务相关程度较低时，可以分别对每一个业务采用不同的政策、不同的管理要求，进行分散管理。

（五）技术水平

钢铁企业的活动需要利用一定的技术和反映一定技术水平的特殊手段来进行。技术以及技术设备的水平，不仅影响钢铁企业活动的效果和效率，还会作用于活动的内容划分、岗位设置等方面。

有些钢铁企业技术力量较强，以技术创新和发展作为企业发展的根本，组织机构关键是考虑技术发展问题，组织设计也以技术及其发展创新为主。当技术能够带来高额利润时，技术管理和利用就显得相当重要，技术管理成为钢铁企业组织机构设置的核心问题，成为组织机构设置的主线。生产技术越复杂，组织架构垂直分工越复杂，这将导致钢铁企业的部门结构增加，从而也增加了横向协调的工作量。

在传统企业中，各个企业的技术都差不多，企业的主要利润点不在技术上，那么技术就不会过多地影响企业组织机构的设置，组织机构的设置更多地考虑诸如渠道管理、成本降低等，并以这些因素作为企业组织机构设计的主线。因此，这类惯性高的工作可考虑采标准化协调与控制结构，组织架构具有较高的正式性和集权性。

（六）人力资源

人力资源是企业组织架构顺利实施的基础。在企业组织架构设计中，对人员素质的影响考虑不够会产生较严重的问题。员工素质包括价值观、智力、理解能力、自控能力和工作能力。当员工素质提高时，其本身的工作能力和需求就会发生变化。对于高素质的员工，管理制度应有较大的灵活性。例如弹性的工作时间、灵活的工作场所（如家庭办公）、较多的决策参与权以及有吸引力的薪资福利计划等。

人力资源状况会对企业的层级结构产生影响，管理者的专业水平、领导经验、组织能力较强，就可以适当地扩大管理幅度，相应地，就会导致管理层级的减少。

人力资源状况会对企业的部门结构产生影响，如实行事业部制，就需要有比较全面领导能力的人选担任事业部经理；若实行矩阵结构，要求项目经理人选具有较高的威信和良好的人际关系，以适应其责多权少的特点。

人力资源状况还会对企业的职权结构产生影响，企业管理人员管理水平高，管理知识全面，经验丰富，有良好的职业道德，管理权力可较多地下放。

（七）信息化建设

网络技术的普及和发展使企业组织机构的存在基础发生巨大的变化，电子商务技术的发展使信息处理效率大幅提高，企业网络内每一终端都可以同时获得全面的数据与信息，各种计算机辅助手段的应用使中层管理人员的作用日见势微，网络技术使企业高层管理人员通过网络系统低成本地及时过滤各个基层机构形成的原始信息。因此当企业建成高水平的信息系统后，应及时调整其组织架构，采用扁平化的组织架构来适应新兴电子商务经营方式，以减少中层管理人员，提高效率，降低企业内部管理成本。

信息技术使企业的业务流程发生根本性的变化，改革了企业经营所需的资源结构和人们之间劳动组合的关系，信息资源的重要性大大提升。组织架构的设计应该从原来庞大、复杂、刚性的状态中解脱出来，这样的组织更有利于信息的流动并趋于简化。

三、组织构架

钢铁企业组织架构包含三个方面的内容，即单位、部门和岗位的设置，各个单位、部门和岗位的职责、权力的界定，单位、部门和岗位角色相互之间关系的界定。

（一）单位、部门和岗位的设置

钢铁企业单位、部门和岗位的设置，不是把一个企业分成几个部分，而是企业作为一个服务于特定目标的组织，必须由几个相应的部分构成；不是由整体到部分进行分割，而是整体为了达到特定目标，必须有不同的部分。这种关系不能倒置。

（二）各个单位、部门和岗位的职责、权力的界定

这是对各个部分的目标功能作用的界定。如果一定的构成部分没有不可或缺的目标功能作用，就像人的尾巴一样会萎缩消失。这种界定就是一种分工，但却是一种有机体内部的分工。

（三）单位、部门和岗位角色相互之间关系的界定

这就是界定各个部分在发挥作用时，彼此如何协调、配合、补充、替代

的关系。

这三个问题是紧密联系在一起的，在解决第一个问题的同时，实际上就已经解决了后面两个问题。但作为一大项工作，三者存在一种彼此承接的关系。对组织架构进行规范分析，其重点是第一个问题，后面两个问题是对第一个问题的进一步展开。

四、组织结构体系

在管理学意义上，组织结构实质上是一种职权—职责关系结构。一个现代化的、健全的企业组织机构一般包括如下系统。

（一）决策系统

钢铁企业的领导体系和各级决策机构及其决策者组成决策系统，各级决策机构和决策者是钢铁企业决策的核心。

（二）指挥系统

指挥系统是钢铁企业活动的指令中心，各职能单位或部门负责人或行政首脑与其成员组成垂直形态的系统。行政首脑的主要任务是实施决策机构的决定，负责指挥企业的各项活动，保证各项活动顺利而有效地进行。指挥系统的设计应从钢铁企业实际出发，合理确定管理层次，并根据授权原则，把指挥权逐级下授，建立多层次、有权威的指挥系统，来行使对企业各项活动的统一指挥。

（三）参谋—职能系统

参谋—职能系统是参谋或职能部门组成的水平形态的系统。各参谋或职能部门，是行政首脑的参谋和助手，分别负责某一方面的业务活动。设计参谋—职能子系统，要根据实际需要，按照专业分工原则，设置必要的参谋或职能机构，并规定其职责范围和工作要求，以保证有效地开展各方面的管理工作。

（四）执行系统、监督系统和反馈系统

决策系统决定钢铁企业的大政方针，指挥系统是实施计划的起点，而执行系统、监督系统和反馈系统是使计划得以正确无误地推行的机构。

指挥中心发出指令，这个指令一方面通向执行机构，同时又发向监督机

构，让其监督执行的情况。反馈机构通过对信息系统的处理，比较效果与指令的差距后，返回指挥中心。这样，指挥中心便可以根据情况发出新的指令。

执行机构必须确切无误地贯彻执行指挥中心的指令。为了保证这一点，就应有监督机构监督执行情况，而反馈子系统是反映执行的效果。执行系统、监督系统和反馈系统必须互相独立，不能合而为一。

五、组织结构形式

（一）直线制

直线制是最早也是最简单的一种组织形式，特点是企业各级行政单位从上到下实行垂直领导，下属部门只接受一个上级的指令，各级主管负责人对所属单位的一切问题负责。厂部不另设职能机构（可设职能人员协助主管人工作），一切管理职能基本上都由行政主管自己执行。直线制组织结构的优点是：结构比较简单，责任分明，命令统一。缺点是：它要求行政负责人通晓多种知识和技能，亲自处理各种业务。这在业务比较复杂、企业规模比较大的情况下，把所有管理职能都集中到最高主管一人身上，最高主管显然是难以胜任的。因此，直线制只适用于规模较小，生产技术比较简单的企业，对生产技术和经营管理比较复杂的企业并不适宜。

（二）职能制

职能制组织结构，是各级行政单位除主管负责人外，还相应地设立一些职能机构。如在厂长下面设立职能机构和人员，协助厂长从事职能管理工作。这种结构要求行政主管把相应的管理职责和权力交给相关的职能机构，各职能机构就有权在自己业务范围内向下级行政单位发号施令。因此，下级行政负责人除了接受上级行政主管人指挥外，还必须接受上级各职能机构的领导。

职能制的优点是能适应现代化工业企业生产技术比较复杂，管理工作比较精细的特点；能充分发挥职能机构的专业管理作用，减轻直线领导人员的工作负担。但缺点也很明显：它妨碍了必要的集中领导和统一指挥，形成了多头领导；不利于建立和健全各级行政负责人和职能科室的责任制，在中间管理层往往会出现有功大家抢，有过大家推的现象；另外，在上级行政领导和职能机构的指导和命令发生矛盾时，下级就无所适从，影响工作的正常进行，容易造成纪律松弛，生产管理秩序混乱。由于这种组织结构形式具有明显的缺陷，现代企业一般都不采用职能制。

（三）直线-职能制

直线-职能制，也叫生产区域制或直线参谋制，是在直线制和职能制的基础上，吸取这两种形式的优点而建立起来的，绝大多数企业都采用这种组织结构形式。直线-职能制组织结构形式是把企业管理机构和人员分为两类，一类是直线领导机构和人员，按命令统一原则对各级组织行使指挥权；另一类是职能机构和人员，按专业化原则，从事组织的各项职能管理工作。直线领导机构和人员在自己的职责范围内有一定的决定权和对所属下级的指挥权，并对自己部门的工作负全部责任。而职能机构和人员，则是直线指挥人员的参谋，不能直接对部门发号施令，只能进行业务指导。

直线-职能制的优点是既保证了企业管理体系的集中统一，又可以在各级行政负责人的领导下，充分发挥各专业管理机构的作用。其缺点是职能部门之间的协作和配合性较差，职能部门的许多工作要直接向上层领导报告请示才能处理，这一方面加重了上层领导的工作负担，另一方面也造成办事效率低。为了克服这些缺点，可以设立各种综合委员会，或建立各种会议制度，以协调各方面的工作，起到沟通作用，帮助高层领导出谋划策。

（四）事业部制

事业部制最早是由美国通用汽车公司总裁斯隆于1924年提出的，故有"斯隆模型"之称，也叫"联邦分权化"，是一种高度集权下的分权管理体制。它适用于规模庞大、品种繁多、技术复杂的大型企业，是国外较大的联合公司所采用的一种组织形式，近年来我国一些大型企业集团或公司也引进了这种组织结构形式。事业部制是分级管理、分级核算、自负盈亏的一种形式，即一个公司按地区或按产品类别分成若干个事业部，从产品的设计，原料采购，成本核算，产品制造，一直到产品销售，均由事业部及所属工厂负责，实行单独核算，独立经营，公司总部只保留人事决策、预算控制和监督大权，并通过利润等指标对事业部进行控制。也有的事业部只负责指挥和组织生产，不负责采购和销售，实行生产和供销分立，但这种事业部正在被产品事业部所取代。还有的事业部则按区域来划分。

（五）模拟分权制

模拟分权制是一种介于直线职能制和事业部制之间的结构形式。

许多大型企业，如连续生产的钢铁企业由于产品品种或生产工艺过程所限，难以分解成几个独立的事业部。又由于企业的规模庞大，以致高层管理者感到采用其他组织形态都不容易管理，这时就出现了模拟分权组织结构形式。所谓模拟，就是要模拟事业部制的独立经营，单独核算，而不是真正的事业部，实际上是一个个"生产单位"。这些生产单位有自己的职能机构，享有尽可能大的自主权，负有模拟性的盈亏责任，目的是要调动生产经营积极性，达到改善企业生产经营管理的目的。需要指出的是，各生产单位由于生产上的连续性，很难将其截然分开。它们之间的经济核算，只能依据企业内部的价格，而不是市场价格，也就是说这些生产单位没有自己独立的外部市场，这也是与事业部的差别所在。

模拟分权制的优点除了调动各生产单位的积极性外，就是解决企业规模过大不易管理的问题。高层管理人员将部分权力分给生产单位，减少了自己的行政事务，从而把精力集中到战略问题上来。其缺点是，不易为模拟的生产单位明确任务，造成考核上的困难；各生产单位领导人不易了解企业的全貌，在信息沟通和决策权力方面也存在着明显的缺陷。

（六）矩阵制

在组织结构上，把既有按职能划分的垂直领导系统，又有按产品（项目）划分的横向领导关系的结构，称为矩阵组织结构。

矩阵制组织是为了改进直线职能制横向联系差，缺乏弹性的缺点而形成的一种组织形式。它的特点表现在围绕某项专门任务成立跨职能部门的专门机构上，例如组成一个专门的产品（项目）小组去从事新产品开发工作，在研究、设计、试验、制造各个不同阶段，由有关部门派人参加，力图做到条块结合，以协调有关部门的活动，保证任务的完成。

矩阵结构的优点是机动、灵活，可随项目的开发与结束进行组织或解散；由于这种结构是根据项目组织的，任务清楚，目的明确，各方面有专长的人都是有备而来的。因此在新的工作小组里，能沟通、融合，能把自己的工作同整体工作联系在一起，为攻克难关，解决问题而献计献策，由于从各方面抽调来的人员有信任感、荣誉感，使他们增加了责任感，激发了工作热情，促进了项目的实现；它还加强了不同部门之间的配合和信息交流，克服了直线职能结构中各部门互相脱节的现象。

矩阵结构的缺点是：项目负责人的责任大于权力，因为参加项目的人员都来自不同部门，隶属关系仍在原单位，只是为"会战"而来，所以项目负责人对他们管理困难，没有足够的激励手段与惩治手段，这种人员上的双重管理是矩阵结构的先天缺陷；由于项目组成人员来自各个职能部门，当任务完成以后，仍要回原单位，因而容易产生临时观念，对工作有一定影响。

矩阵结构适用于一些重大攻关项目。企业可用来完成涉及面广的、临时性的、复杂的重大工程项目或管理改革任务。特别适用于以开发与实验为主的单位，例如科学研究，尤其是应用性研究单位等。

（七）委员会制

委员会制是组织结构中的一种特殊类型，是执行某方面管理职能并以集体活动为主要特征的组织形式。实际中的委员会制常与上述组织结构相结合，可以起决策、咨询、合作和协调作用。

委员会制有很多优点：一是可以集思广益，二是利于集体审议与判断，三是防止权力过分集中，四是利于沟通与协调，五是能够代表集体利益并容易获得群众信任，六是促进管理人员成长等。

委员会制也存在缺点：一是责任分散，二是议而不决，三是决策成本高，四是少数人专制等。

（八）多维立体制

多维立体制组织结构是事业部制与矩阵制组织结构的有机组合，多用于多种产品/跨地区经营的组织。

多维立体制的优点，一是对于众多产品生产机构，按专业、按产品、按地区划分；二是管理结构清晰，便于组织和管理。

多维立体制的缺点是机构庞大，管理成本增加、信息沟通困难。

第四章　基本原则

原则，辞典对"原则"的解释是"说话或行事所依据的法则或标准。"其另一个含义是指总的方面。使用原则概念的有科学、哲学、宗教、法律等。法则，指规律，或法规；标准，一指衡量事务的准则；二指本身合于标准，可供同类事物比较核对的事物。

在国家的大政方针、社会经济发展规划等宏观层面，自然有其配套的基本原则。而一些具体的实践活动，在指导思想确定后，也离不开基本原则的具体指导。

钢铁企业两化融合的基本原则是重方法、多特性、兼要素、相匹配、易架构、适需求、向纵深、避风险。

第一节　重方法

钢铁企业信息化应以过程方法为基础，以系统方法进行整合，系统方法和过程方法相结合，进行有效集成，提升协同创新能力和战略决策水平。

一、方法

方法是一个汉语词汇，其含义较广泛，一般是指为获得某种东西或达到某种目的而采取的手段与行为方式。方法在哲学、科学及生活中有着不同的解释与定义。

(一) 技术定义

在人们有目的的行动中，通过一连串有特定逻辑关系的动作来完成特定的任务。这些有特定逻辑关系的动作所形成的集合整体就称之为人们做事的一种方法。

按照这种定义，人们每一次有目的的行动过程都形成一种方法。不过，人们实际语言中的方法一词大多数都经过了抽象的过程，也就是说，每一种被确认的方法都是对若干做事过程集合中的动作组合逻辑的某些共同特征的概括，具有一些共同逻辑特征的行动过程就形成了一种方法。这种概括，突出了过程中的一些特征，忽略了另外一些特征。

通俗地讲，所谓方法，就是人们做事过程中一连串动作的关联方式。一种方法就是对这种关联方式特殊性方面的一个概括。

一项复杂活动又包含许多部分和许多环节，在每个部分和每个环节又有各自的方法。如企业管理中有质量管理方法、营销方法、信息传递方法、决策方法、人事管理方法等；国家管理中有经济计划方法、财政预算方法、法律制定方法、行政方法等；在人类生活中有处世方法、学习方法、交友方法、消费方法等。因此，对人类活动中各种方法的研究是各门技术科学的基本任务和核心任务。系统评价作为人类管理活动的一个领域，形成了各种各样的方法体系，如建立指标体系的方法、制定权重的方法、指标合成方法、制定标准的方法、调查测验的方法、有效性分析的方法等。

在方法研究中，通常是针对人们做事的一个领域。如管理中的方法称为管理方法，预测中的方法称为预测方法，物理学研究中的方法或使用物质的物理性质的方法称为物理方法，质量管理中使用的方法称质量管理方法，农业生产中灌溉田地的方法称为灌溉方法。

方法的一个同义词是技术，给人的感觉，方法通俗一些，技术高雅一些。现在人们越来越喜欢使用技术一词。如把预测方法叫做预测技术，管理方法叫做管理技术，实验方法叫做实验技术。

（二）哲学方法

哲学中的方法有一般方法、具体方法之分，各门科学都有自己的具体方法。哲学中的方法范畴不同于具体科学的具体方法，也区别于不同领域的一般方法，是关于自然、社会、思维的最一般的方法。方法论中的方法即此含义。

（三）模型学定义

从广义上讲，方法是解决问题的条件，解决问题就是使问题发生改变，使其达到所需标准。方法的本质是一个具有性质的框架，此框架的性质决定需要解决的问题怎样随着需要解决问题方面的能量（这里指广义上的能量）改变而改变。

不同方法相对于解决的问题的框架不同，所以不同方法解决问题的效率不同。

（四）方法与手段

方法和手段是人们成功办事，或管理者实现管理目的不可缺少的中介要素。由于两者在办事过程中所起的作用基本相同，因而人们常常将两者混为一谈，彼此取代。事实上，两者所表现的形式是截然不同的，一个科学管理者应该把它们加以区分。

1. 手段

从马克思对劳动手段的分析，可知手段最大特征是以实体形态存在的，是"一物或诸物的复合体"，是通过自身所具有的机械属性、物理属性和化学属性作用于客观对象的。人类最早是把加工后的石头作为自己活动的物质手段，因而手段也称为工具，即人体器官延伸的工具；现在也称之为硬件或硬设备，如各种机器设备、构成计算机的各个元件、部件和装置等。

2. 方法

方法虽然也被人们称之为活动的手段，但它不是物化了的手段，是人类认识客观世界和改造客观世界应遵循的某种方式、途径和程序的总和。方法也就是工具，是主观方面的某个手段，主观方面通过这个手段和客体发生关系。如果也要把方法视为一种工具或手段的话，那只能看成是人的大脑扩开的一种工具或手段，即现在所说的软件，如指挥计算机进行计算、判断、处理信息的程序系统。

（五）方法论

方法论是关于人们认识世界、改造世界的方法的理论。

方法论是人们用什么样的方式、方法来观察事物和处理问题。概括地说，世界观主要解决世界"是什么"的问题，方法论主要解决"怎么办"的问题。

方法论是一种以解决问题为目标的理论体系或系统，通常涉及对问题阶段、任务、工具、方法技巧的论述。方法论会对一系列具体的方法进行分析研究、系统总结并最终提出较为一般性的原则。

方法论也是一个哲学概念。人们关于"世界是什么、怎么样"的根本观点是世界观。用这种观点作指导去认识世界和改造世界，就成了方法论。方法论是普遍适用于各门具体社会科学并起指导作用的范畴、原则、理论、方法和手段的总和。

方法论在不同层次上有哲学方法论、一般科学方法论、具体科学方法论之分。科学方法论，包括培根阐述的实验方法与归纳逻辑、笛卡儿论述的数学方法与演绎逻辑，以及贝塔郎菲的一般系统论方法与我国曾邦哲的系统逻辑《结构论》。关于认识世界、改造世界、探索实现主观世界与客观世界相一致的最一般的方法理论是哲学方法论；研究各门具体学科，带有一定普遍意义，适用于许多有关领域的方法理论是一般科学方法论；研究某一具体学科，涉及某一具体领域的方法理论是具体科学方法论。三者之间的关系是互相依存、互相影响、互相补充的对立统一关系。哲学方法论是各门科学方法论的概括和总结，是最一般的方法论，在一定意义上说带有决定性作用，对一般科学方法论、具体科学方法论有着指导意义。

二、过程方法

（一）过程

1. 概念与理解

过程是利用输入实现预期结果的相互关联或相互作用的一组活动。

过程的"预期结果"是输出还是产品或服务，随相关语境而定；一个过程的输入通常是其他过程的输出，而一个过程的输出又通常是其他过程的输入；两个或两个以上相互关联和相互作用的连续过程也可作为一个过程。

过程是事物发展所经过的程序、阶段。

过程是一个广义的概念，任何一个过程都有输入和输出，输入是实施过程的基础、前提和条件；输出是完成过程的结果；输入和输出之间是增值转换的关系，过程的目的就是为了增值，不增值的过程没有意义。为了实现输入和输出之间的增值转换就要投入必要的资源和活动。因此，成本是在过程中（输入和输出中）的一组资源消耗的总和，是换取过程增值或结果有效的代价。

过程是一种手段，通过该手段可以把人、规程、方法、设备以及工具进行集成，以产生一种所期望的结果。

任何事情都需要一个过程，事情的结果固然重要，但是更重要的应该是过程，只有了解了过程才能真的知道这件事该怎么去做。

2. 过程的特征

过程有以下特征：

（1）任何一个过程都有输入和输出。

（2）输入是实施过程的基础、前提和条件。

（3）输出是完成过程的结果。

（4）输出可能是有形产品，也可能是无形产品，如软件或服务。

（5）完成过程必须投入适当的资源和活动。

（6）过程本身是增值转换，因为过程的目的是为了增值，不增值的过程没有意义。

（7）过程存在可测量点。

（8）所有的工作和活动都是通过过程来完成的。

3. 过程策划

策划是一种策略、筹划、谋划或者计划、打算，是个人、企业、组织结构为了达到一定的目的，充分调查市场环境及相关联的环境的基础之上，遵循一定的方法或者规则，对未来即将发生的事情进行系统、周密、科学的预测并制订科学的可行性的方案。常用于形容做一件事的计划。

钢铁企业应对过程进行策划，并使其在受控条件下运行，以增加价值。

钢铁企业拥有可被确定、测量和改进的过程，如烧结过程、炼铁过程、炼钢过程、连铸过程、轧钢过程、采购过程、营销过程、物流过程、管理过程等。这些过程相互作用以产生与钢铁企业的目标相一致的结果，并跨越职能界限。某些过程可能是关键的，而另外一些则不是。过程具有相互关联的活动和输入，以实现输出。

两化融合及其管理体系是由相互关联的过程所组成的，理解过程是如何产生结果的，能够使钢铁企业尽可能地完善两化融合及其管理体系，并优化其绩效。

钢铁企业两化融合各过程的策划应明确各过程的输入、输出、所需资源、过程结果接受者的期望、相关过程，确定各过程的责任部门和过程监控方法，包括过程绩效目标设定、监控机制和监控方法，确定应有哪些过程控制文件。

（二）过程方法

1. 过程方法

过程是运用资源将输入转化为输出的一项或一组活动。为使钢铁企业有效运行，必须识别和管理许多相互关联和相互作用的过程。通常，一个过程的输出将成为下一个过程的输入。系统地识别和管理钢铁企业所应用的过程，特别是这些过程之间的相互作用，称为"过程方法"。

为使企业有效运行，钢铁企业应当采用过程方法识别和管理众多相互关联和相互作用的过程，对过程和过程之间的联系、组合和相互作用进行连续的控制和持续的改进，以增强过程的增值效应。

两化融合应用过程方法时，一是要明确过程的输入和输出；二是要明确过程的职责和权限；三是要确定支持条件和资源；四是要确定过程之间的联系和相互作用关系，并对其进行管理，以有效实现预期目标；五是要监测、分析和持续改进过程。

管理相互关联、功能连贯的过程时，可更加有效和高效地得到一致的、可预知的结果。可能的主要益处，一是提高关注关键过程的结果和改进的机会的能力；二是通过由协调一致的过程所构成的体系，得到一致的、可预知的结果；三是通过过程的有效管理、资源的高效利用及跨职能壁垒的减少，尽可能提升其绩效；四是使钢铁企业能够向相关方提供关于其一致性、有效性和效率方面的信任。

过程方法可开展的活动，一是确定两化融合的目标和实现这些目标所需的过程；二是为管理这些过程确定职责、权限和义务；三是了解钢铁企业自身的能力，预先确定资源约束条件；四是确定这些过程相互依赖的关系，分析某些个别过程的变化对两化融合活动的影响；五是将过程及其相互关系作为一个体系进行管理，以有效和高效地实现钢铁企业的两化融合目标；六是确保获得必要的信息，以运行和改进过程并监视、分析和评价整个体系的绩效；七是管理可能影响过程输出和两化融合管理体系整体结果的风险。

2. 过程方法的特点

过程方法以信息论和控制论为理论基础，具有以下四个特点：

（1）应用信息论方法，将钢铁企业内部的各过程视为一个信息收集、加工、存储、传输的过程，应用信息技术，解决业务过程管理信息的传输和处理问题。

（2）应用控制论方法，将钢铁企业的业务过程视为可控过程，建立过程控制系统，运用反馈控制等控制方法，解决钢铁企业业务过程系统的控制问题。

（3）注重管理的细化，即细化到每一个业务流程、每一个操作单元（或作业单元、工序）、每一项影响业务流程运行的输入因素。

（4）注重综合应用管理技术和信息技术等技术。

在计算机信息技术和网络技术迅速发展、多学科知识积累和多种技术有机结合的技术背景下，钢铁企业的管理模式和管理方式正在发生大的变革。

综合运用管理技术、计算机信息技术等技术的新管理模式将逐步取代传统管理模式，企业的信息处理能力及经营计划与控制能力将迅速提高。这些宏观背景因素将极大地促进过程管理方法在钢铁企业中的应用。

3. 过程管理 PDCA 循环

过程管理是指使用一组实践方法、技术和工具来策划、控制和改进过程的效果、效率和适应性，包括过程策划、过程实施、过程监测和过程改进四个部分，即 PDCA 循环四阶段。

（1）过程策划（P）。

从过程类别出发，识别钢铁企业的价值创造过程和支持过程，从中确定主要价值创造过程和关键支持过程，并明确过程输出的对象。确定过程顾客和其他相关方的要求，建立可测量的过程绩效目标。基于过程要求，融合新工艺、新技术和所获得的信息，如转炉煤气干法净化工艺技术、钢铁工业污染物排放的新标准等，进行过程设计或重新设计。

（2）过程实施（D）。

使过程人员熟悉过程设计，并严格遵循设计要求实施之。

根据内外部环境、因素的变化和来自顾客、供方、政府等相关方的信息，在过程设计的柔性范围内对过程进行及时调整。根据过程监测所得到的信息，对过程进行控制，使过程稳定受控并具有足够的过程能力。根据过程改进的成果，实施改进后的过程。

（3）过程监测（C）。

过程监测包括过程实施中和实施后的监测，旨在检查过程实施是否遵循过程设计，达成过程绩效目标。过程监测也可包括产品设计过程中的评审、验证和确认，生产过程中的过程检验和试验、过程质量审核、过程输出抽样测量，热平衡测定和水平衡测试等。

（4）过程改进（A）。

过程改进分为突破性改进和渐进性改进。突破性改进是对现有过程的重大变更或用全新的过程来取代现有过程（即创新）；渐进性改进是对现有过程进行的持续性改进，是集腋成裘式的改进。

三、系统方法

（一）系统

1. 系统的概念

系统也叫体系，是相互关联或相互作用的一组要素。

系统是自成体系的组织，是同类事物按一定秩序和内部联系组合成的整体。

系统泛指由一群有关联的个体组成，根据预先编排好的规则工作，能完成个体不能单独完成的工作的群体。系统分为自然系统与人为系统两大类。一群有相互关联的个体组成的集合称为系统。

系统是由一些相互联系、相互制约的若干组成部分结合而成的、具有特定功能的一个有机整体（集合）。

系统是普遍存在的，在宇宙间，从基本粒子到河外星系，从人类社会到人的思维，从无机界到有机界，从自然科学到社会科学，系统无所不在。按宏观层面分类，大致可以分为自然系统、人工系统、复合系统。

2. 系统的理解

系统可按照以下 4 个方面理解。

（1）不同结构不同性质不同功能等不同的东西，但又能协调统一到一起，有联系有区分有上下左右结构层次区别的，能够互相转换互相循环，有主有次有前沿有源头，像水系、像自然运转这样的结构层次的东西，称之为系统。一个系统是由许多相互关联又相互作用的部分所组成的不可分割的整体，较复杂的系统可进一步划分成更小、更简单的次系统，许多系统可组织成更复杂的超系统。

（2）系统是由若干要素（部分）组成的。这些要素可能是一些个体、元件、零件，也可能其本身就是一个系统（或称之为子系统）。如运算器、控制器、存储器、输入/输出设备组成了计算机的硬件系统，而硬件系统又是计算机系统的一个子系统。

（3）系统有一定的结构。一个系统是其构成要素的集合，这些要素相互联系、相互制约。系统内部各要素之间相对稳定的联系方式、组织秩序及失控关系的内在表现形式，就是系统的结构。例如钟表是由齿轮、发条、指针等零部件按一定的方式装配而成的，但一堆齿轮、发条、指针随意放在一起却不能构成钟表；人体由各个器官组成，单个器官简单拼凑在一起不能称其为一个有行为能力的人。

（4）系统有一定的功能，或者说系统要有一定的目的性。系统的功能是指系统与外部环境相互联系和相互作用中表现出来的性质、能力。例如信息系统的功能是进行信息的收集、传递、储存、加工、维护和使用，辅助决策者进行决策，帮助企业实现目标。

与此同时，还要从以下几个方面对系统进行理解：系统由部件组成，部件处于运动之中；部件间存在着联系；系统各主量和的贡献大于各主量贡献的和，即常说的 $1+1>2$；系统的状态是可以转换、可以控制的。

当不考虑联系（包括内部与外部），对事物进行孤立考察时，该物便是元素；当元素通过外部联系与环境物（其他元素）结为体系时，元素相对于这一体系便成了要素；当元素的内部联系被揭示出来时，元素相对于内部成分便成了系统。元素在外部联系中成为要素，元素在内在联系中成为系统。

系统是由若干相互联系、相互作用的要素经特定关系组成，并与环境发生关系的具有整体功能的有机整体。系统是由要素构成的，要素相互联系，要素要具备特定的关系，形成一定的结构（相互作用）；一定的结构使得系统成为具备特定功能的整体；系统总是处在一定的环境背景中，与环境保持着某种程度的质量、能量、信息的交换。

3. 系统的特征

系统具有以下特征。

（1）群体性：系统是由系统内的个体集合构成的。

（2）个体性：系统内的个体是构成系统的元素，没有个体就没有系统。

（3）关联性：系统内的个体是相互关联的。

（4）结构性：系统内相互关联的个体是按一定的结构框架存在的。

（5）层次性：系统与系统内的个体之关联信息的传递路径是分层次的。

（6）模块性：系统母体内部是可以分成若干子块的。

（7）独立性：系统作为一个整体是相对独立的。

（8）开放性：系统作为一个整体又会与其他系统相互关联相互影响。

（9）发展性：系统是随时演变的。

（10）自然性：系统必遵循自然的、科学的规律存在。

（11）实用性：系统是可以被研究、优化和利用的。

（12）模糊性：系统与系统内的个体之关联信息及系统的自有特征通常是模糊的。

（13）模型性：系统是可以通过建立模型进行研究的。

（14）因果性：系统与系统内的个体是具有因果关系的。

（15）整体性：系统作为一个整体具有超越于系统内个体之上的整体性特征。

整体性特征是系统的根本特征。

（二）系统方法

通过交互作用，共同完成某种特定功能的、一组相互依赖和相互关联的活动，可以视为一个系统。为获得预期的结果，从系统的整体层面出发，实现分解与综合、分工与协作的有机结合，加强定性与定量分析的交互应用，科学处理局部与总体的关系，以实现全局优化的方法称为"系统方法"。

在建立、实施和改进两化融合的过程中采用系统方法，确定和管理相互关联的一系列两化融合过程，并推动其协调运转，以提升过程的有机关联性和总体有效性，从而稳定获取预期结果。

在应用系统方法时，应强调三点：一是将两化融合作为一个有机整体进行管理；二是明确总体与局部的分解关系以及分工协作机制；三是充分应用新技术、新方法、新理念，全面提升两化融合的有效性，实现全局优化。

在科学研究中，系统方法把研究对象如实地当做一个整体来对待，并着重研究该系统的整体功能；从物质、能量和信息三个方面来认识和控制系统运动，使系统达到人们能确定的最佳状态；充分运用数学手段对系统进行定量描述，建立系统的模型以便进行模拟实验。因此，运用系统方法来思考和处理问题时，应先从整体出发，进行系统综合，形成可能的系统方案，再系统分析系统各要素及其相互关系，建立模型，然后进行系统选择（最优化）并重新综合成整体。在思维方式上，系统方法把综合作为出发点和归宿，并把分析和综合贯穿于过程的始终，这正是系统方法在科学思维方式上的重大突破。

系统方法是把对象作为系统进行定量化、模型化和择优化研究的科学方法。这种方法经历了从哲学到科学、从定性到定量的过渡，是在现代科学、特别是系统论和控制论得到发展时建立的。其根本特征在于从系统的整体性出发，把分析与综合、分解与协调、定性与定量研究结合起来，精确处理部分与整体的辩证关系，科学地把握系统，达到整体优化。

系统方法主要包括以下几个方面：

（1）系统的分析和综合。首先要识别某一领域是全称集合 U，了解系统 S 是 U 的子集，明确 S 的补集是环境 E；其次，要把 S 从 U 中分离出来，定出 S 与 E 的界面，再分离出 S 的主要成分，从中研究系统结构与功能的特性，找出成分之间以及成分与环境之间的相关性，描述系统中物质、能量和信息三者的相互关系，并综合分析其如何组合成有机的整体。

（2）建立系统的模型。把系统的各个要素或子系统加以适当的筛选，用一定的表现规则变换成简明的映像。系统的模型可以用说明系统的构成和行为的数学方程和图像，甚至用物理形式表达。通过模型可以有效地求得系统的设计参数和确定各种制约条件。模型建立以后，还要借助于计算机采用一定的仿真方法，或采用一定的物理方法，测试和计算模型，并根据测试和计算结果改进模型。在一定程度上做到确切反映和符合系统的客观实际，消除定性分析中的主观臆测成分，以便确切掌握系统的各个功能及功能之间的关系，了解并确定系统存在的价值以及价值之间的关系。

（3）系统的择优化。即选择一个优化的系统，使之有效工作，具有优良的功能。从数学上讲，优化是指在若干约束条件下选择目标函数并使它们得到极大值或极小值。就大系统而言，要想求得总体优化是相当困难的。因为大系统结构复杂、因素众多、功能综合，不仅评价目标有很多，甚至彼此之间还互相矛盾，所以不可能选择一个对所有指标都是最优的系统。如果采用局部优化的办法，一般不能使总体优化，甚至某一局部的改进反而使总体性能恶化。因此，需要采用分解和协调方法，以便在系统的总目标下，使各个子系统相互配合，实现系统的总体优化。所谓分解，就是把一个大系统分解为许多子系统；而子系统再将信息反馈给大系统，并在大系统的总目标下加以权衡，然后大系统再将指示下达给各个子系统，这就是协调。在大系统与子系统之间如此反复交换若干次信息，就可以求出系统的优化解。

（三）系统管理

系统管理是系统科学包括系统论、控制论、对策论、博弈论等在管理科学中的应用。系统管理的具体形态也叫系统工程，控制论在工程管理中的应用为工程控制论。

信息系统管理是指管理企业的信息技术系统，包括收集要求、购买设备和软件、将其分发到使用的地方、对其配置、使用改善措施和服务更新维护、设置问题处理流程，以及判断是否满足目的。

从时间维度上看，系统管理与一般管理不同，一般管理主要对管理对象的目前状况进行控制，使之与预期目标一致，而系统管理则不仅注重当前管理，而且还注重对管理对象过去行为特征的分析和对发展趋势的预测，在时间维度上坚持系统的整体观和联系观，强调任何一个系统都是过去、现在和未来的统一，把系统看成是时间的函数。

从空间维度上看，系统管理也与一般管理不同，一般管理往往只关注某个具体特定的管理对象，而系统管理从整体、联系和开放的观点出发，关注具体对象控制的同时，还考虑该对象与其他事物的关联性以及对象与环境的相互作用。

信息系统管理的趋势及问题包括总持有成本，中央管理和网络分散系统之间的资源和控制的正确平衡，所有或部分信息系统及系统管理的外购，战略购买决定，专有、兼容以及开源软件之间的选择，互联网及网络接口的使用，控制信息系统的图像用户界面，移动设备用户的安全的安全管理。

第二节 多 特 性

特性指某事物所特有的性质，具有的特殊品性、品质。

钢铁企业两化融合是一个复杂的过程，也是一个复杂的系统，涉及钢铁企业的运行和信息化技术。钢铁企业信息化平台应具有多种特性，包括先进性、可移植性、可重用性、开放性、可扩展性、安全性、可靠性、系统的可管理性、易集成性。

一、先进性

先进，是首先仕进、位于前列、可为表率之意，是先行、先导、先锋的意思。

先进性是首先创造、规定，使用的物品、制度、行为等为人们认可、学习、推广、遵守。

钢铁企业两化融合，要充分考虑信息化平台的先进性。信息技术的发展日新月异，如果在建设之初就不具备先进性，在应用过程中就会落后，就不能充分发挥信息化平台的作用。

二、可移植性

（一）移植

移植原义指将植物移动到其他地点种植，后引申为将生命体或生命体的部分转移的器官移植，例如转移一个人的肝脏代替另一个人的肝脏，这叫做肝移植。软件工程中，程序往往被视为有生命的机体，将源代码从一种环境下放到另一种环境下运行也可以称为移植。

在信息技术中，移植是从使用一个操作系统转移到使用另一个操作系统的过程，在大多数情况下，都是转移到一个更好的操作系统。比如，从Windows XP操作系统转移到Windows 10操作系统通常被看做是一种移植，因为它包括了确保新的特性被使用，旧的设置不需要改变，同时采取步骤保证当前的应用软件在新的操作环境里继续运行。移植也可意味着从Windows NT转移到使用基于UNIX的操作系统（或者相反）。移植可以包括转而使用新的硬件、新的软件，或者两者都包括。移植可以是小规模的，比如移动一个单一的系统，也可能是大规模的，包括很多系统，新的应用软件，或者重新设计的网络。

可以将数据从一种类型的数据库移植到另一种类型的数据库。这通常要求将数据转换成某种通用的版式，它可以从原来的数据库中输出，输入到新的数据库中。由于新的数据库可能是以不同的结构组织的，所以可能有必要编写一个能对移植文件进行处理的程序。

移植也可用来指简单地将数据从一种存储设备转移到另一种存储设备的过程。

（二）可移植性

可移植性是软件质量之一，良好的可移植性可以提高软件的生命周期。代码的可移植性主题是软件；可移植性是软件产品的一种能力属性，其行为表现为一种程度，而表现出来的程度与环境密切相关，环境包括软件环境、硬件环境和系统的组织环境。

软件可移植性指软件从某一环境转移到另一环境下的难易程度。为获得较高的可移植性，在设计过程中常采用通用的程序设计语言和运行支撑环境。尽量不用与系统的底层相关性强的语言。

可移植性的子特性有适应性、易安装性、共存性、易替换性和依从性。

可移植性并不是指所写的程序不作修改就可以在任何计算机上运行，而是指当条件有变化时，程序无须做很多修改就可运行。

可移植性的本意是按照意料之中的方式做事情，其目的不在于简化编译程序的工作，而在于使改写（重写）程序的工作变得轻易。

钢铁企业信息化平台中可能涉及设备的更新、操作系统的更新、应用环境的更新，要求软件具有可移植性。同时也要考虑移植到另一个工序和设备类似的钢铁企业的可能。

三、可重用性

重用即重复利用。

（一）软件重用

软件重用，是指在两次或多次不同的软件开发过程中重复使用相同或相似软件元素的过程。软件元素包括程序代码、测试用例、设计文档、设计过程、需要分析文档甚至领域知识。通常，可重用的元素也称作软构件，可重用的软构件越大，重用的力度越大。

（二）重用层次

重用包括三个层次，一是知识重用，如软件工程知识的重用；二是方法和标准的重用，如面向对象方法或国家制定的软件开发规范的重用；三是软件成分的重用。

为了能够在软件开发过程中重用现有的软部件，必须在此之前不断地进行软部件的积累，并将其组织成软部件库。软件重用不仅要讨论如何检索所需的软部件以及如何对其进行必要的编辑，还要解决如何选取软部件、如何组织软部件库等问题。因此，软件重用方法学，通常要求软件开发项目既要考虑重用软部件的机制，又要系统地考虑生产可重用软部件的机制。这类项目通常被称为软件重用项目。

使用软件重用技术可以减少软件开发活动中大量的重复性工作，这样就能提高软件生产率，降低开发成本，缩短开发周期。同时，由于软构件大都经过严格的质量认证，并在实际运行环境中得到校验，因此，重用软构件有助于改善软件质量。此外，大量使用软构件，软件的灵活性和标准化程度也可望得到提高。

（三）代码重用

不论是理论上还是实用上，代码重用都是编程的一个重要议题。可以从两个角度来理解代码重用。

一是逻辑上代码以怎样的方式被重用。如先建了一个车的基类，再从它衍生出轿车、卡车、大客车等子类，基类车的功能就被这些子类重用了。另一种途径是从函数被发明起就一直被使用的组合。例如已经有了车轮、轴、车斗、木杆等部件，就可以组合出一辆三轮车。

第二个角度是实体上代码以怎样的方式被重用。从需要连接的静态库文件、可以动态加载的库到直接引用的脚本文件，都有各自的特点。

（四）可重用软件

在软件开发中，由于不同的环境和功能要求，可以通过对以往成熟软件系统的局部修改和重组，保持整体稳定性，以适应新要求。这样的软件称为可重用软件。据统计，现在开发一个新的应用系统，40%～60%的代码是重复以前类似系统的成分，重复比例有时甚至更高。因此，软件重用能节约软件开发成本，真正有效地提高软件生产效率。

1. 可重用组件

组件一般是在设计和实现阶段由一些类或者模块组成的群组。每个组件完成一个独立的功能，并且都有一个和其他组件的良好接口。可重用组件是指通过对以往组件进行局部修改或者不修改就可以组成新的软件。可重用组件是可重用软件的基础。

任何可重用组件都必须要有特征说明（重用组件的类型信息）和规则说明（组件的动态行为），分别描述重用组件的静态特征和动态语义。另外，在描述重用组件的信息中还应包括组件接口信息，例如组件是客户组件还是服务者组件。一个组件可以有多个"提供"接口和"要求"接口。甚至还可以包括组件的配置特性，如其开发环境（编程语言、对象模型）和运行环境（操作系统等）。

2. 可重用软件

软件重用是利用事先建立好的软部件创建新软件系统的过程。这个定义蕴含着软件重用所必须包含的两个方面：一是系统地开发可重用的软部件，这些软部件可以是代码，但不应该仅仅局限在代码；二是系统地使用这些软部件作为构筑模块，来建立新的系统。

3. 重用条件

可重用软件应满足如下的条件：

（1）软件系统应是模块化结构。只有在模块化结构中，模块内部的修改和局部系统的重构（部分模块的替换、部分接口的改动）才不至于影响系统的功能和总体面貌。

（2）软件系统应不依赖于具体的运行环境。在这种结构的系统中，依赖于具体运行环境的部分可以集中在少数模块。一旦系统环境发生变化，就可以用其他模块加以替换。

（3）软件系统应建立在标准的、统一的数据接口上，即软件系统在建立数据模块进行数据操作时，都要求以标准的数据模式为依据。这样可以减少系统中模块之间的数据交换和相互依赖关系，并将数据模块的操作集中在少数几个模块进行统一管理。

（4）软件系统应有知识库的帮助。这一要求不是必须的，但在软件系统进行重构、扩充时，知识库系统可以提供并学习系统组合、生成及重用方面的知识，从而提高工作效率、改进工作质量。

（五） 软件重用的好处

软件具有可重用性，可以提高软件生成率，缩短开发周期，降低软件开发和维护费用，生产更加标准化的软件，提高软件开发质量，增强软件系统的互操作性，减少软件开发人员数量，使开发人员能比较容易的适应不同性质的项目开发。

软件的全生命周期都有可重用的价值，包括项目的组织、软件需求、设计、文档、实现、测试方法和测试用例都是可以被重复利用或借鉴的有效资源。

四、开放性

开放是张开、释放和解除封锁、禁令、限制等以及允许进入。

开放性是具有开放性质的措施和形式。相对于封闭性来说，开放性在给定的条件下成为一种信息源，通过人们不断地介入，向外辐射出信息。

在特定情况下，开放性也是受到制约的，也就是说没有无边无际的开放性，如网络的开放性与知识产权及基于网络规范与管理的法律法规之间，就是相互矛盾、相互博弈的。

以仿真软件举例，仿真软件公司把产品销售给客户，客户可以根据自身的需求，在此仿真平台上加上一些功能、二次开发，甚至可以在此平台上创建新的工程项目，给客户相当大的空间来自由发挥。

钢铁企业信息化平台具有开放性，可以更方便地改进系统和扩充应用范围。

五、可扩展性

扩展是指向外伸展。

设计良好的代码允许更多的功能在必要时可以被插入到适当的位置中。这样做的目的是应对未来可能需要进行的修改，而造成代码被过度工程化地开发。

可扩展性可以通过软件框架来实现，如动态加载的插件、顶端有抽象接口的认真设计的类层次结构、有用的回调函数构造以及功能很有逻辑并且可塑性很强的代码结构。

可扩展性是软件设计的原则之一，它以添加新功能或修改完善现有功能来考虑软件的未来成长。可扩展性是软件拓展系统的能力。

简单地说，可扩展性就是关于如何处理更大规模的业务，如 Web 应用程序就是允许更多的人使用特定服务。组合的可扩展性要求要满足用户不断发展的要求，还要满足因技术发展需要而实现的扩展和升级的需求。

水平扩展性指能够连接多个软硬件的特性，这样可以将多个服务器从逻辑上看成一个实体。如可以简单地通过聚类或负载平衡策略，通过增加多个服务器来加快整个逻辑实体的运行速度及性能。

垂直扩展性也称为垂直量测，指通过对一个物理实体增加资源而提高性能的特性。

六、安全性

（一）安全定义

安全是指没有受到威胁，没有危险、危害、损失。人类的整体与生存环境资源的和谐相处，互相不伤害，不存在危险、危害的隐患，是免除了不可接受的损害风险的状态。安全是在人类生产过程中，将系统的运行状态对人类的生命、财产、环境可能产生的损害控制在人类能接受水平以下的状态。

（二）安全的理解

安全的特有属性就是"没有危险"。单是没有外在威胁，并不是安全的特有属性；单是没有内在的疾患，也不是安全的特有属性。但是，包括了没有威胁和没有疾患这样内外两个方面的"没有危险"，则是安全的特有属性了。

有危险并不代表不安全，只要危险、威胁、隐患等在人们的可控范围内，就可以认为其是安全的。

安全具有空间属性和时间属性。空间和时间同时具备的情况下，产生安全状态；空间和时间两者不同时具备时，产生不安全状态或者危险状态。安全是具有空间和时间属性的，两者对立或者统一时必然产生不安全或者安全状态。

没有危险是安全的特有属性，因而可以说安全就是没有危险的状态。

没有危险的状态是安全，而且这种状态是不以人的主观意志为转移的，因而是客观的。无论是安全主体自身，还是安全主体的旁观者，都不可能仅仅因为对于安全主体的感觉或认识不同而真正改变主体的安全状态。一个已经处于自由落体状态下的人，不会由于他自我感觉良好而真正安全；一个躺在坚固大厦内一张坚固的大床上而且确实没有任何危险的人，也不会因认为自己危在旦夕就真的面临危险。因此，安全不仅是没有危险的状态，而且这种状态是客观的，不以人的主观意志为转移的。

没有危险作为一种客观状态，不是一种实体性存在，而是一种属性，因而它必然依附一定的实体。当安全依附于人时，便是"人的安全"；当安全依附于网络时，便是"网络安全"；当安全依附于系统时，便是"系统安全"；当安全依附于信息平台时，便是"信息平台安全"。

这样一些承载安全的实体，也就是安全所依附的实体，可以说就是安全的主体。客观的安全状态，必然是依附于一定的主体。在定义"安全"概念时，必须把安全是一种属性而不是一种实体这一特点反映出来。因此可以进一步说，安全是主体没有危险的客观状态。

（三）安全性

为防止把计算机内的机密文件泄露给无关的用户，必须采取某种安全保密措施，这些措施的有效程度如何就称为计算机系统的安全性或保密性。

钢铁企业信息化系统中，涉及很多企业机密，涉及企业不对外公开的内容，因而必须具有安全性，防止泄密事件的发生。

七、可靠性

可靠，一指可以信赖依靠，二指真实可信。

可靠性是指产品或系统在规定的条件下，规定的时间内，完成规定功能的能力。这里的产品可以泛指任何系统、设备和元器件。产品可靠性定义的要素是三个"规定"："规定条件""规定时间"和"规定功能"。

"规定条件"包括使用时的环境条件和工作条件，如同一型号的汽车在高速公路和在崎岖的山路上行驶，其可靠性的表现就不大一样，要谈论产品的可靠性必须指明规定的条件是什么。

"规定时间"是指产品或系统规定了的任务时间。随着产品任务时间的增加，产品出现故障的概率将增加，而产品的可靠性将是下降的。因此，谈论产品的可靠性离不开规定的任务时间。如一辆汽车在用了5年之后和刚刚出厂相比，出故障的概率显然大了很多。

"规定功能"是指产品或系统规定了的必须具备的功能及其技术指标。所要求产品或系统功能的多少和其技术指标的高低，直接影响到产品可靠性指标的高低。

可靠性指在预期寿命期中一项产品或系统功能连续性和重复性的能力。

如同安全一样，可靠性只有在一项产品或系统频频失效的经历中才被认识。也如同安全一样，这项特性不可能在采购或运送时被检查出来。因此，需要制造者或建立者承担产品或系统可靠性这一责任。因为，没有可靠性的产品或系统，一旦消费者使用时造成不幸，将影响制造商的质量信誉。

狭义的"可靠性"是产品或系统在使用期间没有发生故障的性质。从广义上讲，"可靠性"是指使用者对产品或系统的满意程度或对企业的信赖程度。

钢铁企业信息化系统应具有可靠性。

八、系统的可管理性

管理指指挥和控制组织或系统的协调活动。

管理包括制定方针和目标，以及实现这些目标的过程。

管理，是指以管理主体，有效组织并利用其各个要素（人、财、物、信息和时空），借助管理手段，完成该企业目标的过程。

管理主体包含 5 个方面的要素，即人（决策者、执行者、监督者）、财（资金）、物（土地、生产设备及工具、物料等）、信息（管理机制、技术与方法，以及管理用的各种信息等）、时空（时点和持续时间、地理位置及空间范围）。

管理的手段包括 5 个方面，即强制（战争、政权、暴力、抢夺等）、交换（双方自愿交换）、惩罚（包括物质性的和非物质性的，包括强制、法律、行政、经济等方式）、激励、沟通与说服。

管理的过程包括 6 个环节。一是管理规则亦即企业运行规则的确定，如章程及制度等；二是管理资源的配置，包括人员配置及职责划分与确定、设备及工具、空间等资源配置与分配；三是目标的设立与分解，如计划；四是组织与实施、过程控制，包括检查、监督与协调；五是效果评价；六是总结与处理，如奖惩。

管理是指通过计划、组织、领导、控制及创新等手段，结合人力、物力、财力、信息、环境、时间这六要素，高效地达到钢铁企业目标的过程。

广义的管理是指应用科学的手段安排组织社会活动，使其有序进行。狭义的管理是指为保证钢铁企业全部业务活动而实施的一系列计划、组织、协调、控制和决策的活动。

管理的意义，在于更有效地开展活动，改善工作，更有效地满足客户需要，提高效果、效率、效益。

可管理性是系统的规模和难易程度与管理人员相适应。钢铁企业信息化系统和两化融合过程及系统必须是可管理的，具有可管理性。

九、易集成性

集成是一些孤立的事物或元素通过某种方式改变原有的分散状态集中在一起，产生联系，从而构成一个有机整体的过程。系统集成化的性能一般远远高于孤立事物的功能之和。

钢铁企业信息化系统应与企业供应链上、下游系统及外部系统信息进行集成，以便实现企业目标。

钢铁企业信息化系统本身是一个集成系统，是企业内部的集成系统，但对于外界来说，是一个孤立的系统。钢铁企业信息化系统要充分发挥作用，就要与上下游企业的信息和外部信息集成。

在开发、设计钢铁企业信息化系统时，应充分考虑其与相关系统的集成，使其具有易集成性。

⨠ 第三节　兼 要 素 ⨞

钢铁企业信息化应充分体现基于数据、技术、业务流程、组织结构四要素互动创新和持续优化的发展模式。数据、技术、业务流程、组织结构四要素构成要素循环，互相影响。

一、数据

数据是关于客体的事实，客体是可感知或可想象到的任何事物，如产品、服务、过程、人员、组织、体系、资源等。

客体可能是物质的，如一台烧结机、一座高炉、一架轧机、一台计算机、一套网络等，也可以是非物质的或想象的，如转换率、效率、未来的状态等。

数据是事实或观察的结果，是对客观事物的逻辑归纳，是用于表示客观事物的未经加工的原始素材。

数据是信息的表现形式和载体，可以是符号、文字、数字、语音、图像、视频等。数据和信息是不可分离的，数据是信息的表达，信息是数据的内涵。数据本身没有意义，数据只有对实体行为产生影响时才成为信息。

数据可以是连续的值，比如声音、图像，称为模拟数据。也可以是离散的，如符号、文字，称为数字数据。数字数据在某个区间内是离散的值。

在计算机系统中，数据以二进制信息单元 0、1 的形式表示。在计算机系统中，各种字母、数字符号的组合、语音、图形、图像等统称为数据，数据经过加工后就成为信息。

在计算机科学中，数据是指所有能输入到计算机并被计算机程序处理的符号的介质的总称，是用于输入电子计算机进行处理，具有一定意义的数字、字母、符号和模拟量等的通称。

数据按性质分为定位的（如各种坐标数据）、定性的（如表示事物属性的数据，居民地、河流、道路等）、定量的（反映事物数量特征的数据，如长度、面积、体积等几何量或速度、加速度等物理量）、定时的（反映事物时间特性的数据，如年、月、日、时、分、秒等）；按表现形式分为数字数据（如各种统计或量测数据）、模拟数据（由连续函数组成，是指在某个区间连续变化的物理量）、符号数据、文字数据和图像数据（如声音的大小和温度的变化等），按记录方式分为地图、表格、影像、磁带、纸带，按数字化方式分为矢量数据、格网数据等。

二、技术

（一）技术的含义

技术是为实现某一目的所需的技能、方法、手段、工具、知识或规则的组合，如信息通信技术、管理技术、服务技术、能源技术、应用领域技术等。

技术是制造一种产品的系统知识，所采用的一种工艺或提供的一项服务，不论这种知识是否反映在一项发明、一项外形设计、一项实用新型或者一种植物新品种，或者反映在技术情报或技能中，或者反映在专家为设计、安装、开办或维修一个工厂或为管理一个企业或其活动而提供的服务或协助等方面。这是至今为止国际上给技术所下的最为全面和完整的定义。知识产权组织把世界上所有能带来经济效益的科学知识都定义为技术。

一项技术是关于某一领域有效的科学（理论和研究方法）的全部，以及在这个领域为实现公共或个体目标而解决设计问题的规则的全部。

广义地讲，技术是人类为实现社会需要而创造和发展起来的手段、方法和技能的总和。作为社会生产力的社会总体技术力量，包括工艺技巧、劳动经验、信息知识和实体工具装备，也就是整个社会的技术人才、技术设备和技术资料。

（二）技术的特性

当技术的使用在现代社会无所不在，一套共同的特性可以用在现代技术上。

1. 复杂度

复杂度是指大多数现在的工具都很难以了解的特性，需要一连串对制造或使用的事先训练。一些使用相对简单，但去理解其来源和制造方法却相对困难，如餐刀、棒球及高加工食品等；另外也有很难使用且很难理解的，如柴油机、数字电视机、计算机等。

2. 依赖性

依赖性是指现在的很多工具依赖于其他的现代工具，而其他的现代工具又依赖于另外的其他现代工具的事实，不论是在制造、使用上面。如有一复杂的制造及维护体系，而使用也需要有输入扫描仪、打印机、绘图机、网络系统设备、音响等设备。

3. 多样性

多样性是指相同工具的不同类型和变异，如计算机有不同的配置、不同的类型，有超级计算机、大型计算机、小型计算机、微型计算机，有台式计算机、便携式计算机，有办公室用计算机、工业控制计算机等。

4. 普及性

普及性指现代技术的普及。简单地说，技术似乎在每一个角落支配了现代的生活。另外，普及性亦指许多现代技术计划的范围，如手机网络、因特网、飞机航行、通讯卫星及其对地球上人们的影响。

（三）技术、科学与工程的区别

科学、工程与技术的分别并不总是不明确。一般来讲，工程焦点多聚集在实际经验上，科学焦点多聚集在理论和纯研究上，而技术则介于两者之间。

科学是对自然合理地研究或学习，焦点在于发现现实世界内元素间的永恒关系（原理）。科学被当做是一普遍的称号，并指和科学项目有关的主题。科学通常利用合乎规则的技术，即一系统建立好的程序规则，如科学方法。

工程为对科学及技术原理合理的使用，以达到基于经验上的计划结果。工程一般是指维持科学项目的事。

技术则比较含糊，但通常是指一真实物件，和能被使用及值得被使用的事物。技术通常不涉及如数学定理等发现。

三、业务流程

（一）业务流程的含义和理解

业务流程是钢铁企业实现业务目标和策略的一系列相互连接的过程集合，是钢铁企业或其一部分在追求给定目标过程中，为了实现某一期望的结果，所执行的企业活动的部分有序集。

业务流程，是为达到特定的价值目标而由不同的人分别共同完成的一系列活动。活动之间不仅有严格的先后顺序限定，而且活动的内容、方式、责任等也都必须有明确的安排和界定，以使不同活动在不同岗位角色之间进行转手交接成为可能。活动与活动之间在时间和空间上的转移可以有较大的跨度。而狭义的业务流程，则仅仅是与客户价值的满足相联系的一系列活动。

业务流程是钢铁企业中一系列创造价值的活动的组合，是一系列结构化的可测量的活动集合，并为特定的市场或特定的顾客产生特定的输出，是在特定时间产生特定输出的一系列客户、供应商关系。

业务流程是把输入转化为输出的一系列过程的结合，是一组将输入转化为输出的相互关联或相互作用的活动，增加输入的价值并创造出对接受者更为有效的输出。

（二）业务流程的意义

业务流程对于钢铁企业的意义不仅仅在于对钢铁企业关键业务的一种描述，更在于对钢铁企业的业务运营有着指导意义，这种意义体现在对资源的优化、对钢铁企业组织机构的优化以及对钢铁企业管理制度的一系列改变。

这种优化的目的实际也是钢铁企业所追求的目标，即降低企业的运营成本，提高对市场需求的响应速度，争取企业利润的最大化。

（三）业务流程的特征

1. 层次性

业务流程是有层次性的，这种层次体现在由上至下、由整体到部分、由宏观到微观、由抽象到具体的逻辑关系。

这样一个层次关系符合人们的思维习惯，有利于钢铁企业业务模型的建立。一般来说，可以先建立主要业务流程的总体运行过程，其中包括了整个企业的大的战略，然后对其中的每项活动进行细化，落实到各个部门的业务过程，建立相对独立的子业务流程以及为其服务的辅助业务流程。

业务流程之间的层次关系一定程度上也反映了企业部门之间的层次关系，不同层级的部门有着对业务流程不同的分级管理权限。决策层、管理者、使用者可以清晰地查看到下属和下属部门的业务流程。

为使得所建立的业务流程能够更顺畅地运行，钢铁企业业务流程的改进与钢铁企业组织结构的优化是一个相互制约、相互促进的过程。

2. 以人为本

钢铁企业业务流程中最重要的部分是人员的工作方式以及构成其每日操作的工作流程。

人是业务流程的驱动者，钢铁企业中的每一个人都会在业务流程中充当一个角色。通过良好的业务流程，每一个人都会有自己清晰的职责，要求具有良好的沟通协作意识和团队意识，明确自己在一个个业务流程中所担当的角色。

同时对于参与其中的业务流程，每个人员都要有自己的反馈。

首先，每个人员都能查看到这些业务流程并充分理解这些业务流程、流程包含的业务的意义和目的，这些业务流程通过符合流程中的人员理解能力的方式，如图形、说明文字、相应的制度、规范、标准等得以展现。

其次，对于业务流程运行中存在的问题，每个人员都要积极反馈（提出修改的建议或在其权限范围内直接修改）以促进业务流程的持续改进，业务流程的管理和变动不仅仅是业务分析人员或管理人员的职责，每一个员工都要参与其中，否则只有失败。管理人员和决策层更重要的职责是制定出业务流程的规则和约束，在这个规则和约束范围内，员工可以根据变化的商业环境对业务流程做出迅速修改，这样不必等到领导了解情况后再做出决策从而失去机会。

3. 运行效益

从企业投资者的角度来讲，好的业务流程设计必然是能够为企业带来最高利润的设计。因此，对业务流程的效益分析是评价业务流程的一个重要方面。财务数据是最关键的数据，但这种分析不一定完全是由数据支撑的，有些是不能量化的，如人员效率等。

（四）业务流程的优化

业务流程的优化亦即业务流程重组，是对钢铁企业的业务流程进行改变并全部进行再设计，从而获得在成本、质量、服务和速度等方面的重大改善。

业务流程优化过程实质上是管理再造或优化的实施过程，钢铁企业战略定位的变化和战略思路的改进最终都要在业务流程中体现，反过来说，可以利用流程优化的手段来规范和提升管理体系。

基于以上思想，首先要对当前钢铁企业的管理体系进行规范和提升。其基本核心思想是学习国内外先进企业经验，对企业的经营和管理模式的定位进行研究，找出其存在的问题和差距，结合企业的业务特点和企业战略，对企业经营和管理模式进行重新定位，其核心是形成新的管理理念。

所谓新的管理理念是指适应于钢铁企业特性的、受到过其他企业检验证明成功的理念，其内容极为丰富，不拘一格。目前，信息化建设过程中常见的新管理理念是：实现从传统的事后管理（静态管理）向实时管理（动态管理）转变，部门管理（职能管理）向岗位管理（流程管理）转变，定性管理（主观管理）向定量管理（客观管理）转变，分散管理向集中管理转变等。

以职能管理向流程管理转变为例，传统的企业管理是职能管理，也就是说每一项工作只指定了由哪个部门来负责，具体工作中由该部门的领导来分配工作。而信息化工程要求管理模式由这些传统的职能管理向"流程管理"改进，其目的是缩短信息交互时间，提高反应速度。

（五）业务流程职责

业务流程职责是业务流程的工作目标、范围和任务，以及在业务流程各环节相关任职者完成这些任务所需承担的相应责任。相关任职者包括钢铁企业所有职能与层次中与该业务流程相关的人员。

钢铁企业流程重组及处理和传输信息资源是信息技术的两大功能，分别可以通过"过程化"模型和"数据化"模型解释。过程化模型强调识别和分析钢铁企业的各种活动、工作流程、环境及其关系，将这些活动、过程、环境及其关系解构为可管理和可理解的部分，然后予以模型化，其目的是实现钢铁企业业务流程和管理活动自动化；而"数据化"模型是强调数据结构和数据组成的元素，强调构成信息系统主体的数据和信息的理解、分析和文献化，其目标是识别数据元素，分析数据之间的关系。

四、组织结构

组织结构是人员的职责、权限和相互关系的安排。

组织结构是指对于工作任务如何进行分工、分组和协调合作。组织结构是表明组织各部分排列顺序、空间位置、聚散状态、联系方式以及各要素之间相互关系的一种模式，是整个管理系统的"框架"。

组织结构是钢铁企业的全体员工为实现企业目标，在管理工作中进行分工协作，在职务范围、责任、权利方面所形成的结构体系。组织结构是钢铁企业在职、责、权方面的动态结构体系，其本质是为实现企业战略目标而采取的一种分工协作体系，组织结构必须随着企业的重大战略调整而调整。

详见第三章第五节。

五、创新

创新是指实现或重新分配价值的、新的或变化的客体，以创新为结果的活动通常需要管理，创新通常具有重要影响。

创新是把感悟和技术转化为能够创造新价值、驱动经济增长、促进社会进步和提高生活标准的过程及其结果，包括新理论、新模式、新方法、新产品、新服务、新流程等。

熊彼特1912年第一次从经济学角度系统提出了创新概念。他认为，创新就是建立一种新的生产函数，即实现生产要素的一种从未有过的新组合。熊彼特的创新概念包括五个方面：创造一种新的产品，也就是消费者还不熟悉的产品，或者已有产品的一种新的特性；采用一种新的生产方法，也就是在有关的制造部门中尚未通过经验检定的方法，这种新方法不一定非要建立在科学新发现的基础上，可以是以新的商业方式来处理某种产品；开辟一个新的市场，也就是有关国家的某一制造部门以前不曾进入的市场，不管这个市场以前是否存在过；取得或控制原材料或半制成品的一种新的供给来源，不管这种来源是已经存在的还是第一次创造出来的；实现任何一种新的产业组织方式或企业重组，比如造成一种垄断地位，或打破一种垄断地位。

熊彼特后来又以更广义的方式定义创新。"通过生产函数可以更严格地定义创新——所谓生产函数，是说如果各种要素的数量发生了变化，其相应的产品的数量也随着发生变化的一种方式。如果改变了函数的形式，就有了一项创新。""创新可以简单地定义为建立一项新的生产函数。这包括一种新商品，或者就像一次合并一样的一种新的组织形式，或者开辟新的市场等。""联想到经济意义上的生产实际就是生产性要素的组合，可以说创新就是用一种新的方式组合生产要素，或者说创新就包括在执行新的组合中。"

费里德曼继承和发展了熊彼特创新的概念，认为创新不仅指技术创新，还包括组织、管理等其他方面的创新，并且技术和企业管理之间存在着大量的相互依存关系，这些依存关系并非单独出现，而是如军团般大量涌来。工艺和加工的创新、产品创新、管理创新和材料创新，在机械化、电气化和电子计算机化时代都是相互缠绕在一起的。

创新以现有的思维模式提出有别于常规或常人思路的见解为导向，利用现有的知识和物质，在特定的环境中，本着理想化需要或为满足社会需求，而改进或创造新的事物、方法、元素、路径、环境，并能获得一定有益效果。创新是以新思维、新发明和新描述为特征的一种概念化过程；是人类特有的认识能力和实践能力，是人类主观能动性的高级表现形式，是推动民族进步和社会发展的不竭动力。一个民族要想走在时代前列，就一刻也不能没有理论思维，一刻也不能停止理论创新。

数据、技术、业务流程、组织结构四要素要互相作用、互动创新。

六、持续优化

持续的意思是延续、继续、无间隔、连续不断，优化是采取一定措施使变得优异。

优化有改进之意。改进是提高绩效的活动，持续改进是提高绩效的循环活动。绩效是可测量的结果，可能涉及定量的或定性的结果，可能涉及活动、过程、产品、服务、体系或管理。

改进的意思是改变旧有情况，使有所进步，是一种以追本溯源、追根追底的单元分析法为基本方法的有效降低成本、提高质量、增进效益及效率的系统理论。

改进对于钢铁企业保持两化融合及其管理体系当前的绩效水平，对其内、外部条件的变化做出反应，并创造新的机会，都是非常必要的。

改进的主要益处：一是提高过程绩效和能力，二是增强对调查和确定根本原因及后续的预防和纠正措施的关注，三是提高对内外部风险和机遇的预测和反应能力，四是增加对渐进性和突破性改进的考虑，五是更好地利用学习来改进，六是增强创新的动力。

钢铁企业两化融合过程应提高数据、技术、业务流程、组织结构四要素循环的力度，持续优化改进。

≫ 第四节 相 匹 配 ≪

钢铁企业信息化集成系统的总体架构应与企业的管理体系、管理机制相匹配，应具有可调整的灵活性和可扩展性。当钢铁企业管理体系、管理机制不适应两化融合过程时，应对其进行相应的改进。

一、总体构架

构架是建筑物的框架，引申为运筹决策、构思设计。

钢铁企业两化融合的总体构架指其结构层次。

企业两化融合总体构架是国际上普遍采用的、用以指导企业信息化发展的理论和最佳实践，是从企业宏观到微观对企业信息化建设和发展规律的总结，是一套在信息技术规划、管理和复杂系统设计与实施方面比较完整的理论、方法、标准和工具，可以将企业的战略规划正确有效地落到信息化建设的实处。作为对大型、复杂信息系统的管理方法和信息技术治理模式，企业信息化总体构架指导信息化建设的方向，可以帮助大中型企业建设一个可靠的、科学的、低风险的、满足未来要求的信息技术构架，以提高企业的综合竞争能力。随着信息化建设的深入，企业信息化总体架构将会成为钢铁企业必须面临的战略问题。

钢铁企业信息化是要通过信息技术帮助钢铁企业实施"在正确的时间、正确的地点提供正确的信息"的目的。要实现这个目的，就要把信息技术本身与企业战略联系起来，也就是说，钢铁企业两化融合的总体框架要与企业战略相一致。为此，在进行企业两化融合构架设计之前，要确定企业的现状、环境和信息需求。一是明确企业的发展目标、发展战略和发展需求，明确企业级的总目标及为实现总目标其各个关键部门要做的各种工作；二是研究和分析整个行业的发展趋势和信息技术产品的发展趋势，涉及行业的发展现状、发展特点、发展动力、发展方向以及信息技术在钢铁行业发展中起的作用；三是把握信息技术本身的发展现状、发展特点和发展方向，并在此基础上了解同行和主要竞争对手对信息技术的应用情况；四是进行企业的现状分析，包括信息化基础现状、信息点和信息流现状、应用现状和业务现状。

二、管理体系

体系也叫系统，是相互关联或相互作用的一组要素；管理体系是钢铁企业建立方针和目标以及实现这些目标的过程的相互关联或相互作用的一组要素。

一个管理体系可以针对单一的领域或几个领域，如质量管理、两化融合管理、环境管理、能源管理等。管理体系要素规定了钢铁企业的结构、岗位和职责、策划、运行、方针、惯例、规则、理念、目标，以及实现这些目标的过程。

管理体系的范围可能包括整个企业，钢铁企业中可被明确识别的职能或可被明确识别的部门，以及跨企业的单一职能或多个职能。

钢铁企业应建立两化融合管理体系（详见第三章第三节），并与信息化系统总体构架互相匹配。

三、管理机制

（一）机制

机制，指有机体的构造、功能及其相互关系，也指机器的构造和工作原理。引申到社会学中的内涵，可以表述为"在正视事物各个部分的存在的前提下，协调各个部分之间关系以更好地发挥作用的具体运行方式"。

理解机制这个概念，最主要的是要把握两点。一是事物各个部分的存在是机制存在的前提，因为事物有各个部分的存在，就有一个如何协调各个部分之间的关系问题；二是协调各个部分之间的关系一定是一种具体的运行方式，机制以一定的运作方式把事物的各个部分联系起来，使其协调运行而发挥作用。

从机制运作的形式划分，一般有三种。一是行政-计划式的运行机制，即以计划、行政的手段把各个部分统一起来；二是指导-服务式的运行机制，即以指导、服务的方式去协调各部分之间的相互关系；三是监督-服务式的运行机制，即以监督、指导式的方式去协调各部分之间的关系。

从机制的功能来分，有激励机制、制约机制和保障机制。激励机制是调动管理活动主体积极性的一种机制；制约机制是一种保证管理活动有序化、规范化的一种机制；保障机制是为管理活动提供物质和精神条件的机制。以上几种类型的机制实际上是相互联系和相互渗透的，只是为了分析问题的方便才做了如上划分。

机制的建立，一靠体制，二靠制度。这里所谓的体制，主要指的是企业职能部门职能和岗位责权的调整与配置；所谓制度，广义上讲包括国家和地方的法律、法规以及钢铁企业内部的规章制度。也可以说，通过与之相应的体制和制度的建立（或者变革），机制在实践中才能得到体现。

可以通过改革体制和制度，达到转换机制的目的，通过建立适当的体制和制度，可以形成相应的机制。如计划经济和市场经济是两种不同的体制，在两种经济体制之下，形成了截然不同的经济运行机制。现行社会保障体制与计划经济条件下的企业职工退休制度是截然不同的两个体系，现行体制对企业运行机制的推进是旧体制难以望其项背的。

从微观结构来看，企业的股份制改造确立了一种新的所有制体制，也形成了一种新的高层组织结构——以股东会、董事会、监事会和经营团队构成的组织体制，在企业运行机制的转换与完善方面，其所发挥的作用是显而易见的。

在机制的形成上，制度的作用更加直观。用人制度和分配制度改革在内部竞争、激励机制的建立过程中首当其冲；监察、审计制度在监督、约束机制完善方面也发挥着不可替代的作用。

机制的构建是一项复杂的系统工程，各项体制和制度的改革与完善不是孤立的，也不能简单地以"1＋1＝2"来解决，不同层次、不同侧面必须互相呼应、互相补充，整合起来才能发挥作用。特别要重视人的因素，体制再合理，制度再健全，执行的人不行，机制还是到不了位。而且体制与制度不能完全分离，而应相互交融。制度可以规范体制的运行，体制可以保证制度落实。

综上所述，机制在社会学中的内涵可以表述为"在正视事物各个部分的存在的前提下，协调各个部分之间关系以更好地发挥作用的具体运行方式"。

（二）管理机制

管理机制是指管理系统的结构及其运行机理。管理机制本质上是管理系统的内在联系、功能及运行原理，是决定管理功效的核心问题。当这一概念应用于工商企业时，就成为一种广为运用的非常重要的一个概念——企业经营机制。

1. 管理机制的构成

管理机制是以客观规律为依据，以企业的组织结构为基础，由若干子机制有机组合而成的。如依据经济规律，会形成相应的利益驱动机制；依据社会和心理规律，会形成相应的社会推动机制。管理机制的自动作用，是严格按照一定的客观规律的要求施加于管理对象的。违反客观规律的管理行为，必然受到管理机制的惩罚。

管理机制以管理结构为基础和载体。钢铁企业的管理结构主要包括功能与目标、基本构成方式、组织结构、环境结构。

管理机制本质上是管理系统的内在联系、功能及运行原理，主要表现为运行机制、动力机制和约束机制。

运行机制是指组织基本职能的活动方式、系统功能和运行原理，本身具有普遍性。

动力机制是指管理系统动力的产生与运作的机理。一是利益驱动，这是动力机制中最基本的力量，是由经济规律决定的，如在企业中多劳多得、少劳少得，员工为了"多得"而"多劳"；二是政令推动，这是由社会规律决定的，如管理者通过下达命令等方式，要求员工完成工作；三是社会心理推动，这是由社会与心理规律决定的，如管理者通过对员工进行人生观教育，调动员工的积极性。

约束机制是指对管理系统行为进行限定与修正的功能与机理，主要包括以下四个方面的约束因素：一是权力约束，既要利用权力对系统运行进行约束，又要对权力的拥有与运用进行约束；二是利益约束，既要以物质利益为手段，对运行过程施加影响又要对运行过程中的利益因素加以约束；三是责任约束，通过明确相关系统及人员的责任，来限定或修正系统的行为；四是社会心理约束，运用教育、激励和社会舆论、道德与价值观等手段，对管理者及有关人员的行为进行约束。

2. 管理机制的特征

管理机制有内在性、系统性、客观性、自动性、可调性的特征。

（1）内在性。管理机制是管理系统的内在结构与机理，其形成与作用是完全由自身决定的，是一种内运动过程。

（2）系统性。管理机制是一个完整的有机系统，具有保证其功能实现的结构与作用系统。

（3）客观性。任何组织，只要其客观存在，其内部结构、功能既定，必然要产生与之相应的管理机制。这种机制的类型与功能是一种客观存在，是不以任何人的意志为转移的。

（4）自动性。管理机制一经形成，就会按一定的规律、秩序，自发地、能动地诱导和决定企业的行为。

（5）可调性。机制是由组织的基本结构决定的，只要改变组织的基本构成方式或结构，就会相应改变管理机制的类型和作用效果。

钢铁企业管理机制应与管理体制、企业信息化系统互相匹配。

四、灵活性

灵活性是指具有灵活的能力，与原则性存在着一种辩证关系。

（一）灵活性原理

灵活性原理，指行政计划的灵活性越大，因未来意外事件引起损失的可能性就越小，两者是反比例关系。灵活性原理是行政计划工作中最主要的原理，主要针对计划的制定过程，使计划本身具有适应性，要求计划的制定"量力而行、留有余地"。至于计划的执行，则必须严格准确，要"尽力而为、不留余地"。

（二）灵活性的限制

灵活性是有一定限度的，一是不能总是以推迟决策的时间来确保计划的灵活性，因为未来的不确定性是难以完全预料的，如果决策者一味等待收集更多的信息，以便尽量地将未来可能发生的问题考虑周全，当断不断，就会坐失良机，招致失败。二是使计划具有灵活性是要付出代价的，甚至由此而得到的好处可能补偿不了它的费用支出，这就不符合计划的效率性。三是某些情况往往根本无法使用灵活性，即存在这种情况，某个派生计划的灵活性，可能导致全盘计划的改动甚至有落空的危险。如企业销售计划在执行过程中会遇到困难，可能实现不了既定的目标。如果允许其灵活处置，则可能危及全年的利润计划，从而影响到新产品开发计划、技术改造计划、供应计划、工资增长计划、财务收支计划等。

（三）灵活性与原则性

企业的原则性是指规章制度、法律法规和基本规律，灵活性是指处理问题的方式方法、艺术性。两者看似矛盾，结合起来却可以很完美。

灵活性与原则性的辩证关系。原则是基础，灵活是发展，原则是灵活变化的度，灵活是在原则限制范围内的灵活，又反作用于原则。要处理好两者关系。

大事讲原则，小事讲方法，将灵活性与原则性的关系处理好，将会更有利于工作的开展。

≫ 第五节　易 构 架 ≪

钢铁企业信息化集成系统应采用分层分布式系统结构，软件体系应采用模块化结构，以利于系统灵活配置、功能拓展和性能提升，支持钢铁企业可持续的业务流程重组，适应企业的改造与升级。

一、分层分布式系统

层有三种意思：一是重叠起来的东西、重叠起来的东西中的一部分、层次；二是重叠、重复；三是量词，用于可以分出层次的事物。

分层分布式系统，又称多层分布系统。随着中间件与 Web 技术的发展，三层或多层分布式应用体系的应用越来越广泛。典型的多层分布式系统可划分为 3 个层次，分别为客户端、应用服务器和数据服务层。在这种体系结构中，客户机只存放表示层软件，应用逻辑包括事务处理、监控、信息排队、Web 服务等采用专门的中间件服务器，后台是数据库，系统资源被统一管理和使用，客户程序与数据库的连接被中间层屏蔽，客户程序只能通过中间层间接地访问数据库。中间层可能运行在不同于客户机的其他机器上，经过合理的任务划分与物理部署后，可使得整个系统的工作负载更趋均衡，从而提高整个系统的运行效率。这些位于中间层的中间件又称应用服务程序，因为其实际上表达了钢铁企业处理信息的主要业务逻辑，即钢铁企业的系统模型与功能模型，而客户程序仅实现图形用户界面，完成终端用户与业务逻辑之间的交互。

（一）多层分布式系统的主要层次

多层分布式系统在逻辑上划分成实现各层功能的多个部分，分别运行在通过局域网或互联网相互连接的多台计算机上。典型的多层分布式系统可划分为 3 个层次，各层次按照以下方式进行划分，并实现明确分工：第一层为客户端，实现用户界面的表示逻辑，提供简洁的人机交互界面，完成数据的输入/输出；第二层为业务服务层也就是应用服务器，完成业务逻辑，实现客户与数据库对话的桥梁。同时，在这一层中，还应实现分布式管理、负载均衡、Fail/Recover、安全隔离等；第三层是数据服务层，提供数据的存储服务，一般就是数据库系统。

（二）多层分布式系统的主要特点

多层分布式系统克服了传统的两层模式的许多缺点，其主要特点如下：

（1）安全性。中间层隔离了客户直接对数据服务器的访问，保护了数据库的安全。

（2）稳定性。中间层缓冲层与数据库的实际连接，使数据库的实际连接数量远小于用户应用数量，能够在一台服务器故障的情况下，透明地把用户工作转移到其他具有同样业务功能的服务器上。

（3）易维护。由于业务逻辑在中间服务器，当业务规则变化后，客户端程序基本不做改动。

（4）快速响应。通过负载均衡以及中间层缓存数据能力，可以提高对客户端的响应速度。

（5）系统扩展灵活。基于多层分布体系，当业务增大时，可以在中间层部署更多的应用服务器，提高对客户端的响应，而所有变化对客户端透明。

（三）中间件

中间件是一种独立的系统软件或服务程序，是应用系统中介于应用层和网络层之间的一个功能层次，能使应用系统独立于由异构的操作系统、硬件平台与通信协议组成的底层环境。

中间件位于客户机服务器的操作系统之上，管理计算机资源和网络通信，其扩展了客户/服务器结构，形成了一个包括客户、中间件和服务器在内的三层结构及多层次结构，为开发可靠的、可扩展的、复杂的事务密集型应用系统提供了有力的支持。

中间件也是一类软件，其首要任务是实现应用与平台无关的互操作，其次能够合理地管理网络通信资源。按照 idc 的分类方法，中间件可分为六类，第一类是终端仿真/屏幕转换中间件，第二类是数据库访问中间件，第三类是远程过程调用中间件，第四类是消息中间件，第五类是交易中间件，第六类是对象中间件。

二、模块化

模块化是指解决一个复杂问题时自顶向下逐层把系统划分成若干模块的过程，有多种属性，分别反映其内部特性。

模块化是一种处理复杂系统分解为更好的可管理模块的方式。

（一）模块化的作用

模块化用来分割、组织和打包软件。每个模块完成一个特定的子功能，所有的模块按某种方法组装起来，成为一个整体，完成整个系统所要求的功能。

模块具有以下几种基本属性：接口、功能、逻辑、状态，功能、状态与接口反映模块的外部特性，逻辑反映它的内部特性。

在系统的结构中，模块是可组合、分解和更换的单元。模块化是一种处理复杂系统分解成为更好的可管理模块的方式，可以通过在不同组件设定不同的功能，把一个问题分解成多个小的独立、互相作用的组件，来处理复杂、大型的软件。

（二）运行模式

模块化有两种运行模式。

1. 独立的工作运行模式

各个模块可独立工作，即便单组模块出现故障也不影响整个系统工作。

2. 分级启动功能

当每组模块达到满负荷时系统会自动启动另一组模块，从而保证系统的输出始终与实际需求匹配，确保每个模块高效运行，又能节约资源，提高效率。

（三）模块化程序设计

模块化程序设计即模块化设计，属于计算机编程，简单地说就是程序的编写不是开始就逐条录入计算机语句和指令，而是首先用主程序、子程序、子过程等框架把软件的主要结构和流程描述出来，并定义和调试好各个框架之间的输入、输出链接关系。

模块化设计是绿色设计方法之一，已经从理念转变为较成熟的设计方法。将绿色设计思想与模块化设计方法结合起来，可以同时满足产品的功能属性和环境属性，还可以缩短产品研发与制造周期，增加产品系列，提高产品质量，快速应对市场变化。

软件模块是一套一致而互相有紧密关联的软件组织，包含程序和数据结构两部分。

现代软件开发往往利用模块作合成的单位，模块的接口表达了由这个模块提供的功能和调用它时所需的元素。模块是可能分开被编写的单位，使其可再用和允许广泛人员同时协作、编写及研究不同的模块。

（四）模块化本体

模块化本体是本体模块和模块之间连接的集合，本体模块之间通过接口连接，模块化本体中单个模块的更新不影响组成本体的其他模块，也不影响模块化本体整体的知识表示。

模块化本体具有以下特点：

（1）模块化本体语义的正确性和完整性。由模块组成的系统，必须准确提供组成系统的各个模块的信息，各个模块能够独立表达各自的语义。

（2）组合性。在单独模块或几个模块中成立的逻辑属性，在集成之后的系统中也应该是成立的。模块化系统的这种组合性对类似一阶逻辑那样的不可判定逻辑很有意义，因为可以从更小粒度的理论入手尝试证明属性的正确性。对可判定的逻辑而言，组合性对推理性能很有帮助。当前，一些大型本体的规模远远超出推理机的推理能力。

（3）有向性。系统应当允许模块之间有向的信息流动，使得一个模块可以在使用而不影响另一个模块。典型的例子是，领域本体使用顶层本体的知识时，领域本体的改变不能对顶层本体产生影响。

（4）可理解。模块的可理解性是为了支持系统的可维护性。基础模块的可理解性可以通过控制词汇表的规模和结构、公理集的复杂性达到；组合模块的可理解性，应该可以通过其模块的组合方式实现。

（5）稳定性。当模块化本体中的某个模块更新（即演化），或添加某个新模块的时候，系统应当保持稳定。对系统结构而言，添加新模块不会破坏原有模块之间已经建立的结构关系。

第六节　适　需　求

钢铁企业信息化集成系统的结构、硬件及软件配置应满足信息化建设总体要求，满足系统功能和性能参数指标的要求，满足分期建设及企业业务不断发展的需求；系统功能应满足企业业务流程的需求。

一、系统集成

集成是一些孤立的事物或元素通过某种方式改变原有的分散状态集中在一起，产生联系，从而构成一个有机整体的过程。也指集约度很高的生产工艺、生产设备及产品。

系统集成是通过结构化的综合布线系统和计算机网络技术，将各个分离的设备（如个人电脑）、功能和信息等集成到相互关联的、统一和协调的系统之中，使资源达到充分共享，实现集中、高效、便利的管理。系统集成应采用功能集成、BSV 液晶拼接集成、综合布线、网络集成、软件界面集成等多种集成技术。系统集成实现的关键在于解决系统之间的互连和互操作性问题，是一个多厂商、多协议和面向各种应用的体系结构。这需要解决各类设备、子系统间的接口、协议、系统平台、应用软件等与子系统、建筑环境、施工配合、组织管理和人员配备相关的一切面向集成的问题。

（一）集成分类

系统集成包括设备系统集成和应用系统集成。

1. 设备系统集成

设备系统集成，也可称为硬件系统集成，在大多数场合简称系统集成，或称为弱电系统集成，以区分于机电设备安装类的强电集成。设备系统集成指以搭建钢铁企业组织机构内的信息化管理支持平台为目的，利用综合布线技术、楼宇自控技术、通信技术、网络互联技术、多媒体应用技术、安全防范技术、网络安全技术等将相关设备、软件进行集成设计、安装调试、界面定制开发和应用支持。设备系统集成也可分为智能建筑系统集成、计算机网络系统集成、安防系统集成等。

智能建筑系统集成指以搭建建筑主体内的建筑智能化管理系统为目的，利用综合布线技术、楼宇自控技术、通信技术、网络互联技术、多媒体应用技术、安全防范技术等将相关设备、软件进行集成设计、安装调试、界面定制开发和应用支持。智能建筑系统集成实施的子系统包括综合布线、楼宇自控、电话交换机、机房工程、监控系统、防盗报警、公共广播、门禁系统、楼宇对讲、一卡通、停车管理、消防系统、多媒体显示系统、远程会议系统等。对于功能近似、统一管理的多幢住宅楼的智能建筑系统集成，又称为智能小区系统集成。

计算机网络系统集成指通过结构化的综合布线系统和计算机网络技术，将各个分离的设备（如个人电脑）、功能和信息等集成到相互关联、统一协调的系统之中，使系统达到充分共享，实现集中、高效、便利的管理。系统集成应采用功能集成、网络集成、软件集成等多种集成技术，其实现的关键在于解决系统间的互联和互操作问题，通常采用多厂家、多协议和面向各种应用的架构，需要解决各类设备、子系统间的接口、协议、系统平台、应用软件等与子系统、建筑环境、施工配合、组织管理和人员配备相关的一切面向集成的问题。

安防系统集成指以搭建企业组织机构内的安全防范管理平台为目的，利用综合布线技术、通信技术、网络互联技术、多媒体应用技术、安全防范技术、网络安全技术等将相关设备、软件进行集成设计、安装调试、界面定制开发和应用支持。安防系统集成实施的子系统包括门禁系统、楼宇对讲系统、监控系统、防盗报警、一卡通、停车管理、消防系统、多媒体显示系统、远程会议系统。安防系统集成既可作为一个独立的系统集成项目，也可作为一个子系统包含在智能建筑系统集成中。

2. 应用系统集成

应用系统集成是以系统的高度为客户需求提供应用的系统模式，以及实现该系统模式的具体技术解决方案和运作方案，即为用户提供一个全面的系统解决方案。应用系统集成已经深入到用户具体业务和应用层面，在大多数场合，应用系统集成又称为行业信息化解决方案集成。应用系统集成可以说是系统集成的高级阶段，独立的应用软件供应商将成为核心。

系统集成还包括构建各种 Windows 系统和 Linux 系统的服务器，使各服务器间可以有效地通信，给客户提供高效的访问速度。

钢铁企业信息化集成系统属于应用系统集成。

（二）系统集成的特点

系统集成有以下几个显著特点，一是系统集成要以满足用户的需求为根本出发点；二是系统集成不是选择最好的产品的简单行为，而是要选择最适合用户的需求和投资规模的产品和技术；三是系统集成不是简单的设备供货，体现更多的是设计、调试与开发的技术和能力；四是系统集成包含技术、管理和商务等方面，是一项综合性的系统工程，技术是系统集成工作的核心，管理和商务活动是系统集成项目成功实施的可靠保障；五是性能和性价比的高低是评价一个系统集成项目设计是否合理和实施是否成功的重要参考因素。

二、硬件配置

配置是把缺少的补足并且设置好。配置也是围棋术语，布阵间棋子相互之间的配合，涉及棋子位置的高低、远近、疏密等方面。

硬件配置用来表示负载均衡产品的硬件基本配置，如 CPU、内存、硬盘等参数的指标。

信息化集成系统的硬件配置指其服务器、网络、终端计算机、打印机、绘图机、显示屏、数据采集站等。

三、软件配置

钢铁企业信息化集成系统的软件配置指其系统软件、应用软件和中间软件的配置情况，也指授权情况。

（一）软件

软件在计算机科学中指与计算机系统操作有关的计算机程序、规程、规则，以及可能有的文件、文档及数据。软件是运行时能够提供所要求功能和性能的指令或计算机程序集，是程序能够满意地处理信息的数据结构，是描述程序功能需求以及程序如何操作和使用所要求的文档。

（二）软件特点

软件的特点：一是无形的，没有物理形态，只能通过运行状况来了解功能、特性和质量；二是软件渗透了大量的脑力劳动，人的逻辑思维、智能活动和技术水平是软件产品的关键；三是软件不会像硬件一样老化磨损，但存在缺陷维护和技术更新；四是软件的开发和运行必须依赖于特定的计算机系统环境，对于硬件有依赖性，为了减少依赖，开发中提出了软件的可移植性；五是软件具有可复用性，软件开发出来很容易被复制，从而形成多个副本。

（三）软件分类

软件可以应用类别和授权类别分类。

1. 按应用类别分类

按应用范围划分，一般来讲软件被划分为系统软件、应用软件和介于这两者之间的中间件。

（1）系统软件。

系统软件为计算机使用提供最基本的功能，可分为操作系统和系统软件，其中操作系统是最基本的软件。

系统软件是负责管理计算机系统中各种独立的硬件，使其可以协调工作。系统软件使得计算机使用者和其他软件将计算机当做一个整体而不需要顾及每个硬件是如何工作的。

操作系统是一种管理计算机硬件与软件资源的程序，同时也是计算机系统的内核与基石。操作系统身负诸如管理与配置内存、决定系统资源供需的优先次序、控制输入与输出设备、操作网络与管理文件系统等基本事务。操作系统也提供一个让使用者与系统交互的操作接口。

支撑软件是支撑各种软件的开发与维护的软件，又称为软件开发环境（SDE），主要包括环境数据库、各种接口软件和工具组。支撑软件包括一系列基本的工具，如编译器、数据库管理、存储器格式化、文件系统管理、用户身份验证、驱动管理、网络连接等方面的工具。

（2）应用软件。

系统软件并不针对某一特定应用领域，而应用软件则相反，不同的应用软件根据用户和所服务的领域提供不同的功能。

应用软件是为了某种特定的用途而被开发的软件，可以是一个特定的程序，可以是一组功能联系紧密、互相协作的程序的集合，可以是一个由众多独立程序组成的庞大的软件系统。

2. 按授权类别分类

不同的软件一般都有对应的软件授权，软件的用户必须在同意所使用软件的许可证的情况下才能够合法地使用软件。从另一方面来讲，特定软件的许可条款也不能够与法律相违背。

依据许可方式的不同，大致可将软件区分为 5 类：

（1）专属软件。此类授权通常不允许用户随意地复制、研究、修改或散布，违反此类授权通常会有严重的法律责任。传统的商业软件公司会采用此类授权，如微软的 Windows 和办公软件。专属软件的源码通常被公司视为私有财产而予以严密的保护。

（2）自由软件。此类授权正好与专属软件相反，赋予用户复制、研究、修改和散布这种软件的权利，并提供源码供用户自由使用，仅给予些许的其他限制。Linux、Firefox 和 OpenOffice 可作为此类软件的代表。

（3）共享软件。通常可免费地取得并使用其试用版，但在功能或使用期间上受到限制。开发者会鼓励用户付费以取得功能完整的商业版本。根据共享软件作者的授权，用户可以从各种渠道免费得到它的副本，也可以自由传播它。

（4）免费软件。免费软件为可免费取得和转载的软件，免费软件并不提供源码，也无法修改。

（5）公共软件。公共软件为原作者已放弃权利，著作权过期，或作者已经不可考究的软件。公共软件使用上无任何限制。

第七节 向 纵 深

钢铁企业基础自动化水平高低不同，有些企业自动化系统尚未覆盖核心业务及主要相关业务时，应首先提高自动化水平。

钢铁企业生产自动化系统较完善时，系统建设的重点应为其生产执行层、经营管理层与战略决策层，并将新建部分与基础自动化系统有效集成，融为一体。

一、核心业务

企业核心业务是与多元化经营相联系起来的概念，通常核心业务是指一个多元化经营的企业或企业集团中具有竞争优势并能够带来主要利润收入的业务。企业的核心业务在企业的业务组合中，一定是在这个行业中最具有竞争能力的业务。

企业的核心能力要得到市场承认，必须通过企业的产品反映出来。企业是一种或几种核心能力的组合，通过企业的核心能力，企业虽然可以衍生出许多的业务单元，也可以跨越传统的市场界限和产品界限，但企业的核心能力最终仍需通过核心产品及其组合，也就是企业的核心业务表现出来。

企业是环境中的企业，企业环境的变化以及未来的走向会对企业的战略决策产生很大的影响，企业应该不断审视自身的优势和行业的发展前景，及时对其核心业务进行必要的调整和扩张，以实现企业的平稳、高效、快速增长。

核心业务的基本特点：一是市场份额处于领先地位；二是产品盈利能力较强，有好的盈利模式，并且这种盈利模式并不容易被复制；三是具有较强的抗竞争能力，消费者对产品忠诚度很高；四是能提高企业综合能力，稳固财务基础核心业务的扩张战略和核心业务的扩张途径。

无论如何开展多元化经营，钢铁企业的核心业务是钢铁产品制造，但不同的钢铁企业有不同的核心钢铁产品。

二、自动化

（一）自动化概念

自动化是指机器设备、系统或过程（生产、管理过程）在没有人或较少人的直接参与下，经过自动检测、信息处理、分析判断、操纵控制，实现预期的目标的过程。采用自动化技术不仅可以把人从繁重的体力劳动、部分脑力劳动以及恶劣、危险的工作环境中解放出来，而且能扩展人的器官功能，极大地提高劳动生产率。因此，自动化是钢铁企业信息化的重要条件。

自动化的概念是一个动态发展过程。过去，对自动化的理解或者说自动化的功能目标是以机械的动作代替人力操作，自动地完成特定的作业，实质上是自动化代替人的体力劳动的观点。后来随着电子和信息技术的发展，特别是随着计算机的出现和广泛应用，自动化的概念已扩展为用机器（包括计算机）不仅代替人的体力劳动而且还代替或辅助脑力劳动，自动地完成特定的作业。

自动化的广义内涵至少包括以下几点：在形式方面，制造自动化有三个方面的含义，一是代替人的体力劳动，二是代替或辅助人的脑力劳动，三是制造系统中人机及整个系统的协调、管理、控制和优化；在功能方面，自动化代替人的体力劳动或脑力劳动仅仅是自动化功能目标体系的一部分，自动化的功能目标是多方面的，已形成一个有机体系；在范围方面，制造自动化不仅涉及具体生产制造过程，而且涉及产品生命周期所有过程。

（二）　自动化的范畴

自动化应用有过程自动化、机械制造自动化、管理自动化、实验室自动化和家庭自动化等。

1．过程自动化

钢铁企业生产过程自动化一般采用由检测仪表、调节器和计算机等组成的过程控制系统，对烧结机、高炉、转炉、连铸机、加热炉、轧机等设备、工序或整个企业进行最优控制。采用的主要控制方式有反馈控制、前馈控制和最优控制等。

2．机械制造自动化

机械制造自动化是机械化、电气化与自动控制相结合的结果，处理的对象是离散工件。早期的机械制造自动化是采用机械或电气部件的单机自动化或是简单的自动生产线。由于电子计算机的应用，出现了数控机床、加工中心、机器人、计算机辅助设计、计算机辅助制造、自动化仓库等，研制出适应多品种、小批量生产形式的柔性制造系统。以柔性制造系统为基础的自动化车间，加上信息管理、生产管理自动化，出现了采用计算机集成制造系统的工厂自动化。

这种应用与钢铁生产主流程无关。

3．管理自动化

钢铁企业的人、财、物、生产、办公等业务管理自动化，是以信息处理为核心的综合性技术，涉及电子计算机、通信系统与控制等学科。一般采用由多台具有高速处理大量信息能力的计算机和各种终端组成的局部网络。现在已在管理信息系统的基础上研制出决策支持系统，为高层管理人员决策提供备选的方案。

钢铁企业建设完善的信息化系统，实现两化融合，首先要完善基础自动化系统，提高基础自动化水平。

（三） 自动化系统

自动化系统由人和自动化机械设备构成，人只是管理者和监视者，机械运转不依赖于人的控制的人机系统。

人机系统有简单和复杂之分。简单的人机系统如木工用锯锯木，复杂的如驾驶飞机。一个复杂的人机系统往往包含许多个人机学系统。人机系统还可分成开环式系统与闭环式系统。闭环式人机系统中，人可以根据机器工作的反馈信息，进一步调节和控制机器的工作；开环式人机系统则不能。闭环式系统往往比开环式系统更有效。人机系统设计通常采用闭环式系统。

钢铁企业自动化系统多是生产过程的自动化，处于信息化的底层。

三、生产执行层

生产执行层指生产执行系统，也称制造执行系统，是企业在生产执行管理、计量、检化验等生产执行管理业务方面的信息化支撑手段。

系统从底层数据采集开始，到过程监测和在线管理，一直到成本相关数据管理，构成了完整的生产信息化体系。系统各功能模块提供了由底层接近于自动化系统的监控过程逐渐过渡到成本管理的经营层，可以满足企业在信息化生产管理领域不同规划阶段的要求，在继承的基础上实现信息化过程的平稳过渡、逐步提高。

钢铁企业生产执行系统平台的核心是一个工厂建模环境，通过类似搭积木的方式将不同的应用功能组合在一起来定义执行逻辑。根据物理模型（实际的设备、区域、管线等）和逻辑模型（业务流程），基于国际生产执行系统行业标准的工厂模型层次来完成工厂模型的创建，为业务模块提供基础数据支撑。

钢铁企业生产执行系统的生产过程监视侧重于生产流程和工艺过程之间物料输送、质量指标的监控，以生产过程的实时数据为基础，利用生产执行系统的组态技术，实现对生产车间、动力能源车间、辅料库、成品库等生产区域的生产进度、工艺质量、物料消耗、能源消耗、污染物脱除与排放情况进行实时监控。生产过程监控系统发现异常时可以按照预先设置做出报警。帮助企业的生产指挥调度部门进行生产协调、合理调度，提高生产的快速反应能力。

在生产过程监控的基础上，钢铁企业生产执行系统在生产计划的指导下，根据生产工艺特点组织协调生产，跟踪生产过程数据，考核各项生产指标,并通过数据分析,优化生产过程;实现计划的编制、跟踪,生产数据的分析以及考核管理等。管理者能够实时掌握全厂的投入和产出,优化决策生产,借此最大可能缩短生产时间,减少失误,降低手工和重复录入数据的相关成本。主要功能包括生产计划管理、生产组织、车间考核和人员管理、生产数据分析等子系统。

钢铁企业生产调度的职责是合理组织钢铁企业的生产活动,保证生产计划的实现。生产执行系统根据来自物料跟踪系统、能源管理系统提供的实时信息,依据调度规则或操作人员的判断,以自动或人机交互的方式执行或修正生产作业计划,更新并下发生产指令。

钢铁企业生产执行系统根据质量检验标准,实时采集来自生产现场自动化系统的质量数据,当发现生产过程有质量问题时,生产执行系统产生质量异常报警,生产管理人员根据质量控制网,找到关键工艺环节,或者关键质量人员,缩短质量问题的分析过程,加快质量异常的处理速度,提高全员质量意识,保证产品质量。钢铁企业生产执行系统的质量管理功能包括质量标准管理、过程质量控制、检测数据采集、质量统计分析、质量指标考核等功能。

生产执行系统需要与 ERP 系统、生产监控系统、原辅材料系统、成品库系统、能源管理中心系统、环境监控系统等系统进行集成。

生产执行系统处于三层体系结构的中间层,主要面向下面各二级生产单位,因此工艺特点非常明显。它根据 ERP 系统下达的生产订单或者长期计划,通过作业计划编制、作业调度、物料平衡、能源平衡、成本核算、质量管理的过程来组织生产,呈报 ERP 系统数据。

通过系统的实施,生产方式实现了五个方面的转变。一是生产从被动指挥向实时调度转变,二是质量从事后抽检向在线控制转变,三是资源从被动供应向主动供应转变,四是成本从事后核算向过程控制转变,五是管理从粗放型向质量型转变。

钢铁企业生产执行系统与办公自动化系统相结合,可以进行生产监控和数据统计、报表输出,成为生产管理的活动平台,各种生产管理活动都可以通过这个平台实现在线办公、在线调度、在线协调、在线管理,大大提高生产管理的效率。

四、经营管理层

经营管理层是企业经营管理系统,是钢铁企业资源计划系统(简称 ERP 系统),是指建立在信息技术基础上,集信息技术与先进管理思想于一身,以系统化的管理思想,为企业员工及决策层提供决策手段的管理平台,企业在财务、销售、采购、生产、质量、设备、工程、人力资源、协同办公等经营管理业务方面的信息化支撑手段。

企业资源计划(ERP)是从物料需求计划(MRP)发展而来的新一代集成化管理信息系统,扩展了物料需求计划的功能,其核心思想是供应链管理,跳出了传统企业边界,从供应链范围去优化企业的资源,优化了现代企业的运行模式,反映了市场对企业合理调配资源的要求。对于改善企业业务流程、提高企业核心竞争力具有显著作用。

企业资源计划(ERP)是针对物资资源管理(物流)、人力资源管理(人流)、财务资源管理(财流)、信息资源管理(信息流)集成一体化的企业管理软件,包含客户/服务架构,使用图形用户接口,应用开放系统制作。

ERP最大特色便是整个企业信息系统的整合,比传统单一的系统更具功能性,具有集成性、先进性、统一性、完整性、开放性。

ERP系统实际应用中更重要的是应该体现其"管理工具"的本质。ERP系统主要宗旨是对企业所拥有的人、财、物、信息、时间和空间等综合资源进行综合平衡和优化管理,ERP软件协调企业各管理部门,ERP系统围绕市场导向开展业务活动,提高企业的核心竞争力,ERP软件从而取得最好的经济效益。

ERP系统首先是一个软件,同时也是一个管理工具。ERP软件是信息技术与管理思想的融合体,ERP系统也就是先进的管理思想借助电脑来达成企业的管理目标。

五、战略决策层

战略决策层是钢铁企业战略管理系统,是指钢铁企业按照战略管理过程的要求而设立的战略管理组织、机构、制度等的总称。一个战略管理系统的规范性程度随企业的不同而不同。规范性包括系统在成员组成、职责、权力以及自由处置权等方面的明确程度。

战略管理是保证企业沿着正确的发展方向前进的系统工程,指导经营、生产、财务管理和资本经营、研究发展、资源配置、人力资源发展、信息系统建设等专项企业管理工作的策略和战术的制定和执行,并促使管理系统按战略发展的需要不断升级。战略决策程序贯穿企业各级别、各专业,决策内容涉及企业的各项技术和管理工作。完备的决策系统对于内外部环境进行持续监控和动态分析,不但能使计划赶上变化,包括管理变化、领导变化,而且可以有效地进行前瞻性决策。在战略管理范畴中，企业的经营方向和组织建设是战略管理的工作重点。

企业战略之下的管理体系实际上包括四个循环系统：一是分析循环，二是流程循环，三是绩效循环，四是能力循环。分析循环是从企业战略和环境出发，制定企业业务驱动力的管理循环活动；流程循环是按照战略经营目标规划业务流程的管理循环活动；绩效循环是从激励的角度出发，对企业员工进行激励的管理循环活动；能力循环是按照能力战略训练要求，实施有效的管理循环活动；各个管理循环活动都和管理制度紧密结合。在分析循环中必须建立战略目标分解制度和市场环境调查管理制度；流程循环中必须建立采购管理制度、仓储管理制度、销售管理制度等；绩效循环中则必须建立绩效考核管理制度、岗位评估制度等；能力循环中则必须建立职业规划制度、招聘制度、培训制度等。

在管理体系循环中，流程循环是管理的核心，企业在管理变革当中必须紧密关注流程循环管理，从而提高企业业务的经营管理水平，平衡企业在质量、服务和响应方面之间的着力点。从对上述管理循环体系理解当中，可以看到各个循环系统的管理主体恰恰构成了企业的组织结构部门，这些部门在行使部门职能的同时，从企业业务和自身能力考虑出发，将强化彼此之间的沟通效果，共同学习，形成有效的管理模式。

实现上述管理体系的目标，必然在各个管理循环体系中采取科学的管理技术，通过技术应用，规避随意性带来的管理变革失误。简单讲，在分析循环中，一套科学化的战略目标体系必然是十分重要的，只有战略目标体系的信息准确性符合市场需求，符合公司经营能力水平，才具备实际可操作性，才会对流程循环提供科学的目标指引。在分析循环中，借助 PEST 分析、SWOT 分析、五力分析、3C 分析等工具都可以实现上述的目标，从而形成有效的战略指标体系；绩效循环中常常采取基准研究法，同时参考 ESIA 的原则，是 BPR 流程再造主要遵循的管理工具；绩效循环则主要采取 KPI 绩效考核的方式，促进企业对业务的经营重点和关键绩效考核；对能力循环而言，一般是建立企业的素质能力模型。

≫ 第八节　避　风　险 ≪

钢铁企业建设信息化集成系统，应正确评估信息化系统投资风险和效益，制定企业信息化整体解决方案和分步实施策略，做好长远目标和现实之间的协调统一，规避各种风险。

一、投资风险

（一）投资风险定义

投资风险是指对未来投资收益的不确定性，在投资中可能会遭受收益损失甚至本金损失的风险，为获得不确定的预期效益，而承担的风险。

投资风险是一种经营风险，只有在风险和效益相统一的条件下，投资行为才能得到有效的调节。

投资风险是风险现象在投资过程中的表现。具体来说，投资风险就是从作出投资决策开始到投资期结束这段时间内，由于不可控因素或随机因素的影响，实际投资收益与预期收益的偏离。实际投资收益与预期收益的偏离，既有前者高于后者的可能，也有前者低于后者的可能；或者说既有蒙受经济损失的可能，也有获得额外收益的可能，这些都是投资的风险形式。

投资总会伴随着风险，投资的不同阶段有不同的风险，投资风险也会随着投资活动的进展而变化，投资不同阶段的风险性质、风险后果也不一样。投资风险一般具有可预测性差、可补偿性差、风险存在期长、造成的损失和影响大、不同项目的风险差异大、多种风险因素同时并存、相互交叉组合作用的特点。

（二）投资风险的识别

投资风险识别是风险管理人员运用有关的知识和方法，系统、全面和连续地发现投资活动所面临的风险的来源、确定风险发生的条件、描述风险的特征并评价风险影响的过程。投资风险识别是风险管理的首要步骤，只有全面地、准确地发现和识别投资风险，才能衡量风险和选择应对风险的策略。

投资风险的识别具有以下几个特点：

（1）投资风险的识别是一项复杂的系统工程。由于风险的无处不在，无时不有，决定了投资过程中的风险都属于风险识别的范围；同时，为了准确、全面地发现和识别风险，需要风险管理部门和生产部门、财务部门等方面密切配合。

（2）投资风险识别是一个连续的过程。一般来说，投资活动及其所处的环境随时都处在不断的变化中，所以，根据投资活动的变化适时、定期进行风险识别，才能连续不间断地识别各种风险。

（3）投资风险识别是一个长期过程。投资风险是客观存在的，其发生是一个渐变的过程，所以在投资风险发展、变化的过程中，风险管理人员需要进行大量的跟踪、调查。对投资风险的识别不能偶尔为之，更不能一蹴而就。

（4）投资风险识别的目的是衡量和应对风险。投资风险识别是否全面、准确，直接影响风险管理工作的质量，进而影响风险管理的成果。识别风险的目的是为衡量风险和应对风险提供方向和依据。

（三）投资风险控制的重点

1. 决策风险

决策风险是指项目立项前的决策，要不要做项目可行性研究。

2. 项目可行性研究风险

相当多的可行性报告是先定性可行，再去论证它。这是为证明自己的决策是正确的。这就是项目可行性研究风险。

3. 决策体制风险

董事会结构是否保证董事会既可以听取管理层的意见，又可以独立于管理层决策。

4. 投资成本控制风险

企业竞争力的基础在成本控制，企业的成本构成中首要的是投资成本，其次才是运营成本。

5. 投资体制风险

投资主体要尽可能地实现股权多样化，把不同利益主体引进来，将不同的资源引进来，如技术、管理、人才、渠道、品牌、资金通过分散股权而引入。

（四）风险分析

1. 程序

风险分析的程序包括风险因素识别、风险估计、风险评价和防范应对。

2. 分析内容

投资风险的因素分析包括政策法律风险、市场风险、技术风险、财务风险、经营风险，投资风险的评价包括指标体系的建立和综合评价，投资风险的对策是项目投资风险的应对策略。

3. 方法模型

采用定性与定量结合的方法估计各风险因素发生的可能性及对项目的影

响程度。对于投资风险的评价可以采取层次分析法、矩阵风险法分析风险水平，划分风险等级，另外可以采取盈亏平衡分析、敏感性分析、临界值分析以及概率分析方法对投资风险进行把控。

（五）风险防范对策

1. 风险回避

风险回避即规避风险。

2. 风险控制

在实施风险控制策略时，最好将项目每一具体风险都控制在可以接受的水平上，单个风险减轻了，整体风险就会相应降低，成功的概率就会增加。

3. 风险转移

风险转移的目的是通过若干技术手段和经济手段将风险部分或全部转移给其他人承担。

4. 风险自留

对一些无法避免和转移的风险，采取现实的态度，在不影响投资者根本利益或局部利益的前提下，自愿将风险承担下来。

二、投资收益

（一）定义

投资收益是对外投资所取得的利润、股利和债券利息等收入减去投资损失后的净收益。严格地讲，所谓投资收益是指以项目为边界的货币收入等。

投资收益既包括项目的销售收入又包括资产回收（即项目寿命期末回收的固定资产和流动资金）的价值。

（二）投资收益评价

项目投资收益评价，在进行项目的可行性研究、投资决策、方案选择、效益评估、获利能力与财务表现的比较等方面，都要进行经济分析，目的是从成本与效益的角度分析项目的经济指标和财务表现，以帮助决策者和项目团队得出正确的信息，做出科学的决策。

项目投资收益评价报告主要包括成本效益分析、投资收益率、投资回收期（静态投资回收期、动态投资回收期和差额投资回收期）、净现值、内部收益率（IRR）、盈亏平衡等内容。

研究模型和方法采用投资项目基本经济评价指标与评价方法，包括静态评价指标和动态评价指标。静态评价指标有总投资收益率、项目资本金净利润率、投资回收期、利息备付率、偿债备付率、资产负债率等，动态评价指标有项目投资财务净现值、净现值指数、项目投资财务内部收益率、项目资本金财务内部收益率、投资各方财务内部收益率等。这些指标能够专业、全面地为企业项目投资收益进行判定和评价。

三、企业信息化整体解决方案

（一）解决方案

解决方案是针对某些已经体现出的，或者可以预期的问题、不足、缺陷、需求等，所提出的一个解决整体问题的方案（建议书、计划表），同时能够确保加以有效的执行。解决方案不局限于解决本次问题，应该避免相关问题的出现，警示相关的人员，并且能够做到经验的传承积累。

解决方案必须有明确的对象，或者施行的范围和领域。

对于问题的实际分析，决定了解决方案的针对性和有效性，如果解决方案本身有欠缺，那么可能在执行中导致更多的问题，达不到预期的效果。

从统一的流程来看，解决方案直接为执行层面服务，不是简单的线性关系和单一接口。

（二）整体解决方案

整体解决方案是以客户的消费需求为中心，为客户提供"一站式"服务。整体解决方案是现代商业服务的必然产物，在不同的行业中整体解决方案的形式不一样。但其宗旨都是一样的——以消费需求为中心。

整体解决方案不仅提供产品的销售，还提供相关的技术服务、维修保养服务、使用培训服务、金融保险服务等系列服务。目的是扩大销售和从服务上增值。整体解决方案的基础构成是产品，并且加入了某些附加的元素——由用户使用基础产品而派生出来的需求所创造出的待满足的衍生产品。因此，要使一个产品升级为"整体解决方案"，其关键在于厂商所能添加的衍生产品（或称为附加值）是否能构成一个整体。

产品一般分为三个层次。核心利益层次，是指产品能够提供给消费者的基本效用或益处，是消费者真正想要购买的基本效用或益处；形式产品层次，是产品在市场上出现时的具体物质形态，主要表现在品质、特征、式样、商标、包装等方面，是核心利益的物质载体；附加产品层次，是指由产品的生产者或经营者提供的购买者有需求的产品层次，主要是帮助用户更好地使用核心利益和服务。

处于产品核心层次的是产品的使用价值，从顾客角度考虑就是需要；形式产品就是一个企业所生产的基础产品，即企业通过生产什么来满足顾客的需要；附加产品则解决了顾客在购买形式产品、使用形式产品时所产生的困惑。整体解决方案正是针对产品层次中的附加产品而言，所以一个整体解决方案的构成除了包括形式产品外还包括解决用户在购买与使用形式产品时的困难。

一个好的整体解决方案带来的利益是多方面的，对方案的提供来说，整合了资源，简化了客户流程，提高了效率，带来更好的客户满意度与忠诚度，更重要的是建立了一种区隔性的竞争优势；而对于方案的接受者来说，一站式的解决方案节约了自己的时间，把所有的问题一次性解决，更便捷、更高效也更省钱。

（三）企业信息化整体解决方案

企业信息化是指企业以业务流程的优化和重组为基础，在一定的深度和广度上利用计算机技术、网络技术和数据库技术，控制和集成化管理企业生产经营活动中的各种信息，实现企业内外部信息的共享和有效利用，以提高企业的经济效益和市场竞争力，这将涉及对企业管理理念的创新、管理流程的优化、管理团队的重组和管理手段的创新。

如果从动态的角度来看，企业信息化就是企业应用信息技术及产品的过程，或者更确切地说，企业信息化是信息技术由局部到全局，由战术层次到战略层次向企业全面渗透，运用于流程管理、支持企业经营管理的过程。这个过程表明，信息技术在企业的应用，在空间上是一个由无到有、由点到面的过程；在时间上具有阶段性和渐进性；信息化的核心和本质是企业运用信息技术，进行隐含知识的挖掘和编码化，进行业务流程的管理。

企业信息化整体解决方案就是把企业信息化系统作为整体考虑，一并做出各信息系统的方案，避免出现信息孤岛现象，保证企业信息化系统的顺畅运行。

第五章 程 序

程序的定义是为进行某项活动或过程所规定的途径，本书所称程序是为钢铁企业两化融合所规定的途径。程序可以形成文件，也可以不形成文件。

钢铁企业两化融合主要程序有策划、实施、运行、评测、改进。

➢ 第一节 策 划 ➢

策划是一种策略、筹划、谋划或者计划、打算，是个人、企业等为了达到一定的目的，充分调查市场环境及相关联的环境的基础之上，遵循一定的方法或者规则，对未来即将发生的事情进行系统、周密、科学的预测并制订科学的可行性的方案。在现代生活中，常用于形容做一件事的计划。

策划是通过实践活动获取更佳效果的智慧，是一种智慧创造行为，是一种程序，是一种对未来采取的行为做决定的准备过程，是一种构思或理性思维程序，在本质上是一种运用脑力的理性行为。

策划是一个宏观概念，通常指为达到目的，根据相关数据、资料并依靠经验或客观规律对目标的未来整体性、长期性、基本性问题的规划及规划达成中所需要的具体执行步骤的计划过程，是为达到目标执行步骤操作前所有的规划、计划思考行为的总称。

策划介于"规划"与"计划"之间，相对于"计划"，策划更富有预见性，多用于从"无"到"有"的理念创造过程中。相对于"规划"，策划更注重可执行性，是将宏观布局到细节执行的一个由大到小的完善过程。

一、确定所需新型能力及其关键指标

钢铁企业应围绕可持续竞争优势需求，对所需新型能力及其关键指标进行识别、调整、评审和确定，所确定的新型能力应能够有效支撑其获取预期的可持续竞争优势。

能力是应用知识和技能实现预期结果的本领，新型能力是钢铁企业传统

能力所不具备或比较薄弱的能力。

新型能力是指围绕钢铁企业的发展战略，所打造的信息化环境下的新型能力。新型能力是钢铁企业实现可持续竞争优势的支撑，比如高效协同的设计能力、多元化经营的竞争能力等。其中的主线是战略—优势—能力，即以钢铁企业的发展战略为出发点，获取与钢铁企业战略相匹配的可持续竞争优势，再通过打造信息化环境下的新型能力支撑其优势，这是一个循环过程。

新型能力的识别与策划是工作的基础，使用SWOT分析法来确定钢铁企业自身的竞争优势、竞争劣势、机会和威胁，从而将钢铁企业的战略与内部资源、外部环境有机结合起来。

首先根据钢铁企业的发展战略，分析信息化环境下的可持续竞争优势，确定拟打造的新型能力；制定可量化可测量的目标和相应指标，从而使新型能力与钢铁企业战略相符合，并切实可行；在目标的指引下，通过技术和管理手段完成目标，提高钢铁企业的管理水平，推动钢铁企业创新发展。对所需新型能力及其关键指标进行识别、调整、评审和确定，是钢铁企业两化融合中重要的一步。

识别企业可持续竞争优势，确定拟打造的新型能力。通过分析得出钢铁企业的核心竞争力，结合可持续竞争优势的分析识别结果，系统地建立、实施、保持和改进全过程管理机制，结合流程优化重组和经济社会发展，覆盖钢铁企业各工序和各项业务流程，强化信息通信融合发展的支撑保障作用，促使其持续受控，以形成获取所要求的新型能力，最终确定拟打造的新型能力。

两化融合新型能力以两化融合发展阶段为经，以企业管理创新要素为纬，呈现多元化发展。两化融合分为基础建设、单项应用、综合集成、协同与创新四个发展阶段，这四个阶段基本表征了当前我国广大企业的两化融合发展水平。在两化融合建设的过程中，企业的生产组织方式、经营管理方式、业务创新模式等都发生了前所未有的转变。两化融合催生了一批新产业、新业态、新技术和新模式，以协同设计和研发、协同制造或云制造、供应链协同、规模个性化定制、C2B、移动O2O、众包、云平台、大数据服务、集成创新、工业互联网和智慧工厂等为代表的新型能力不断涌现。从波特价值链的角度来看，这些企业打造的核心能力集中反映在企业的战略管理、运营管理和资源管理三个维度，具体体现在企业战略、研发设计、生产制造、营销服务、供应链、人力、财务、设备、信息等九个具体层面。

在两化融合新型能力的打造过程中，钢铁企业可结合自身情况，围绕两化融合的四个发展阶段，从企业管理创新的九个要素入手，确定新型能力打造的重点，提出多样化的需求。

两化融合管理体系是钢铁企业系统地建立、实施、保持和改进两化融合过程管理机制的通用方法，可帮助钢铁企业依据与其战略匹配的可持续竞争优势获取的需求，规定两化融合相关过程，并使其持续受控，以形成获取可持续竞争优势所要求的信息化环境下的新型能力。钢铁企业按照两化融合管理体系要求，打造互联网时代的新型能力，要推动实现战略循环、要素循环和管理循环。

一是通过"战略—可持续竞争优势—信息化环境下新型能力"的有效循环与闭环联动确保战略目标实现。从全局战略出发，识别可持续竞争优势，开展互联网环境下新型能力顶层设计，将信息网络环境下新型能力的需求作为钢铁企业两化融合工作的依据和来源；对于通过两化融合所形成的新型能力，有效评价其对于钢铁企业可持续竞争优势和发展战略的符合性和匹配性，确保通过两化融合推动战略目标的有效实现。

二是通过"数据、技术、业务流程、组织结构"的互动创新和持续优化切实打造和提升信息化环境下新型能力。将钢铁企业拟打造的新型能力分解为对技术、业务流程、组织结构和数据开发利用的具体需求，并从业务流程、组织结构、技术、数据全要素的角度将这些需求细化落实到钢铁企业所有相关的职能和层次，从而将战略要求传递到执行层，实现战略要求的有效落地。

三是通过系统的两化融合管理制度为信息化环境下新型能力的识别和打造过程提供保障。钢铁企业要从管理职责、基础保障、实施过程、评测与改进等四个方面建立和实施两化融合管理制度，确保识别和打造信息化环境下新型能力的目标、"数据、技术、业务流程、组织结构"四要素同步创新的具体需求等在两化融合实施过程中有效实现，从而推动钢铁企业战略的持续改进。

新型能力的实施过程包括能力的策划、业务流程与组织结构的优化、技术实现、数据的开发利用、运行控制。能力的控制和效果监督要通过监视测量、评估诊断、内部审核、管理评审等过程来实现。

二、两化融合实施方案

钢铁企业应围绕所需新型能力策划信息化实施方案（两化融合实施方案），明确数据、技术、业务流程、组织结构互动创新和持续优化的需求和实现方法，以有效实现预期目标。

信息化带动工业化，用信息技术改造钢铁企业，促进钢铁企业的跨越式发展、绿色发展、低碳发展和智能发展。但钢铁企业信息化过程中存在风险，在实施钢铁企业信息化、实现两化融合的工作过程中，要正确估计信息化的投资风险和效益，抓好企业信息系统的总体规划，制定实施策略，设计一个良好的钢铁企业两化融合实施方案。

（一）实施方案

实施方案是指对某项工作，从目标要求、工作内容、方式方法及工作步骤等做出全面、具体而又明确安排的计划类文书，是应用写作的一种文体。实施方案中最常要用到的是项目实施方案。

项目实施方案也叫项目执行方案，是指正式开始为完成某项目而进行的活动或工作过程的方案制定，是企事业单位项目能否顺利和成功实施的重要保障和依据。项目是指一系列独特的、复杂的并相互关联的活动，这些活动有着一个明确的目标或目的，必须在特定的时间、预算、资源限定内，依据规范完成。项目参数包括项目范围、质量、成本、时间、资源。项目实施方案则将项目所实现的目标效果、项目前中后期的流程和各项参数做成系统而具体的方案，来指导项目的顺利进行。

（二）两化融合实施方案

钢铁企业两化融合实施方案，是指在钢铁企业发展战略目标的指导下，在理解钢铁企业发展战略目标与业务规划的基础上，诊断、分析、评估钢铁企业管理和信息化现状，确定钢铁企业的可持续竞争优势，确定要打造的新型能力，优化钢铁企业业务流程，结合对钢铁行业两化融合的实践经验和对最新信息技术发展趋势的掌握，提出企业信息化建设的远景、目标和战略，制定企业信息化的系统架构，确定信息系统各部分的逻辑关系，以及具体信息系统的架构设计、选型和实施策略，确定两化融合化目标，确定所采用的硬件、软件，确定建设程序和实施步骤，提出所需条件和配合要求，明确责任、分工和建设进度、质量要求等。

钢铁企业两化融合实施方案全面系统地指导企业信息化的进程，以发展的观点进行企业信息技术的应用，及时满足企业发展的需要，以及充分有效地利用企业资源，以促进企业战略目标的实现，满足企业可持续发展的需要。

钢铁企业两化融合实施方案要与企业战略相一致，与企业发展相配合，选择与企业最匹配的技术，一体化集成，不是孤立地搞单项计算机应用。要建立在对市场的供应状况做出全面研究的基础上，充分考虑到市场的供应情况，没有软件公司的市场供应做支持，便会在信息化投资上付出昂贵的代价。

方案要具有一定的柔韧性，能适应钢铁企业未来一段时期业务模式的变化，不仅要考虑解决目前存在的问题和需求，还要考虑企业未来发展的需求。必须考虑日后所需的管理方案，考虑未来的工作流程的适应性等问题，保证具有可扩展性、技术前瞻性、接口灵活性等特点，要能适应企业管理模式与业务模式的不断变化。

集成框架要完成企业的业务过程体系、信息系统体系、应用软件体系、技术支持体系和信息系统管理体系的定义，并以此作为企业信息化的基本蓝图和宏观控制框架，开展应用软件的实施与集成，保证所建立的信息技术体系能够正确调整和连接到业务体系和经营战略上，为钢铁企业的生产经营提供有效的支持，保证所实施的信息系统具有良好的开放性、良好的可集成性和可重构能力。

三、确定规则

钢铁企业应确定策划两化融合实施方案的规则，包括确定策划的方法与过程、责任人和参与人的职责和权限等。

（一）规则

规则，是运行、运作规律所遵循的法则。

规则，一般指由团体成员共同制定、公认或由代表人统一制定并通过的，由团体的所有成员一起遵守的条例和章程。规则具有普遍性，规则也指大自然的变化规律。它存在三种形式：明规则、潜规则和元规则。明规则是有明文规定的规则，存在需要不断完善的局限性；潜规则是无明文规定的规则，约定俗成无局限性，可弥补明规则不足之处；元规则是一种以暴力竞争解决问题的规则，非道德之理的文明之道。

规则是指规定出来供大家共同遵守的制度或章程，一般会明文规定或不成文规定。而更多的时候，规则是因得到每个社会公民承认和遵守而存在的。

行为规则要有助于一种秩序的建构，必须满足两个条件：一是个人遵守这些规则；二是个人运用这些规则去实现他们自己的目的，而这些个人的目的在很大程度上则是那些确立这些规则或有权修正这些规则的人所不知道的。

正如法律领域中所发生的情形那样，如果权力机构刻意制定了某些行为规则，那么只有当这些规则成为个人计划的依据的时候，才会发挥其作用。因此，那种经由实施行为规则来维系一种自生自发秩序的做法，必须始终以长远的结果为目标；毋庸置疑，这种行为规则与那些为已知且特定目的服务的组织规则构成了鲜明的对照，这样的组织规则从根本上讲必定是以可预见的短期结果为目标的。更有甚者，上述两种规则之间的区别还导致了行政官员与法官或法律制定者在视域之间的明显区别：行政官员所关注的必定是特定且已知的结果，而法官或法律制定者所关注的则应当是对一种抽象秩序的维护，而不论特定且可预见的结果为何。集中关注特定的结果，必定会导致短视，因为只有在短期内，特定结果才是可预见的；此外，对特定结果的关注，还会导致特定利益群体之间或特定利益之间的冲突，而这种冲突也唯有通过一个权力机构的裁决（即支持一方或另一方的裁决）才能够得到解决。因此，倾力关注可见的短期结果，会一步一步地把整个社会变成一个可操纵的组织。与此同理，如果只埋头于即时性的直接结果，那么从长远的角度来看，牺牲的就肯定是自由。因此，一个由"法律支配"的社会，必须把强制完全用来实施那些有助于一种长远秩序的规则。

第一，社会生活中存在着这样一种结构，它所具有的可探知的组成部分并没有被人们理解成有意识的构造之物，甚至它们本身也没有呈现出可辨识的设计方案，而且就是在这种结构之中，也不知道有些特定的事情为什么会发生。因此，与那种刻意建构的组织相比较，上述那种结构应当是人们成功追求自己目的的一种更有效的基础。

第二，有关任何人都不知道变化的原因。这些变化所记载的事实，从整体上来说乃是任何人都不知道的。另一方面，人们对那种符合建构论唯理主义者之标准的简单明确之秩序的诉求，却必定会把那种更具包容性的秩序摧毁掉，因为这种秩序远不是人们刻意建构的。一切体制，不论是政治体制、教育体制、宗教体制还是家庭体制，都被规则所统治，企业体制也不例外。规则就是指参与者要想被体制接受并幸存下来就必须奉行的规范条例。

社会由种种规则维持着秩序，不管这种规则是人为设定的还是客观存在的，只要是规则，便具有制约性，都具有绝对的或相对的约束力。人的行为是一种在一定的范围内才可以得到许可的行为，才是可行的行为，而不是一种完全的无拘无束的行为。这种许可包括自然界的许可、社会的许可和他人的许可。这就是规则的制约性的表现。规则的制约性包含着个体切身的利害关系，是普遍存在的，也是不可消除的。

规则，其实也不是一成不变的。历史上，有许多规则随着社会的发展相继废立；现实中，也有许许多多的规则随着生活的需要而不断完善。

规则是以一种可持续可预测的方式运用信息的系统性决策程序。规则是多种多样的，规则使社会更有条理。在发展迅速、风云多变的现代社会，很多规则都不是一成不变的，人是离不开规则的。

（二）策划两化融合实施方案的规则的内容

策划两化融合实施方案的规则，包括确定策划的方法与过程、责任人和参与人的职责和权限等。

方法和过程前文已述，这里不再赘述。

1. 责任人

责任是一个人不得不做的事或一个人必须承担的事情。按照其内在的属性，责任可以分为角色责任、能力责任、义务责任和原因责任。角色责任指相同角色共性的责任范畴，可以简单理解为"在角色共性规则下应该做、必须做的事情"；能力责任指的是，超出共性角色责任要求的责任表现，具有明显的评价性，可以理解为"努力并结合能力做的事情"；义务责任指的是，没有在角色责任限定范围的责任，可以理解为"可做、可不做的事情"；原因责任指的是，原因直接导致的责任，由于存在各种原因，这些原因可以承担相应的角色责任、能力责任和义务责任。

责任是一种职责或任务，伴随着人类社会的出现而出现，有社会就有责任，身处社会的个体成员必须遵守规则和条文，带有强制性。责任有个人的责任和集体的责任。个人的责任指一个完全具备行为能力的人（成年人）所必须去履行的职责，集体的责任指一个集体必须去承担的一种职责。责任的追究一般以法律有明文规定的为准。

理性责任按照责任属性划分责任层次和范围，具有非常有效的管理意义。理性责任中的角色责任包含了传统意义上的法律责任、家庭责任；理性责任中的义务责任包括道德责任、社会责任和道义责任。理性责任的区分根据直观，易于人们判断责任的界限。

理性责任作为一种新的责任范式，对于推动全社会责任认知，改变传统的责任心和责任感空洞的说教，具有很好的推动作用，理性责任认知与管理有助于改变人们对责任的认知和实践管理意义。相信未来，理性责任的四种责任将会成为主流社会共同认可的责任范式。

责任产生于社会关系中的相互承诺，责任是一种职责和任务。身处社会的个体成员必须遵守的规则和条文，带有强制性，伴随着人类社会的出现而出现，有社会就有责任。责任感是衡量一个人精神素质的重要指标。

责任人指承担某项责任的人，这里也就是承担钢铁企业两化融合实施方案策划责任的人。

2. 职责

职责是指任职者为履行一定的组织职能或完成工作使命，所负责的范围和承担的一系列工作任务，以及完成这些工作任务所需承担的相应责任。

3. 权限

权限是职能权利范围，是指为了保证职责的有效履行，任职者必须具备的，对某事项进行决策的范围和程度。

四、综合循环

钢铁企业两化融合实施方案应综合战略循环、要素循环、管理循环和 PDCA 循环。

（一）战略循环

战略循环是战略—可持续竞争优势—新型能力循环。

战略本身就是一个循环系统，战略管理是环境与企业之间相互适应、相互影响的循环问题。为了保证企业发展战略的可持续性，需要从观念层面、制度层面、组织层面、能力层面、执行层面提供支持，保持战略的循环性。这就是战略循环系统。

（二）要素循环

要素循环是数据—技术—业务流程—组织结构四要素之间的循环。

（三）管理循环

管理循环是策划—支持、实施与运行—评测—改进循环。

（四）PDCA 循环

PDCA 是计划（Plan）、执行（Do）、检查（Check）和调整（Action）的第一个字母，PDCA 循环就是按照这样的顺序进行管理，并且循环不止地进行下去的科学程序。

1．P（Plan）计划

包括方针和目标的确定，以及活动规划的制定。

2．D（Do）执行

根据已知的信息，设计具体的方法、方案和计划布局；再根据设计和布局，进行具体运作，实现计划中的内容。

3．C（Check）检查

总结执行计划的结果，分清哪些对了，哪些错了，明确效果，找出问题。

4．A（Action）调整

对总结检查的结果进行处理，对成功的经验加以肯定，并予以标准化；对于失败的教训也要总结，引起重视。对于没有解决的问题，应提交给下一个 PDCA 循环中去解决。

以上四个过程不是运行一次就结束，而是周而复始地进行，一个循环完了，解决一些问题，未解决的问题进入下一个循环，阶梯式上升。

要求各项工作制订计划、实施计划、检查实施效果，然后将成功的纳入标准，不成功的留待下一循环去解决。

随着更多项目管理中应用PDCA循环，在运用的过程中发现了很多问题，因为 PDCA 循环中不含有人的创造性的内容。PDCA 循环只是让人如何完善现有工作，所以这导致惯性思维的产生，习惯了 PDCA 的人很容易按流程工作，因为没有什么压力让他来实现创造性。因此，PDCA 在实际的项目中有一些局限。

第二节 实 施

一、沟通合作

钢铁企业应与合作方建立有效的沟通合作机制。

（一）沟通

沟通是人与人之间、人与群体之间思想与感情的传递和反馈的过程，以求思想达成一致和感情的通畅。

沟通是为了一个设定的目标，把信息、思想和情感在个人或群体之间传递，并且达成共同协议的过程。沟通有三大要素，一是要有一个明确的目标，二是达成共同的协议，三是沟通信息、思想和情感。

沟通就是信息发送、传递与接受的行为，发送者凭借一定的渠道，将信息传递给接收者，以求对方完全理解发送者的意图。

沟通既是人际的交流，也涉及组织之间的交流。

沟通的基本结构包括信息、反馈、通道三个方面，缺少任何一个方面都完不成沟通。沟通按具体结构划分可分为非正式沟通与正式沟通两种。

语言文字运用得是否恰当直接影响沟通的效果。使用语言文字时要简洁、明确，叙事说理要言之有据，条理清楚，富于逻辑性；措辞得当，通俗易懂，不要滥用辞藻，不要讲空话、套话。非专业性沟通时，少用专业性术语。可以借助手势语言和表情动作，以增强沟通的生动性和形象性，使对方容易接受。

（二）合作

合作就是个人与个人、群体与群体之间为达到共同目的，彼此相互配合的一种联合行动、方式。

1. 合作的基本条件

成功的合作需要具备的基本条件主要有：

（1）一致的目标。任何合作都要有共同的目标，至少是短期的共同目标。

（2）统一的认识和规范。合作者应对共同目标、实现途径和具体步骤等，有基本一致的认识；在联合行动中合作者必须遵守共同认可的社会规范和群体规范。

（3）相互信赖的合作气氛。创造相互理解、彼此信赖、互相支持的良好气氛是有效合作的重要条件。

（4）具有合作赖以生存和发展的一定物质基础。必要的物质条件（包括设备、通讯和交通器材工具等）是合作能顺利进行的前提，空间上的最佳配合距离，时间上的准时、有序，都是物质条件的组成部分。

2. 合作的类型

按合作的性质，可分为同质合作与非同质合作。同质合作，即合作者无差别地从事同一活动，如无分工地从事某种劳动。非同质合作，即为达到同一目标，合作者有所分工，如按工艺流程分别完成不同的工序的生产。按照有无契约合同的标准，合作分为非正式合作与正式合作。非正式合作发生在初级群体或社区之中，是人类最古老、最自然和最普遍的合作形式。这种合作无契约上规定的任务，也很少受规范、传统与行政命令的限制。正式合作是指具有契约性质的合作，这种合作形式明文规定了合作者享有的权利和义务，通过一定法律程序，并受到有关机关的保护。按合作的参加者分，有个人间的和群体间的合作等。就合作本质而言，双方具有平等的法律地位，在自愿、互利的基础上实行不同程度的联合。

二、优化方案

钢铁企业应制定业务流程与组织结构优化方案，明确业务流程与组织结构优化的实施主体及相关方的责任和权限，确保业务流程与组织结构优化的需求得到有效安排和沟通，确保新型能力涉及的业务流程职责、部门职责与岗位职责得到合理划分、规定和沟通，并建立职责协同机制。

钢铁企业进行业务流程与组织结构优化时，应确保获得优化过程中的动态信息，并制定应对措施以确保优化过程中的冲突和风险得到有效预防和处理。

方案泛指进行工作的具体计划或对某一问题制定的规划，优化方案是经过优化改进的方案。

实施是实际的行为、实践，用实际行动去落实施行；主体是事物的主要部分，是与客体相对应的存在，哲学上指对客体有认识和实践能力的人，是客体存在意义的决定者。

相关方是与钢铁企业两化融合的业绩或成就有利益关系的个人或团体，可以是钢铁企业内部的，也可以是钢铁企业外部的。

安排是安置处理，是事先规定的程序，是一种计划。对某一时期的工作、活动有条理地做出规划、布置或就其主要内容、形式方法等提出切实可行的方案时，往往用安排这一文种。

沟通是人与人之间、人与群体之间思想的传递和反馈的过程，以求思想达成一致。

部门是组成钢铁企业整体的部分或单位，是钢铁企业内为完成规定的任务而设置的有权管辖一个或多个特定领域事物的机构。钢铁企业内承担特定任务的机构不能叫部门，如炼铁厂、炼钢厂、销售公司等，属于内部单位。即使有的组织名称叫做部，如销售部，如果其没有承担管理职能的话，也不属于部门。

岗位泛指职位，但和职位有明显不同。职位是钢铁企业重要的构成部分，泛指一个阶层（类），面更宽泛，而岗位则具体得多。职位是按规定担任的工作或为实现某一目的而从事的明确的工作行为，由一组主要职责相似的岗位所组成。

划分是把整体分成若干部分。划分也就是把一个属分为若干种，它与枚举的区别在于后者是把属于一个种的个体——列举出来。在划分中，被划分的类叫做划分的母项，划分得到的各子类叫做划分的子项。把母项划分为各子项，是依照某一或某组属性进行的，这种或这组属性叫做划分的根据、标准或原则。如依照生产方式的不同（划分的根据），把社会（划分的母项）分为原始社会、奴隶社会、封建社会、资本主义社会、共产主义（包括其低级阶段社会主义）社会（划分的各子项），这就是一个划分。对于同一个类，可以依照不同的根据进行不同的划分。划分也可以连续进行多次。

划分的规则，一是各子项之间没有共同的分子，即各子项之间是全异关系，或者说各子项不相容；二是母项的每一个分子都属于某个子项，即各子项要穷尽母项；三是每次划分必须依照同一根据；四是每次划分不能越级。

规定是决定，泛指定出具体要求，也指事先对某一事物所作关于方式、方法或数量、质量的决定。

协同是协助、会同、互相配合，是指协调两个或者两个以上的不同资源或者个体，一致地完成某一目标的过程或能力。

动态指事情变化发展的情况，指活动中的状态、状况。动态信息是指反映某项工作、活动的进程或某一事件发展变化情况的信息，其内容着重说明已经发生或正在发生的客观情况。

动态信息与其他类型的信息相比，有着非常明显的差异，最突出的一点就是以描述事物的运动变化过程为目的。其主要特点，一是变化性，是指动态信息应随着事物、事件的发展变化而采写信息，追踪事件的全过程及其每个重要的变化细节，这是一个连续的、完整的过程；二是广泛性，反映的形式多种多样，所涉及的领域包罗万象；三是时效性，是时间和效果的统一性；四是记叙性，准确地反映客观情况的发生、发展、终结及其进程、规律、特征、效应等；五是初级性，往往是仅对原始的信息材料进行初步的适当加工而成的；六是简明性，重在反映事物的客观情况。

三、达成共识

钢铁企业应管理业务流程与组织结构优化的执行过程，确保兼顾相关职能和层次的利益，与相关方进行充分沟通，达成共识。

执行是承办、经办、实施、实行。

兼顾的含义为同时照顾，考虑到两个或更多的事情，都给予关注，在同一个时间考虑到两个或更多的事情。

职能是指事物、机构本身具有的功能或应起的作用。人的职能，是指一定职位的人完成其职务的能力；事物的职能，一般等同于事物的功能；机构的职能，一般包括机构所承担的职权、作用等内容。

层次是指系统在结构或功能方面的等级秩序，具有多样性，可按物质的质量、能量、运动状态、空间尺度、时间顺序、组织化程度等多种标准划分。不同层次具有不同的性质和特征，既有共同的规律，又各有特殊规律。

利益是指人类用来满足自身欲望的一系列物质、精神需求的产品，是个人或个人的集团寻求得到满足和保护的权利、请求、要求、愿望或需求，利益是由个人、集团或整个社会的、道德的、宗教的、政治的、经济的以及其他方面的观点而创造的。

共识指一个社会不同阶层、不同利益的人所寻求的共同认识、价值、理想。

冲突是一个过程，这种过程肇始于一方感受到另一方对自己关心的事情产生消极影响或将要产生消极影响。冲突包含两个必要因素，一是被双方感知，二是存在意见的对立或不一致，并带有某种相互作用。网络上冲突是以太网中两个节点同时发送数据所致。当从这两个节点发出的帧在物理介质上相遇时，它们将会发生冲突，局域网交换机、网桥和路由器则不会。

风险是不确定性的影响，影响是指偏离预期，可以是正面的或负面的。不确定性是一种对某个事件或事件的局部的结果或可能性缺乏理解或知识方面的信息。通常，风险是通过有关可能事件和后果或两者的组合来描述其特性的，是以某个事件的后果（包括情况的变化）及其发生的可能性的组合来表述的。这里风险一词在有负面后果的可能性时使用。

风险是指在一个特定的时间内和一定的环境条件下，人们所期望的目标与实际结果之间的差异程度。钢铁企业在实现其目标的经营活动中，会遇到各种不确定性事件，这些事件发生的概率及其影响程度是无法事先预知的，这些事件将对经营活动产生影响，从而影响钢铁企业目标实现的程度。这种在一定环境下和一定限期内客观存在的、影响钢铁企业目标实现的各种不确定性事件就是风险。风险具有客观性、普遍性、必然性、可识别性、可控性、损失性、不确定性和社会性。

风险管理是一个识别、确定和度量风险，并制定、选择和实施风险处理方案的过程，预先做好事物发展过程中可能出现偏离主观预期轨道或客观普遍规律的应对措施。

处理有处置、安排、加工等意思。在实验设计中，所谓"处理"，是指诸如品种、工艺条件等因素或措施。"处理"与"解决"的区别在于，"解决"更侧重于已完成的动作，而"处理"表示正在进行的动作；"处理"与"处置"的区别在于，"处置"是指分别事理，使各得其所，而"处理"不包含这个意思。

四、技术方案

钢铁企业两化融合应制定技术方案，明确技术实现的主体及相关方的责任和权限，确保技术实现的需求得到有效安排和沟通，与业务流程及组织结构优化、数据开发利用等相关的主管部门进行沟通和确认，并得到相关管理者的批准。

技术方案是为研究解决各类技术问题，有针对性、系统性地提出的方法、应对措施及相关对策。内容可包括科研方案、计划方案、规划方案、建设方案、设计方案、施工方案、施工组织设计、投标流程中的技术标文件、生产方案、管理方案、技术措施、技术路线、技术改革方案等。

专利文献中，技术方案是指清楚完整地描述发明或实用新型解决其技术问题所采取的技术特征组合。

在实际工作中，对技术方案的提出有两种情况，一是根据需要提出某种技术方案，比如某地区缺电，提出建设核电站的技术方案，为了评价这个技术方案的经济效果，又必须同其他技术方案进行比较，其他技术方案称做"替代技术方案"，简称"替代方案"；二是为了解决某个技术经济问题，一开始就提出几种不同的技术方案。

技术方案一般具有现场可指导性，一般来说，技术方案的编制需要有一定的现场工作经验的专门技术人才来编制。技术方案一旦经过相关部门的审核生效，各审核单位将负相应的责任，甚至要负法律责任。技术方案的编制是一项较为严肃性、科学性的工作。

确认，指明确辨认。"确认"并不具备"承认"和"肯定"的意思，其着重强调的是对事物进行"肯定"时所发生的过程，而不是对事物的直接"肯定"。

五、资源处置

钢铁企业应根据业务流程与组织结构优化方案和技术方案，管理技术获取过程，确保必要基础资源的数字化和标准化、所获取技术的有效性，确保技术知识向应用主体有效转移。

钢铁企业进行技术实现时，应能获得技术实现过程中的动态信息，制定相应措施以有效防范技术风险，必要时对技术实现过程实施监控和测量。

技术是制造一种产品的系统知识，所采用的一种工艺或提供的一项服务，不论这种知识是否反映在一项发明、一项实用新型、一项外观设计或者一种植物新品种，或者反映在技术情报或技能中，或者反映在专家为设计、安装、开办或维修一个工厂或为管理一个企业或其活动而提供的服务或协助等方面。

一项技术是关于某一领域有效的科学（理论和研究方法）的全部，以及在该领域为实现公共或个体目标而解决设计问题的规则的全部。

获取，指取得、猎取。

基础指建筑底部与地基接触的承重构件，作用是把建筑上部的荷载传给地基。基础也泛指事物发展的根本或起点。

资源在信息技术中指对话框及其上面的控件的大小、位置、字体等信息。这些信息就是资源，在程序中就是不变的常量。早期的资源文件一般都被嵌入到程序中，人们可以使用一些工具在 dll 或 exe 中读取这些资源。随着计算机技术的飞速发展，资源的类型也越来越丰富。

数字化是将许多复杂多变的信息转变为可以度量的数字、数据，再以这些数字、数据建立起适当的数字化模型，将其转变为一系列二进制代码，引入计算机内部进行统一处理。数字化的另一个解释是数字化将任何连续变化的输入如图画的线条或声音信号转化为一串分离的单元，在计算机中用 0 和 1 表示。通常用模数转换器执行这个转换。

数字化是数字计算机的基础，是多媒体技术的基础，是软件技术的基础，是智能技术的基础，也是信息社会的技术基础。

标准化是指在经济、技术、科学和管理等社会实践中，对重复性的事物和概念，通过制订、发布和实施标准达到统一，以获得最佳秩序和社会效益。

标准化的基本原理通常是指统一原理、简化原理、协调原理和最优化原理。

统一原理是为了保证事物发展所必须的秩序和效率，对事物的形成、功能或其他特性，确定适合于一定时期和一定条件的一致规范，并是这种一致规范与被取代的对象在功能上达到等效。统一原理包括的要点，一是统一是为了确定一组对象的一致规范，其目的是保证事物所必须的秩序和效率；二是统一的原则是功能等效，从一组对象中选择确定一致规范，应能包含被取代对象所具备的必要功能；三是统一是相对的，确定的一致规范，只适用于一定时期和一定条件，随着时间的推移和条件的改变，旧的统一就要由新的统一所代替。

简化原理是为了经济有效地满足需要，对标准化对象的结构、形式、规格或其他性能进行筛选提炼，剔除其中多余的、低效能的、可替换的环节，精炼并确定出满足全面需要所必要的高效能的环节，保持整体构成精简合理，使之功能效率最高。简化原理的要点，一是简化的目的是为了经济，使之更有效地满足需要；二是简化的原则是从全面满足需要出发，保持整体构成精简合理，使之功能效率（功能满足全面需要的能力）最高；三是简化的基本方法是对处于自然状态的对象进行科学的筛选提炼，剔除其中多余的、低效能的、可替换的环节，精炼出高效能的能满足全面需要所必要的环节；四是简化的实质不是简单化而是精练化，其结果不是以少替多，而是以少胜多。

协调原理是为了使标准的整体功能达到最佳，并产生实际效果，必须通过有效的方式协调好系统内外相关因素之间的关系，确定为建立和保持相互一致，适应或平衡关系所必须具备的条件。协调原理的要点，一是协调的目的在于使标准系统的整体功能达到最佳并产生实际效果；二是协调对象是系统内相关因素的关系以及系统与外部相关因素的关系；三是相关因素之间需要建立相互一致关系，相互适应关系，相互平衡关系，为此必须确立条件；四是协调的有效方式是有关各方面的协商一致，多因素的综合效果最优化，多因素矛盾的综合平衡等。

有效是能实现预期目的、有效果，有效性是完成策划的活动并得到策划结果的程度。

转移，意为将某物移动到某地。技术转移是从研发或应用主体移动到另一个应用主体。

实现是指事件或状态的发生，是指使成为现实。

监控是监视和控制。

测量是按照某种规律，用数据来描述观察到的现象，即对事物作出量化描述。测量是对非量化实物的量化过程。测量的四个要素：一是测量的客体即测量对象，二是计量单位，三是测量方法，四是测量的准确度。

六、建设

建设是建立、设置，是指创立新事业，增加新设施，充实新精神。

钢铁企业要按照两化融合实施方案和技术方案，购置相应的硬件，购买和开发相应的软件，优化业务流程和企业组织结构，建设信息化平台，实现两化融合。

第三节 运 行

一、数据开发利用

钢铁企业确保获得数据开发利用过程中的动态信息，制定措施有效防范数据开发利用风险，充分开发利用数据。

（一）价值共识

钢铁企业应确保对数据开发利用的价值形成共识。

数据是关于客体的事实，客体是可感知或可想象到的任何事物，是物质或非物质的。

开发是开掘、发掘，利用意思是利于发挥效用。

数据开发利用是指利用一些工具或方法将可以为人们服务的数据进行运算、处理或利用进而为人类服务的行为。

价值泛指客体对于主体表现出来的积极意义和有用性。

数据的开发利用，对于企业存在不同的价值，包括对生产过程控制的作用、对企业管理的作用、对企业经营的作用等。钢铁企业应对此形成共识。

（二）数据开发利用方案

钢铁企业应制定数据开发利用方案，明确数据开发利用的主体及相关方的责任和权限，确保数据开发利用的需求得到有效安排和沟通，与业务流程及组织结构优化、技术实现相关的主管部门等进行沟通和确认，并得到相关管理者的批准。

数据开发利用的相关方包括企业所有者、企业管理者、企业职能部门、企业生产岗位的操作者、供应商、顾客、政府和社会等。

（三）数据利用方式

钢铁企业组织应有效地开发利用数据，加快技术、业务流程、组织结构的同步创新和持续优化。数据可以进行以下利用。

1. 累积、清理和重构

选择所需的数据，进行跨时间、跨职能、跨层次的累积、清理和重构。

累积是积累、聚积，与累计有所区别，累计同累加，指前几个与后几个的结合，加起来计算。数据累积是长期保存数据。

清理指彻底整理或处理、治理，用来自多个联机事务处理（OLTP）系统的数据生成数据仓库的进程的一部分。该进程必须解决不正确的拼写、两个系统之间冲突的拼写规则和冲突的数据之类的错误。编码或把资料录入时的错误，会威胁到测量的效度，测量效度即测量结果的有效性，也就是测量结果与所要测量的事物属性实际水平之间的符合程度。数据清理主要解决数据文件建立中的人为误差，以及数据文件中一些对统计分析结果影响较大的特殊数值。常用的数据清理方法包括可编码式清理和联列式清理。

数据清理是一个过程，包括两步，第一步是偏差检验，第二步是数据变换，同时这两步迭代进行。

数据重构是数据从一种几何形态到另一种几何形态，数据从一种格式到另一种格式的转换，包括结构转换、格式转换、类型替换等（数据拼接、数据裁剪、数据压缩等），以实现空间数据在结构、格式、类型上的统一，多源和异构数据的连接与融合。

2. 数据应用模型

建立适用的数据应用模型，进行评审和批准后在业务系统中部署相应的数据应用模型。

（1）数据模型。

模型是现实世界的抽象。系统建模是对研究的实体进行必要的简化，并用适当的变现形式或规则把其主要特征描述出来，所得到的系统模仿品称之为模型。

数据模型是数据特征的抽象，是数据库管理的教学形式框架，数据库系统中用以提供信息表示和操作手段的形式构架。数据模型包括数据库数据的结构部分、数据库数据的操作部分和数据库数据的约束条件。

（2）数据模型的组成。

数据模型所描述的内容包括数据结构、数据操作、数据约束。

1）数据结构。数据模型中的数据结构主要描述数据的类型、内容、性质以及数据间的联系等。数据结构是数据模型的基础，数据操作和约束都基本建立在数据结构上。不同的数据结构具有不同的操作和约束。

数据结构是目标类型的集合。目标类型是数据库的组成成分，一般可分为两类，即数据类型、数据类型之间的联系。数据类型如数据库任务组网状模型中的记录型、数据项，关系模型中的关系、域等。联系部分有数据库任务组网状模型中的系型等。数据操作部分是操作算符的集合，包括若干操作和推理规则，用以对目标类型的有效实例所组成的数据库进行操作。数据约束条件是完整性规则的集合，用以限定符合数据模型的数据库状态，以及状态的变化。约束条件可以按不同的原则划分为数据值的约束和数据间联系的约束、静态约束和动态约束、实体约束和实体间的参照约束等。

2）数据操作。数据模型中数据操作主要描述在相应的数据结构上的操作类型和操作方式。

3）数据约束。数据模型中的数据约束主要描述数据结构内数据间的语法、词义联系、之间的制约和依存关系以及数据动态变化的规则，以保证数据的正确、有效和相容。

（3）数据模型的类型。

数据模型按不同的应用层次分为概念数据模型、逻辑数据模型、物理数据模型等三种类型。

1）概念模型。概念模型是面向数据库用户的现实世界的模型，主要用来描述信息世界的概念化结构，使数据库的设计人员在设计的初始阶段摆脱计算机系统及数据管理系统的具体技术问题，集中精力分析数据以及数据之间的联系等，与具体的数据管理系统无关。概念数据模型必须换成逻辑数据模型，才能在数据管理系统中实现。

概念模型用于信息世界的建模，一方面应该具有较强的语义表达能力，能够方便地直接表达应用中的各种语义知识；另一方面应该简单、清晰、易于用户理解。概念数据模型中最常用的是 E-R 模型、扩充的 E-R 模型、面向对象模型及谓词模型。

E-R 模型即实体-联系模型，其构成成分是实体集、属性和联系集。其表示方法一是实体集用矩形框表示，矩形框内写上实体名；二是实体的属性用椭圆框表示，框内写上属性名，并用无向边与其实体集相连；三是实体间的联系用菱形框表示，联系以适当的含义命名，名字写在菱形框中，用无向连线将参加联系的实体矩形框分别与菱形框相连，并在连线上标明联系的类型，即 1-1、1-N 或 M-N。E-R 模型也称为 E-R 图。

E-R 模型提供不受任何 DBMS 约束的面向用户的表达方法，在数据库设计中被广泛用作数据建模的工具。建立 E-R 模型是数据库概念设计的重要内容，而概念设计是设计阶段的组成部分。同时建立 E-R 模型的工作，属于软件生命周期的设计阶段。

2）逻辑模型。逻辑模型是指数据的逻辑结构。逻辑建模是数据仓库实施中的重要一环，能直接反映出业务部门的需求，同时对系统的物理实施有着重要的指导作用，其作用在于可以通过实体和关系勾勒出企业的数据蓝图。

逻辑模型是用户从数据库所看到的模型，是具体的数据管理系统所支持的数据模型，如网状数据模型、层次数据模型、关系数据模型等。此模型既要面向用户，又要面向系统，主要用于数据库管理系统的实现。

在数据库中，逻辑模型有关系、网状、层次，可以清晰表示各个关系。

在管理信息系统中，逻辑模型是着重用逻辑的过程或主要的业务来描述对象系统，描述系统要"做什么"，或者说具有哪些功能。

3）物理模型。物理模型是构建数据仓库的物理分布模型，主要包含数据仓库的软硬件配置、资源情况以及数据仓库模式。物理模型是面向计算机物理表示的模型，描述了数据在储存介质上的组织结构，不仅与具体的数据库管理系统有关，而且还与操作系统和硬件有关。每一种逻辑数据模型在实现时都有其对应的物理数据模型。数据库管理系统为了保证其独立性与可移植性，大部分物理数据模型的实现工作由系统自动完成，而设计者只设计索引、聚集等特殊结构。

3. 内外部服务

钢铁企业既可以利用外部的数据服务，也可以开发内部的数据，为外部提供服务。

外部指企业外部，包括政府、供方、客户、社会等。

外部数据包括政府的政策文件，供方材料的性能、质量、价格、交货期等数据，客户对产品的质量要求，社会对钢铁企业提供的服务等。

二、优化调整

钢铁企业应进行数据、技术、业务流程、组织结构的匹配性调整，明确在合理的时间范围内组织开展试运行；必要时开展业务流程与组织结构的优化调整，开展技术实现的优化调整，开展数据开发利用的优化调整；确保在合理的时间范围内实现数据、技术、业务流程、组织结构的有效匹配。

（一）匹配性调整

匹配一般指配合或搭配；调整是改变原有的情况，重新调配整顿，使其适应客观环境和要求，发挥更大的作用。

数据、技术、业务流程、组织结构四个要素必须匹配才能发挥最大的作用，当其中出现不匹配情况时，就要进行匹配性调整。

钢铁企业信息化系统建成后，要进行试运行。在试运行中，可以充分暴露数据、技术、业务流程、组织结构四个要素的匹配性问题，并可及时进行四要素之间的匹配性调整。

（二）优化调整

系统运行后，四要素之间已基本匹配。但企业的业务流程与组织结构之间，可能还存在进一步优化的空间，进行优化调整可使系统运行更为顺畅。

必要时可开展业务流程与组织结构的优化调整，同时开展技术实现和数据开发利用，使数据、技术、业务流程、组织结构四个要素有效匹配，发挥出应用的作用。

三、建章立制

钢铁企业应建立规范的数据、技术、业务流程、组织结构的制度和规范，及时沟通、确认和批准这些制度和规范，并采取相应措施确保制度和规范得以有效执行。

钢铁企业应形成适当的规定，建立风险防范制度，确保正式运行时风险得到有效控制。

制度是要求钢铁企业员工共同遵守的办事规程或行动准则，是钢铁企业两化融合系统有效、顺利运行的基础之一。

规范是阐明要求的文件；要求是明示的、通常隐含的或必须履行的需求或期望，可由不同的相关方或钢铁企业提出；通常隐含是指钢铁企业和相关方的惯例或一般做法，所考虑的需求或期望是不言而喻的。如两化融合管理体系手册、两化融合实施方案、技术方案、技术图纸、程序文件、作业指导书都是规范。

规范是为群体所确立的行为标准，是明文规定或约定俗成的标准，具有明晰性和合理性。

制度和规范只有有效执行才能体现其效力。

第四节　评测和改进

评测是对钢铁企业两化融合系统的评估和测试。评估是评价、估量、测算，测试是对钢铁企业两化融合系统的性能进行测量。

改进是改变原有状况，使之得到提高，是提高价值或质量使之更有利可图、更优良、更受人欢迎。

一、评测方法和内容

钢铁企业应参考 GB/T 23020—2013《工业企业信息化和工业化融合评估规范》制定其两化融合评估体系，采取适宜的方法，确定、收集和分析适当的数据，对其两化融合进行评估、分析和诊断，寻找改进机会。评估内容应涵盖业务流程与组织结构优化、技术实现、数据开发利用与打造的新型能力及其目标的适宜性；新型能力目标的达成情况；可持续竞争优势的获取结果。

（一）评估原则

钢铁企业两化融合系统应坚持科学性原则、实效性原则、可操作性原则和可扩展性原则。

1. 科学性原则

评估框架结构应相对稳定，能够反映两化融合发展阶段，指明发展路径。评估指标应能够表征两化融合的内涵和特征。数据采集应准确可控。评估方法应能够有效支持两化融合水平、能力和效能、效益的评估、分析、诊断和改进。

2. 实效性原则

借鉴先进实用的评估方法，吸取工业实践和企业典型案例经验，反映钢铁企业两化融合的发展现状和趋势，在信息技术与工业技术紧密结合环境下，应以评估企业两化融合的水平、能力和效能、效益为重点，引导钢铁企业业务实推进两化融合深入发展。

3. 可操作性原则

评估指标宜易于选取，指标体系宜易于构建。评估数据宜易采集、可分析。评估方法宜便捷有效。

4. 可扩展性原则

随着两化融合不断深入发展和工业企业实践经验的不断丰富，应实现不断优化和完善。

（二）评估框架

评估框架包括水平、能力评估和效能、效益评估两个部分。水平与能力评估包括钢铁企业两化融合的基础建设、单项应用、综合集成、协同与创新等四个主要评估方面，提出各方面与不同水平与能力级别相关的评估关键要素，并给出各要素的评估要点。效能、效益评估包括竞争力、经济和社会效益等两个主要评估方面。

（三）评估内容

基础建设旨在通过评估两化融合基础设施和条件建设情况，衡量两化融合基本资源保障的水平与能力级别，主要评估内容包括与"财"相关的资金投入、与"人"相关的组织和规划、与"物"相关的设备设施、与"信息"相关的信息资源、与"安全"相关的信息安全等。

单项应用、综合集成、协同与创新的主要评估内容分别从产品、企业管理、价值链三个维度展开。

单项应用旨在通过评估信息技术在企业部门级单一业务环节中的应用情况，衡量信息技术与工业技术以及企业单项业务的结合和融合的水平与能力级别，主要评估内容包括产品研发、产品设计、工艺设计、生产管理、生产制造、采购管理、销售管理、财务管理、质量管理、计量管理、能源管理、环境管理、安全管理、项目管理、设备管理、人力资源管理、办公管理等。

二、改进

当未能达到预期结果时，钢铁企业应采取适当的措施进行改进。

第六章 功　　能

功能是指事物或方法所发挥的有利作用，是效能。

系统功能是反映系统与外部环境的关系，表达出系统的性质和行为，泛指系统的整体表现，是系统最终实现目标的关键所在。

从控制论的角度来说，系统功能是指系统的"输出"。

第一节　系统构架

钢铁企业两化融合系统应涵盖企业产品设计、生产制造、经营管理和营销服务的各重点业务环节，以产供销管理系统为核心，整合电子商务系统、数据分析与决策支持系统、过程控制系统、计量管理系统、检化验系统、能源管理系统、环境监测保护系统、物流管理系统等系统，实现研产供销、经营管理与生产控制、业务与财务全流程的无缝衔接和综合集成。根据企业需要，还可选配战略管理系统和研发、设计管理系统。钢铁企业两化融合系统构架示意如图6-1所示。

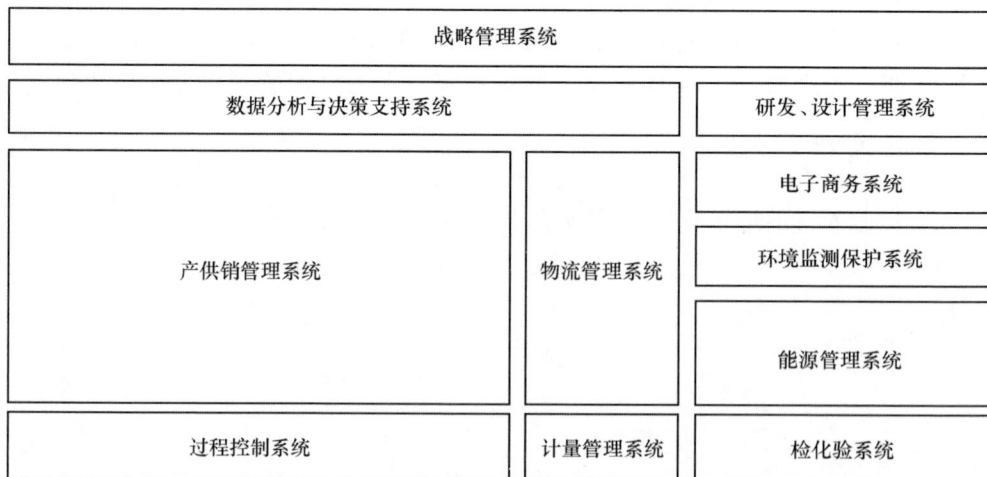

图6-1　钢铁企业两化融合系统构架示意图

钢铁企业两化融合系统需要整体规划，可根据企业实际情况，首先选配基本系统，再分期建设，逐步配置到完善的系统。

第二节　产供销管理系统功能

钢铁企业产供销管理系统包括经营管理层和制造执行层两个层面的功能。其中，经营管理层系统应具备采购管理、销售管理、设备管理、成本管理、财务管理、人力资源管理等功能，还可选配顾客与市场管理功能。制造执行层包括铁区 MES 和钢轧 MES。铁区 MES 应具备原料计划、生产计划、配料管理、质量管理、仓库管理、生产实绩与跟踪、铁水调度、铁水罐管理等功能；钢轧 MES 应具备质量管理、生产合同管理、作业计划管理、物料跟踪与实绩管理、仓库管理、发货作业管理、工器具管理等功能。

一、采购管理

采购是指钢铁企业在一定的条件下从供应市场获取原料、燃料、辅助材料和备品备件，以保证钢铁企业生产及经营活动正常开展的一项经营活动。

钢铁企业采购的原料、燃料主要有铁精粉、铁矿石、洗精煤、焦炭、石灰或石灰石、白云石等，采购的辅助材料有耐火材料、水质稳定剂等，采购的备品备件主要有轧机、连铸机、烧结机、制氧机、风机、水泵、压缩机、除尘器、汽轮发电机组等的备件以及电动机等整机备品。

采购管理功能覆盖公司的主原料和资材备件的采购业务，主要包括：

（1）发出有供应商名字的原辅材料、燃料、备件、工具、设备和其他所需物料的订单。

（2）监视采购进程并向申请人报告。

（3）物品到货并认可后，发放进货支付发票。

（4）汇集和处理原材料、备件等的单位请求。

（5）将订单发给供应商。

二、销售管理

销售是指以卖出、租赁或其他任何方式向第三方提供钢铁产品和/或服务的行为，包括为促进这种行为进行的有关辅助活动；销售能够找出钢铁产品所能提供的特殊利益，满足客户的特殊需求。

销售是一种点对点的营销方式。点与点之间不是一条直线，而是绕过所有障碍的一条曲线。

钢铁企业销售的主要是钢材等主产品，也包括铸造生铁、连铸坯等中间产品、高炉渣等固体废弃物及焦炉煤气、转炉煤气、高炉煤气、蒸汽、热水等二次能源和载能体。

销售管理以销售订单为源头，一切主营业务围绕销售订单而展开，是生产组织、发货以及月末结算和销售收入核算等工作的依据。销售管理功能主要包括：

（1）建立客户档案。

（2）管理产品的定价和报价。

（3）支持期货、现货等各种类型订单的订立、变更、撤销、结案等业务，并在订单释放前进行充分的业务评审。

（4）开具提单，组织成品发货业务，在生成提单前对货款进行校验，发货确认后形成码单。

（5）根据码单形成结算清单，作为财务开票依据。

（6）对异议立案、实物确认、理赔处理、整改措施的全过程进行管理。

（7）跟踪销售订单执行情况。

三、设备管理

设备通常指可供人们在生产中长期使用，并在反复使用中基本保持原有实物形态和功能的生产资料和物质资料的总称。设备是钢铁企业生产正常进行的物质基础之一。

设备管理是以设备为研究对象，追求设备综合效率，应用一系列理论、方法，通过一系列技术、经济、组织措施，对设备的物质运动和价值运动进行全过程的科学型管理。

设备管理功能计划、协调和跟踪维护设备和相关资产，确保设备的可用性，支持运行、点检、检修等现场设备管理。主要包括：

（1）建立设备台账。

（2）提供现有设备设施的维护。

（3）制定并执行预防性维护计划。

（4）监视设备以预测故障，其内容包括自检和提供诊断程序。

（5）发出物料和备件的定购单请求。

（6）拟定维护成本报告。

（7）为过程支持工程提供性能和可靠性的状态与技术反馈。

四、成本管理

成本是为过程增值和结果有效已付出或应付出的资源代价。

钢铁企业成本是生产和销售一定种类与数量钢铁产品耗费铁矿石等资源用货币计量的经济价值。

成本管理是指钢铁企业生产经营过程中各项成本核算、成本分析、成本决策和成本控制等一系列科学管理行为的总称。成本管理由成本规划、成本计算、成本控制和业绩评价四项内容组成。成本规划是根据企业的竞争战略和所处的经济环境制定的，也是对成本管理做出的规划，为具体的成本管理提供思路和总体要求；成本计算是成本管理系统的信息基础；成本控制是利用成本计算提供的信息，采取经济、技术和组织等手段实现降低成本或成本改善目的的一系列活动；业绩评价是对成本控制效果的评估，目的在于改进原有的成本控制活动和激励约束员工和团体的成本行为。

成本管理功能对生产经营情况进行收集，实现按品种、工序、规格、班组、日核算成本，支持钢铁企业内部成本控制，提供成本分析手段以支持成本决策。成本管理功能主要包括：

（1）计算和报告产品总成本。

（2）向生产部门报告成本计算结果以做调整。

（3）为生产设定成本目标。

（4）收集原材料、劳动力、能源和其他要传送到会计部门的成本。

（5）计算和报告总生产成本，向生产部门报告成本计算结果以做调整。

（6）为物料和能源供应及分配设定成本目标。

五、财务管理

财务就是财产和债务。财务管理是在一定的整体目标下，关于资产的购置，资本的融通和经营中现金流量，以及利润分配的管理。

财务管理的基本原则包括系统性原则、现金平衡原则、收益风险原则以及利益协调原则。系统性原则是指财务管理是集团各成员企业管理系统的一个子系统，本身又由筹资管理、投资管理、分配管理等诸多子系统构成。现金平衡原则是指在财务管理中，贯彻的是收付实现制，而非权责发生制，客观上要求在财务管理过程中做到现金收入（流入）与现金支出（流出）在数量上、时间上达到动态平衡，即现金流转平衡。保持现金收支平衡的基本方法是现金预算控制。现金预算可以说是筹资计划、投资计划、分配计划的综合平衡，因而现金预算是进行现金流转控制的有效工具。收益风险原则是指在财务管理的过程中，要获取收益，总得付出成本，而且面临风险，因此成本、收益、风险之间总是相互联系、相互制约的。财务管理人员必须牢固树立成本、收益、风险三位一体的观念，以指导各项具体财务管理活动。利益协调原则是指企业在进行财务活动时，离不开处理与所有者、债权人、经营者、职工、内部各部门、债务人、被投资企业、国家（政府）、社会公众等利益主体之间的财务关系。从这个角度来说，财务管理过程，也是一个协调各种利益关系的过程。利益关系协调成功与否，直接关系到财务管理目标的实现程度。国家法律法规、企业契约（合同）、企业章程及内部财务管理制度，均是企业处理财务关系的规范。

财务管理功能主要包括：

（1）全面预算管理。实现经营预算、财务预算及专门决策预算的全面预算管理。

全面预算管理是利用预算对钢铁企业内部各部门、各单位的各种财务及非财务资源进行分配、考核、控制，以便有效地组织和协调企业的生产经营活动，完成既定的经营目标。

全面预算是单位奋斗目标的具体化，是协调各部门的重要手段，是控制日常经济活动的工具，是业绩考核的标准。

全面预算编制完成后，还要控制执行，包括全面预算的分解、执行和调整。

（2）总账管理。总账作为存储会计信息的中央信息库，可实现科目、凭证、期间、币种、汇率、报表等财务会计的基本管理，并可提供开放的标准接口，实现与各业务模块的集成。

总账管理是钢铁企业一切账务系统的核心，是企业会计信息的中央处理器，是所有子账户的信息存储器，反映所有子账户的财务和现金活动。

总账管理应提供一个完整的财务管理核算及分析流程。总账管理的主要作用是记录企业的财务活动，并生成财务报表和管理报表，以帮助企业内外人士进行决策。钢铁的生产制造系统、项目管理系统、人力资源管理系统、客户关系管理系统等各个系统都可以通过总账管理系统实现信息的共享。

（3）应收账款管理。实现客户、银行、应收发票、收款、核销的过程管理，同时可实现与销售、资金、总账等模块的集成。

应收账款管理是钢铁企业在赊销业务中，从将钢铁产品、衍生产品或服务提供给受买方、债权成立开始，到款项实际收回或作为坏账处理结束，钢铁企业采用系统的方法和科学的手段，对应收账款回收全过程所进行的管理。广义的应收账款管理，一是从债权开始成立到应收账款到期日这段时间的管理，即拖欠前的账款管理；二是应收账款到期日后的账款管理，即拖欠后的账款管理。

（4）应付账款管理。实现供应商、预付款、付款、发票、核销的过程管理，实现与采购、资产、资金、合同、总账等模块的集成。

应付账款管理是钢铁企业欠供货商或工程承包商的货款或工程款等即本单位欠其他单位的相关业务款项的管理。要根据合同执行情况，在规定期间支付给对方。

（5）固定资产管理。实现固定资产的增加、调整、转移、报废、折旧等功能。

企业固定资产管理的基本要求：一是保证固定资产的完整无缺；二是提高固定资产的完好程度和利用效果；三是准确核定固定资产的需用量；四是采用适当的折旧方法，正确计算固定资产折旧额；五是科学地进行固定资产的投资预测。

（6）资金管理。实现资金预算、资金结算、资金监控、票据管理、保函管理、融资信贷管理银企直连接口等全过程资金管控。

资金管理是对钢铁企业资金来源和资金使用进行计划、控制、监督、考核等项工作的总称，是财务管理的重要组成部分，包括固定资金管理、流动资金管理和专项资金管理。

资金管理的主要目的是组织资金供应，保证生产经营活动不间断地进行；不断提高资金利用效率，节约资金；提出合理使用资金的建议和措施，促进生产、技术、经营管理水平的提高。

（7）费用管控。实现管理费用、运营费用、建设费用、工程费用等从预算到核算全过程的费用管控。

费用管控是钢铁企业在经营过程中，对日常费用的有效管理控制能力。费用的管控以销售收入为前提，费用管控要结合企业盈利去制定；企业是自负盈亏的，在经营过程中必须合理控制费用才能保证自己的盈利能力。

六、人力资源管理

人力资源指一定时期内钢铁企业所拥有的能够被其所用，且对价值创造起贡献作用的人的总称。人力资源体现在人的教育、能力、技能、经验、体力等方面。

人力资源管理是指根据企业发展战略的要求，有计划地对人力资源进行合理配置，通过对企业中员工的招聘、培训、使用、考核、激励、调整等一系列过程，调动员工的积极性，发挥员工的潜能，为企业创造价值，给企业带来效益。确保企业战略目标的实现，是企业的一系列人力资源政策以及相应的管理活动。这些活动主要包括企业人力资源战略的制定，员工的招募与选拔，培训与开发，绩效管理，薪酬管理，员工流动管理，员工关系管理，员工安全与健康管理等。即企业运用现代管理方法，对人力资源的获取（选人）、开发（育人）、保持（留人）和利用（用人）等方面所进行的计划、组织、指挥、控制和协调等一系列活动，最终达到实现企业发展目标的一种管理行为。

钢铁企业人力资源管理是通过对钢铁企业员工和事物的管理，处理员工与员工之间的关系，员工与事物的配合，充分发挥员工的潜能，并对员工的各种活动予以计划、组织、指挥和控制，以实现企业的目标。

人力资源管理功能主要包括：

（1）人力资源规划。人力资源规划是指钢铁企业为实施发展战略完成的生产经营目标，根据内外环境和条件的变化，通过对未来的人力资源的需要和供给状况的分析及估计，运用科学的方法进行组织设计，对人力资源的获取、配置、使用、保护等各个环节进行职能性策划，制定人力资源供需平衡计划，以确保钢铁企业在需要的时间和需要的岗位上，获得各种必需的人力资源，保证事（岗位）得其人、人尽其才，从而实现人力资源与其他资源的合理配置，有效激励、开发员工的规划。

（2）招聘与配置。招聘是员工招聘，是招募与聘用的总称，为钢铁企业中空缺的职位寻找到合适人选。钢铁企业通过制订招聘计划，并且通过一定方式录取新员工。

招聘即企业通过劳动力或人才市场获取人力资源的活动，是企业根据自身发展的需要，依照市场规则和企业人力资源规划的要求，通过各种可行的手段及媒介，向目标公众发布招聘信息，并按照一定的标准来招募、聘用企业所需人力资源的全过程。

配置就是把缺少的补足并且设置好，是采取科学的人员测评方法选择合适的人来填补职务空缺的过程。

招聘与配置的内容是确定缺员岗位，制定招聘计划，实施员工招聘。

（3）培训与开发。培训就是培养和训练，是通过培养加训练使受训者掌握某种技能的方式。通过目标规划设定、知识和信息传递、技能熟练演练、作业达成评测、结果交流公告等现代信息化的流程，让受训者通过一定的教育训练的活动，是给有经验或无经验的受训者传授其完成某种行为必需的思维认知、基本知识和技能的过程。

开发是发现或发掘人才供企业利用。

培训与开发管理的内容是制订培训计划，开展员工培训。通过各种考核，发现员工特长，调整员工岗位。

（4）绩效管理。绩效是指对应职位的工作职责所达到的阶段性结果及其过程中可评价的行为表现。

绩效管理是管理者与员工之间就目标与如何实现目标上达成共识的基础上，通过激励和帮助员工取得优异绩效从而实现组织目标的管理方法。

绩效管理包括绩效评价、绩效考核。

（5）薪酬福利管理。薪酬是员工因向钢铁企业提供劳务而获得的各种形式的酬劳。狭义的薪酬指货币和可以转化为货币的报酬，广义的薪酬还包括获得的各种非货币形式的满足。

福利是员工的间接报酬，一般包括健康保险、带薪假期、过节礼物等形式。这些奖励作为企业成员福利的一部分，奖给职工个人或者员工小组。从广义上说，福利属于薪酬的一部分。

薪酬管理的内容是确定薪酬战略，做好岗位评价，明确薪酬定位，执行绩效考核。

（6）劳动关系管理。劳动关系是钢铁企业与员工之间依法所确立的工作过程中的权利义务关系。

劳动关系管理包括员工与企业劳动关系的确立、劳动技能的提高、请假（病假、事假、探亲假、工伤假等）的待遇、离职等管理。

（7）员工服务。员工服务包括员工自助查询服务、短信服务、报表管理等辅助工具。

七、顾客与市场管理

顾客指钢铁企业外接受钢铁产品、衍生产品或服务的组织和个人，市场是指为了购买钢铁产品和衍生产品与钢铁企业联系的一群厂商和个人。

顾客管理就是钢铁企业通过有效的顾客沟通，动态地掌握顾客的真实需求的变化，并对顾客需求和消费行为进行合理的组织和引导，使其成为钢铁企业忠诚的消费群体的过程。

市场管理即进行市场的细分，了解市场的需求和变化，挖掘潜在市场。

顾客与市场管理即识别、确定顾客的需求、期望和偏好，建立顾客关系，增强顾客满意和忠诚，提高市场占有率。

顾客与市场管理管理功能主要包括但不限于以下几种：

（1）根据企业战略优势，确定目标顾客群和细分市场。

（2）根据战略发展方向，关注包括竞争对手的顾客在内的潜在顾客和市场、收集竞争和市场情报，拓展新的市场。

（3）了解关键顾客的需求、期望和偏好，确定顾客对钢铁产品的要求和标准。

（4）将当前和以往顾客的相关信息用于产品和服务的设计、生产、改进、创新以及市场开发和营销过程。

（5）用这些信息来强化顾客导向、满足顾客需要以及识别创新的机会。

（6）建立顾客关系以赢得顾客，满足并超越其期望，提高其忠诚度。

（7）测量顾客满意度和顾客忠诚度。

（8）对顾客进行产品和服务质量的跟踪。

（9）获取和应用可供比较的竞争对手和标杆的顾客满意信息。

八、铁区 MES

MES 系统是一套面向制造企业车间执行层的生产信息化管理系统。MES 可以为企业提供包括制造数据管理、计划排程管理、生产调度管理、库存管理、质量管理、人力资源管理、设备管理、工具工装管理、采购管理、成本管理、项目看板管理、生产过程控制、底层数据集成分析、上层数据集成分解等管理模块，为企业打造一个扎实、可靠、全面、可行的制造协同管理平台。

MES 是对整个车间制造过程的优化，而不是单一的解决某个生产瓶颈；MES 必须提供实时收集生产过程中数据的功能，并作出相应的分析和处理；MES 需要与计划层和控制层进行信息交互，通过企业的连续信息流来实现企业信息全集成。

铁区 MES 定位于铁前区域管理计算机系统，以满足铁前生产工艺的要求为出发点，着重于对铁前生产过程进行管理，及时准确地收集原燃料消耗、物流信息、过程质量等信息，并在此基础上制订合理的生产计划，为操作人员及时了解生产、物流、质量等信息，并为产销成本、销售、采购等模块提供基础信息；从原料管理角度看，系统以支持铁前生产稳定为目标，着重于对大宗原燃料进厂、起堆、供应、回收等流程进行管理，为原料管理人员做好原料的收、发、存管理提供支持。从炼铁和炼钢衔接的角度看，铁水调度通过铁水的生产、运输、质量、计量、使用信息的集成为调度人员的铁水调度业务提供支撑，实现铁前和炼钢工序的信息流和物流无缝衔接。

铁区 MES 功能主要包括：

（1）原料计划，支持原料管理人员制订每月原料需求计划。

（2）生产计划，根据产能制订生产计划，按计划组织生产。

（3）配料管理，实现铁前区域内各工序配料管理，涉及所有有配料工艺的工序。

（4）质量管理，全面跟踪产品生产过程质量，方便相关人员了解从原燃料进厂到出铁出渣的质量信息。

（5）仓库管理，仓库管理的范围包括原燃料堆场、中间料场、成品堆场的入库、倒库、出库、库存查询、盘库管理。

（6）生产实绩与跟踪，提供生产实绩的收集和处理，通过建立全面的物料信息库，把分散的物料信息高度整合，为各种管理需求的实施提供完备的信息基础。

（7）铁水调度，为调度人员提供进行铁水调度需要的信息平台，帮助调度人员制订铁水分配计划，跟踪与铁水调度相关的生产情况。

（8）铁水罐管理，支持对铁水罐全生命周期的使用、维修情况进行跟踪管理。

九、钢轧 MES

钢轧 MES 是面向钢轧生产线（包括炼钢、连铸、热轧、冷轧、厚板、棒材、线材、钢管等）的制造管理和生产执行的计算机系统。钢轧 MES 前后贯通整条生产线，实现全过程的一体化产品与质量设计、计划与物流调度、生产控制与管理。上下连通现场控制设备与企业管理平台，实现数据的无缝连接与信息共享。

钢轧 MES 功能主要包括：

（1）生产合同管理，对释放生产的合同进行实时动态管理，支持合同的产能平衡、计划排程、过程执行与跟踪。

（2）质量管理，建立制造规范体系，使质量工程师能够根据用户需求、国家标准和相关行业标准、制定企业内部各生产线、各工序的工艺制造参数，形成企业制造规范库。

（3）作业计划管理，根据订单排程确定的产品品种、数量及完成日期，安排具体工作中心和/或工作单元的详细作业计划，确定精确的计划作业顺序、时间及负荷，为作业分派资源，跟踪作业执行情况，并调整作业计划。

（4）物料跟踪与实绩管理，对制造过程中使用到的物料进行全程跟踪，自动收集生产实绩数据，实时掌握厂内物料库存，记录物料异动履历。

（5）仓库管理，对与生产制造密切相关的原料库、中间库、成品库进行管理，合理划分库区库位，按照物料的形态、质量等级、加工途径、产品去向等信息，建立库区与各生产工序的逻辑关系；设置堆放规则，指示并执行物料在生产过程中的搬运操作，为库区合理利用、物流畅通高效提供保障。

（6）发货作业管理，支撑成品的发货作业，规范产成品出厂管理业务，保证订单按期交货。

（7）工具器具管理，计划、协调、跟踪、维护与生产作业计划密切相关、影响生产工艺和质量控制的工具器具，确保生产制造过程中的可用性，实现工具器具的合理使用。

第三节　电子商务系统功能

电子商务系统是以电子商务为基础的网上钢铁产品及其衍生品交易实现的体系。

电子商务系统的功能主要为用户提供所有电子商务系统的统一登录、用户注册功能，同时还包括系统的新手上路指导，各公司交易规则，现货竞价公告及资源公告，还会提供最新现货资源及最新竞价资源的滚动展示和统一查询等功能。

一、顾客服务

顾客服务是为了满足供应链最终顾客的需求，满足渠道中各成员所有的订单条款、所有的运输、所有的货物、所有的顾客服务托运、所有的产品维修控制等各项活动的需求，同时获得来自下游企业的必要的信息。

顾客服务又称客户服务，作为市场营销第五个因素的服务，从产品的整体概念中延伸出来，服务的对象及内容出现了新的变化。它不仅包括对现实顾客的服务，而且也包括对潜在顾客的服务；不仅要提高顾客的现实的（售后的）满意程度，还要提高预期的（售前的）满意程度。把服务作为第五个因素，进一步体现了市场营销的核心思想，即以消费者为中心。服务可以使钢铁企业创立个性，增加竞争优势，有效地增加钢铁企业的新销售和再销售的实现概率。

顾客服务功能包括但不限于以下内容：

（1）营销展现。展现各营销单元的营销产品、产品用途及基础标准。

（2）期货需求服务。期货需求收集，为制造单元生产提供需求来源。

（3）现货交易服务。通过定价挂牌交易（一般销售和打包销售）、双盲议价交易（人工议价和机器议价）、集合议价交易、竞价交易等交易方式，为顾客提供现货交易服务。

（4）购物车服务。提供一口价生成订单、生成议价订单和资源集合议价的功能，同时买家可以一次清空购物车中资源。

（5）订单服务。提供订单明细查询。

（6）合同服务。确认后的合同供顾客查询，可通过电子合同技术，形成在线有效的电子合同查询和下载。

（7）合同跟踪服务。跟踪合同的生产进度、钢铁产品及衍生产品出厂、物流、结算、提供等综合及明细情况。

（8）加工服务。收集顾客的加工需求，向产业链上的加工服务商下单。

（9）售后服务。经过防伪认证后的质保书信息，可进行查询和打印；对提出的质量异议可进行处理进程跟踪；对营销单元发布的满意度调查，可进行填写；对营销单元在销售过程中的意见和建议，可进行提交。

（10）VIP 服务。与战略顾客形成专属个性化服务，通过业务协同，共享供应链信息。

（11）公共服务。通过单据防伪机制控制电子业务单据的有效性；通过 CA 认证对身份进行验证，从而进行有法律效用的电子业务；通过网络进行支付或供应链融资服务时，银行对资金往来的支持；通过移动方式将信息推送给用户；利用数字报文方式将企业双方的业务信息进行互传。

二、运营服务

运营就是对运营过程的计划、组织、实施和控制，是与产品生产和服务创造密切相关的各项管理工作的总称。从另一个角度来讲，运营管理也可以指为对生产和提供企业主要的产品和服务的系统进行设计、运行、评价和改进的管理工作。

服务一般只是指社会成员之间相互提供方便的一类活动，通常可分为有偿的与无偿的、直接的与间接的等类别。

将钢铁企业的服务与管理结合起来，运营经理不仅应该了解如何提供出色的服务，而且必须参与钢铁企业战略、服务理念、组织文化的各个方面，实现企业的目标。

一般的运营服务是供应商及传统企业以合同的方式，委托第三方电子商务运营服务商为其提供的信息服务、店铺运营、营销推广、品牌建设等电子商务服务。钢铁企业电子商务系统的运营服务是为钢铁企业提供服务。

运营服务包括但不限于以下功能：

（1）商品管理。提供对相关商品的管理，可以对一些商品定义其关键主要商品属性和交易商品属性信息，供会员在进行交易时维护商品信息。

（2）现货资源管理。对现货资源进行管理，在现货资源投放前对挂牌资源组合、打包、定价、核价、价格优惠。

（3）交易规则管理。提供定价销售模式、议价销售模式、集合议价销售模式和网上竞拍模式的交易规则管理。

（4）资源投放管理。实现现货资源的投放管理。

（5）交易管理。交易管理是电子商务系统的运营管理中心，包括了市场管理、商品管理、会员管理和平台审计等。

（6）会员统一管理。对会员的账户、权限、电子签名等服务的管理。

（7）资金统一管理。为每个会员开设独立的账户，对发生的资金往来进行统一管理。

➢➢ 第四节　过程控制系统功能 ⧏⧏

过程控制是过程管理的重要组成部分。过程控制使过程稳定并具备足够的过程能力，确保过程的有效性和效率，实现过程要求。

采用模拟或数字控制方式对生产过程的某一或某些物理参数进行的自动控制就称为过程控制。过程控制系统可以分为常规仪表过程控制系统与计算机过程控制系统两大类。随着工业生产规模走向大型化、复杂化、精细化、批量化，靠仪表控制系统已很难达到生产和管理要求，计算机过程控制系统是近几十年发展起来的以计算机为核心的控制系统。

钢铁企业生产过程控制是为确保生产过程处于受控状态，对直接或间接影响钢铁生产过程所采取的作业技术和生产过程的分析、诊断和监控。其作用在于对钢铁生产过程的控制进行系统安排，对直接或间接影响生产过程的因素进行重点控制并制订实施控制计划，确保过程质量。

过程控制系统是以表征生产过程的参量为被控制量使之接近给定值或保

持在给定范围内的自动控制系统。这里过程是指在生产装置或设备中进行的物质和能量的相互作用和转换过程。表征过程的主要参量有温度、压力、流量、液位、成分、浓度等。一般过程控制系统通常采用反馈控制的形式，反馈控制是过程控制的主要方式。

钢铁企业全流程过程控制系统涵盖企业所有下属工厂、车间、工序和工位多个层面的过程控制功能需求，由各工序的过程控制计算机系统（PLC_L2）和各工序的基础自动化控制系统（PLC_L1）组成，按控制区域分为铁前过程控制系统和钢后过程控制系统两大类。

铁前过程控制系统包括原料场过程控制系统、烧结过程控制系统、焦化过程控制系统、高炉过程控制系统。

钢后过程控制系统包括铁水预处理过程控制系统、转炉过程控制系统、电炉过程控制系统、精炼炉过程控制系统、连铸过程控制系统、铁钢包管理系统、加热炉过程控制系统、热轧过程控制系统、冷轧过程控制系统、厚板过程控制系统、棒材过程控制系统、线材过程控制系统、钢管过程控制系统。

一、铁前过程控制系统

铁前过程控制系统是控制炼铁及以前工序的过程控制系统，主要有原料场过程控制系统、焦化过程控制系统、烧结（球团）过程控制系统和高炉炼铁控制系统。各过程控制系统的功能包括：

（1）原料场过程控制系统功能。此功能包括接收炼铁 MES 系统的原料作业计划和运输计划，进行料场库存管理、皮带机输送运转管理、移动机械运转管理、作业实绩数据收集处理、料场仓存管理、操作画面显示和指导等。

（2）焦化过程控制系统功能。此功能包括过程数据定周期收集，过程数据的事件触发型收集，煤槽、配比、原料使用量管理，成分分析及质量管理，CDQ 优化和各工艺技术计算，推焦计划的编排及管理，焦炭输送跟踪等。

（3）烧结过程控制系统功能。此功能包括过程数据定周期收集，过程数据的事件触发型收集，矿槽、配比、原料使用量管理，成分分析及质量管理，配料模型、水控制模型、终点控制、层厚控制、点火控制等数学模型以及烧结工艺和烟气净化工艺的技术计算等，与炼铁 MES 系统、全厂检化验系统的数据通信，操作画面显示和指导等。

（4）高炉过程控制系统功能。此功能包括过程数据定周期归档收集、原料及称量子系统、高炉本体计算、热风炉数据处理、工艺控制模型等。

二、钢后过程控制系统

钢后过程控制系统是炼钢及之后工序的过程控制系统，与钢种和钢材品种直接有关，主要包括铁水预处理过程控制系统、转炉过程控制系统、电炉过程控制系统、精炼炉过程控制系统、连铸过程控制系统、铁钢包管理系统、加热炉过程控制系统、热轧过程控制系统、冷轧过程控制系统、厚板过程控制系统、棒材过程控制系统、线材过程控制系统、钢管过程控制系统。

各系统的功能主要有：

（1）铁水预处理过程控制系统、转炉过程控制系统、电炉过程控制系统、精炼炉过程控制系统、连铸过程控制系统的功能。铁水预处理是指将铁水兑入炼钢炉之前脱除杂质元素或回收有价值元素的一种铁水处理工艺，包括铁水脱硅、脱硫、脱磷（俗称"三脱"），根据铁矿石成分。有些企业还铁水提钒、提铌、提钨等。铁水预处理工序介于炼铁和炼钢工序之间，对改进转炉操作指标、提高钢的质量有着十分重要的作用，是目前钢铁企业大力发展的一项重要技术。

炼钢是指降低和控制铁水中碳含量或控制废钢熔化的钢水的碳含量，消除磷、硫、氧、氮等有害元素，保留或增加硅、锰、镍、铬等有益元素并调整元素之间的比例，以获得最佳性能的过程。

转炉炼钢是以铁水、废钢、铁合金为主要原料，靠铁液本身的物理热和铁液组分间与氧气化学反应产生的热量而在转炉中完成炼钢过程。

电炉炼钢是以电为能源的炼钢过程。冶炼过程一般分为熔化期、氧化期和还原期，在炉内不仅能造成氧化气氛，还能造成还原气氛，因此脱磷、脱硫的效率很高。

精炼炉是用于钢铁生产中对粗钢除杂进行精炼的一种设备，对钢水进行终脱氧和合金化过程，有 LF 精炼炉和 RH 精炼炉等。

连铸即为连续铸钢的简称，是将精炼后的钢水连续铸造成钢坯的生产工序，主要设备包括回转台、中间包、结晶器、拉矫机等。将装有钢水的钢包运至回转台，回转台转动到浇铸位置后，将钢水注入中间包，中间包再由钢水口将钢水分配到各个结晶器中去。结晶器是连铸机的核心设备之一，使铸件成型并迅速凝固结晶。拉矫机与结晶振动装置共同作用，将结晶器内的铸件拉出，经冷却、电磁搅拌后，切割成一定长度的板坯。连铸自动化控制主要有连铸机拉坯辊速度控制、结晶器振动频率的控制、定长切割控制等控制技术。

主要功能包括：作业跟踪、操作管理、操作实绩收集、数学模型和设定控制、操作实绩送信等。

（2）铁钢包管理系统的功能。铁水包、钢包分别用来盛装铁水、钢水，铁水包用于高炉到炼钢及铁水预处理到装炉，钢包用于转炉到精炼炉、精炼炉之间或转炉、精炼炉到连铸机之间。铁水包、钢包运转涉及火车、天车等。

铁钢包管理系统的功能主要包括：天车在线调度、铁水包在线（离线）管理、钢包在线（离线）管理、铁水包下线管理、钢包下线管理、各工序运转状况实时收集和查询等。

（3）加热炉过程控制系统的功能。轧钢加热炉是将钢坯（连铸坯）加热到轧制温度的设备，是一种工业炉。有推钢式连续加热炉、步进式连续加热炉和转底式加热炉之分。轧钢加热炉注重的是加热均匀和节约燃料（能源）。

加热炉过程控制系统的功能主要包括：材料跟踪、加热炉燃烧模型、计划数据管理、实绩数据采集、班管理等。

（4）热轧过程控制系统、冷轧过程控制系统、厚板过程控制系统、棒材过程控制系统、线材过程控制系统、钢管过程控制系统的功能。热轧就是在结晶温度以上进行的轧制。热轧能显著降低能耗，降低成本。热轧时金属塑性高，变形抗力低，大大减少了金属变形的能量消耗；热轧能改善金属及合金的加工工艺性能，即将铸造状态的粗大晶粒破碎，显著裂纹愈合，减少或消除铸造缺陷，将铸态组织转变为变形组织，提高合金的加工性能；热轧通常采用大铸锭，大压下量轧制，不仅提高了生产效率，而且为提高轧制速度、实现轧制过程的连续化和自动化创造了条件。热轧后，钢材内部的非金属夹杂物被压成薄片，出现分层现象；不均匀冷却造成残余应力；热轧不能非常精确地控制产品所需的力学性能，热轧制品的组织和性能不能够均匀；热轧产品厚度尺寸较难控制。

冷轧是在结晶温度以下进行的轧制，是在常温状态下由热轧钢材加工而成的。在加工过程中因为轧制也会使钢材升温，还是叫冷轧。

厚板、棒材、线材都是钢材种类，其轧制过程基本相同，但有技术上的区别；钢管轧制过程则有所不同。

热轧过程控制系统、冷轧过程控制系统、厚板过程控制系统、棒材过程控制系统、线材过程控制系统、钢管过程控制系统的功能主要包括：物料跟踪、计划数据管理、设定计算、实绩数据采集、班和停机管理、轧辊管理等。

≫ 第五节　检化验和计量控制系统 ≪

检化验系统涵盖了钢铁产品、原辅燃料检验化验的全部业务过程，包括任务安排、检化验原始数据记录、检化验报告审批流转、检化验报告输出、数据上报、统计分析等。

计量控制系统，是钢铁企业实现计量管理的科学化、规范化，进行完善的计量器具台账管理，并具有检定周期到期报警、检定校准管理、提醒设置、到期查询、器具到期邮件提醒、检定通知管理、计量状态分类管理、维修管理、借用管理、器具分类管理、年度检定计划、检定通知、文档管理、计量工作统计分析、计量人员管理、Excel 数据导入导出、自定义计量器具台账项目、培训管理、按部门统计计量器具数量、检定结果统计、计量器具自动编号、检定费用统计等功能，全方位地实现计量器具的信息化管理，实现计量器具的动态管理、计量器具的及时检定校准，避免漏检，工作人员可以提前了解工作量，并可及时方便查看计量器具整个生命周期中所有轨迹，实现计量器具的溯源管理、动态管理，全面提高计量工作的工作效率，保证计量工作的及时性、完整性、有效性，特别适合于企业生产和管理的需要。

一、检化验控制系统

检化验管理系统应以 ISO/IEC 17025、ISO 9000 等标准化管理规范为基础，支持样品登记、数据收集、数据判断、样品分析和传输的全过程的生产组织、生产跟踪和质量管理。

检化验控制系统主要包括以下功能：

（1）仪器接口。将分析仪器直接与计算机连接起来，通过专业化的软硬件接口技术，实现分析数据的短距离或远程自动采集。

（2）数据管理。定义分析样品及分析项目参数，监测从生成分析任务到分析结束的全过程，跟踪试验室分析任务完成状况，对异常情况进行处理。

（3）资源管理。对试验室不同类型的资源进行综合管理，包括人员、仪器设备、材料试剂、文件、分析方法等。

（4）报告管理。根据实验室管理要求生成检验数据台账、月报、周报、日报等各类报表。

（5）数据共享。通过一定的通讯方式实现数据共享，能够方便地将检测数据共享至其他系统。

二、计量管理系统

计量管理系统实现司磅作业全过程监控和原始数据跟踪记录。系统应具备司磅作业、司磅监控和数据管理等功能。

计量管理系统应至少实现如下功能：

（1）司磅作业管理。包括全厂各类衡器的实绩数据采集。

（2）计量数据管理。管理维护司磅计量各类衡器的计量实绩数据、临时数据、委托数据、系统数据和其他业务数据。

（3）监控管理。包括视频监控、仪表数据实时监控、对射监控、用纸监控和其他设备监控。

（4）设备集成控制。统一接入和管理二次仪表、各类控制设备和人机交互设备，提供标准的服务接口。

（5）司磅任务分配。集中作业时，实时监控磅房状态，根据制定的策略自动分配作业任务到集中作业终端。

（6）智能卡管理。配套司磅业务流程的智能卡的读写控制、制发卡、库管理和跟踪管理。

第六节　能源环境管理系统

钢铁厂的能源消耗占钢铁成本的20%~40%。不同的装备水平、工艺流程，产品结构和能源管理水平对能源消耗都会产生不同的影响。实用经济的节能技术、数字化的平衡输配系统和基础能源管理是现代钢铁企业实现节能降耗的基础技术措施。建设钢铁企业管控一体化的集中一贯制的能源管理系统是数字化能源管理的技术支持措施，也是钢铁企业提高节能效益的重大措施。

通过能源计划、能源监控、能源统计、能源消费分析、重点能耗设备管理、能源计量设备管理等多种手段，使企业管理者对企业的能源成本及所占比例、发展趋势有准确的掌握，并将企业的能源消费计划任务分解到各个生产部门、车间，使节能工作责任明确，促进企业健康稳定发展。

钢铁企业产生大量的大气污染物、水污染物、固体废弃物和噪声，通过实行清洁生产和末端治理，大大减轻污染物对环境的污染。

一、能源管理系统

能源管理系统是以帮助钢铁企业合理计划和利用能源，降低单位产品能源消耗，提高经济效益，降低 CO_2 排放量为目的的信息化管控系统。从 2009 年开始，工业和信息化部、财政部开始支持钢铁企业能源管理中心建设示范项目。

钢铁企业能源种类繁多，能源的收入贮存、加工转换、分配输送、使用、回收、外销等过程复杂。

能源管理系统的功能主要包括：

（1）数据采集，实现能源数据共享管理。

（2）能源管控一体化，实现主升降压变电所、水泵站、煤气主管网（混合站、煤气柜等）、气体管网（含储罐）等系统的集中监控。

（3）能源优化系统，包括能源平衡预测、动态收集各种能源消耗量、能源构成量、各产品能源消耗量及工序能耗等。

（4）能源调度，能源动态分配优化、在线调度，完成能源转换。

（5）实绩和计划管理、能源质量、专业管理报表、数据分析及考核、决策支持等管理应用。

二、环境管理系统

钢铁企业污染物有大气污染物、水污染物、固体废弃物和噪声。

环境管理系统是对钢铁企业原始污染物、污染物治理和排放进行管理的系统。

环境管理系统的功能主要包括但不限于：

（1）监测大气污染物、水污染物原始浓度及其载体流量、温度。

（2）监控污染物治理设施运行参数及治理介质消耗。

（3）监测大气污染物、水污染物排放浓度及其载体流量、温度，测算污染物排放量。

（4）追踪固体废弃物去向，统计综合利用量。

（5）监控噪声源。

（6）大气污染物、水污染物排放浓度报警。

（7）污染物排放量预警。

（8）污染物治理设备状态及运行情况。

▶▶ 第七节　物流管理系统 ◀◀

物流是物品从供应地向接收地的实体流动过程中，根据实际需要，将运输、储存、装卸、搬运、包装、流通加工、配送、信息处理等功能有机结合起来实现用户要求的过程，是供应链活动的一部分，是为了满足客户需要而对商品、服务以及相关信息从产地到消费地的高效、低成本流动和储存进行的规划、实施与控制的过程。物流以仓储为中心，促进生产与市场保持同步。物流是一个控制原材料、辅助材料、燃料、制成品、产成品和信息的系统，从供应开始经各种中间环节的转让及拥有而到达使用者的实物运动。

物流管理系统涉及仓储作业管理、运输及配载管理、财务管理、人力资源管理等内容，通过使用计算机技术、通信技术、网络技术等手段，建立物流信息化管理，以提高物流信息的处理和传递速度，使物流活动的效率和快速反应能力得到提高，提升更人性化的服务，完善实时物流跟踪，与减少物流成本。

钢铁企业物流管理系统对物流服务资源进行统一管理，应涵盖采购物流、生产回收物流和销售物流三个方面的功能。

一、采购物流

采购物流管理功能主要包括：

（1）资源平衡管理。包括制造单元资源信息管理、进口及国内原料采购配送计划管理和中转配送计划，保证企业原料供应和合理分布。

（2）物流计划管理。对企业采购进厂业务的物流计划进行管理，涵盖远洋运输管理、外轮排港管理、运力调度管理和原料配送管理，支持外轮接卸、国内中转、采购配送等物流业务模式。

（3）原料库存管理。支持企业采购原料的外港、在途、厂内库存管理。

（4）物流执行跟踪。对物流计划的执行情况进行跟踪，收集原料到货信息，并通过与港口、路局信息的互通，反映物流运转情况，提供在途原料信息，优化企业港存原料，加快铁路物流反应时间，减少原燃料的途中消耗。

二、生产回收物流

钢铁企业生产物流主要有铁精粉、洗精煤等生产原料物流和烧结矿、铁水、钢水、连铸坯中间产品物流。

回收物流主要有焦炉煤气、高炉煤气、转炉煤气、蒸汽等二次能源和钢渣、高炉渣、氧化铁皮等固体废弃物。二次能源一般在能源管理系统进行管理。

生产回收物流管理功能主要包括：

（1）原燃料配送调拨。对原燃料进行从堆场到生产线的配送物流和从堆场到堆场或从生产线到生产线的调拨物流进行管理，保证生产供应。

（2）中间产品调拨管理。对需要汽车或铁路运输的中间品生产线间转库或生产线内内驳的物流业务进行管理，保证上下游生产线物流的顺畅有序。

（3）回收利用物流。对生产过程中产生的固体废弃物进行回收，针对可以再利用的废钢等固体废弃物进行回炉配送管理。

（4）运输调度管理。对企业内部的各种运输指令进行调度管理，平衡物流运输资源，提高运输效率。

（5）生产库存管理。收集企业内部的原燃料、中间产品、成品库存信息，用于物流分析与平衡，支撑物流调度。

三、销售物流

钢铁企业销售物流主要是钢铁产品及衍生产品。

销售物流管理功能主要包括：

（1）物流计划管理。根据销售合同的物流模式制订物流计划，包括物流方案、计划编制、出厂预报和集批计划。

（2）作业计划管理。根据物流计划和集批计划，形成销售出厂发货计划和物流资源分配计划。

（3）物流费用管理。对物流费率进行管理，收集物流结算单据，支持物流费用结算。

（4）库存管理。对成品各种形式的库存、贸易加工单元的库存以及在途库存进行管理。

（5）全程物流跟踪。支持从销售合同下发到交付最终用户的生产、出厂、在途的合同。

第八节 数据分析与决策支持系统

数据分析是指用适当的统计分析方法对收集来的大量数据进行分析，提取有用信息和形成结论而对数据加以详细研究和概括总结的过程。数据分析的数学基础在 20 世纪早期就已确立，但直到计算机的出现才使得实际操作成为可能，并使得数据分析得以推广。数据分析是数学与计算机科学相结合的产物。

数据分析需具有易用、安全、稳定、高性能的数据开发引擎，为用户的大数据集成、存储、计算环节提供完整的企业级解决方案，让用户能聚焦于挖掘自身数据资产的商业价值。数据分析采用一站式的数据挖掘与分析平台，可以进行便捷的数据探索与挖掘。数据挖掘技术的实施需遵循以下程序，即信息收集、数据集成、数据规约、数据清理、数据变换、数据挖掘、模式评估、知识表示，其中数据挖掘是最核心的步骤。数据挖掘是根据数据仓库中的数据信息，选择合适的分析工具，应用统计方法、事例推理、决策树、规则推理、模糊集，甚至神经网络、遗传算法的方法处理信息，得出有用的分析信息。

决策支持系统，是以管理学、运筹学、控制论和行为科学为基础，以计算机技术、仿真技术和信息技术为手段，针对半结构化的决策问题，支持决策活动的具有智能作用的人机系统。这一系统能够为决策者提供所需的数据、信息和背景资料，帮助明确决策目标和进行问题的识别，建立或修改决策模型，提供各种备选方案，并且对各种方案进行评价和优选，通过人机交互功能进行分析、比较和判断，为正确的决策提供必要的支持。系统通过与决策者的一系列人机对话过程，为决策者提供各种可靠方案，检验决策者的要求和设想，从而达到支持决策的目的。

决策支持系统是企业在线系统的数据量有一定的积累、数据质量比较好、管理思想比较清晰的情况下的商务智能管理系统，其目标是为企业经营管理、制造执行提供数据分析平台，为经营管理和业务分析决策提供支持。决策支持系统能够有效支撑经营管理的提升；体现企业价值化管理要求；高效汇聚生产、经营、技术创新的海量数据，综合开发利用信息资源；通过数据分析、数据挖掘为一体化绩效分析、预警、管理决策、技术创新提供支撑。

决策支持系统强调的是对管理决策的支持，而不是决策的自动化，其所支持的决策可以是任何管理层次上的，如战略级、战术级或执行级的决策。

决策支持系统是辅助决策者通过数据、模型和知识，以人机交互方式进行半结构化或非结构化决策的计算机应用系统，是管理信息系统向更高一级发展而产生的先进信息管理系统。为决策者提供分析问题、建立模型、模拟决策过程和方案的环境，调用各种信息资源和分析工具，帮助决策者提高决策水平和质量。

钢铁企业数据分析与决策支持系统包括基础分析、专题分析和决策分析三个层面的功能。基础分析主要指各区域（铁区、炼钢、热轧、冷轧、厚板、棒线材、钢管等）统计分析；专题分析主要包括生产分析、质量分析、采购分析、销售分析、财务分析、成本分析、能源分析、污染物排放分析、设备分析、库存分析、人力资源分析等；决策分析层主要指管理驾驶舱。

一、基础分析

基础分析的主要功能有：

（1）铁前区域分析。包括对原料、烧结、炼焦、高炉单元等区域的产量、质量、成分、性能、稳定性、原燃料消耗、污染物排放、设备运转、技术经济指标等进行分析。

（2）炼钢区域分析。对炼钢区域的质量、成本、能源消耗、污染物排放等进行分析。

（3）热轧区域分析。对热轧区域的轧钢、精整、质检、能源消耗、污染物排放等方面的指标进行分析。

（4）冷轧区域分析。对冷轧产品表面封闭判定情况、缺陷、返修情况等进行统计分析，对能源介质消耗情况、包装产量、余材利用率进行分析。

（5）厚板区域分析。对厚板区域的轧制、精整、质检等方面的指标进行分析。

（6）棒线材区域分析。对棒线材区域的产品质量、库存情况、机组作业情况、能源介质消耗情况、合格率、成材率等进行分析。

（7）钢管区域分析。对钢管区域的产品质量、库存情况、机组作业情况、能源介质消耗情况、合格率、成材率等进行分析。

二、专题分析

专题分析功能应包括以下专题：

（1）生产分析。分析生产管理过程中与合同、库存、实绩相关的各种指标。

（2）质量分析。收集生产过程工艺参数、产品质量信息（设计信息、判定信息），对产品制造过程中各关键工艺参数异常、质量不合格和用户质量异议进行统计分析。

（3）财务分析。采用同比分析、环比分析、趋势分析、比率分析等多种专业分析方法，挖掘财务数据内在价值，提升日常财务工作效率，加强网络化企业财务监控和信息共享。

（4）成本分析。以产销成本核算数据、成本预算数据为基础，运用因素、对比等分析方法，分析企业和各部门的成本构成和趋势，提供常用成本报表和成本基础数据的查询。

（5）销售分析。整合营销业务链全流程数据，对营销业务链中订单、库存等进行全景分析；支持营销价值链的深化提升，为企业产品结构优化、产能平衡、产品定价、渠道优化、用户服务提供依据。

（6）设备分析。覆盖设备管理的主要业务，支持故障、成本、效率等的综合、全面、深入的数据挖掘分析。

（7）采购分析。收集、整合采购和相关财务信息，形成采购应用分析框架，支持采购供应业务多维度分析，以便降低采购成本、控制采购风险。

（8）人力资源分析。支撑人力资源精细化管理，提供从战略制定到实时监控的数据支撑，同时满足政府职能部门和行业协会的指标信息管理的要求。

（9）能源分析。提供能源生产、能源转换和回收、能源统计、能耗分析、目标管控、能源成本、水质管理功能，通过对能源数据的分析、对比，及时预警、指导能源生产。

三、决策分析

决策分析一般指通过决策分析技术（如期望值法或决策树法等）从若干可能的方案中选择其一的决策过程的定量分析方法。

决策分析的功能是建立管理驾驶舱，通过各种图表直观、形象地展现钢铁企业经营的关键指标及其运营趋势，并对异常指标予以及时预警和挖掘分析。

第九节　战略管理系统

战略管理是指对一个企业或组织在一定时期的全局的、长远的发展方向、目标、任务和政策，以及资源调配做出的决策和管理艺术。战略管理是指对企业战略的管理，包括战略制定与战略实施两个部分。

战略管理过程是战略分析、战略选择及评价、战略实施及控制三个环节相互联系、循环反复、不断完善的一个动态管理过程。一个规范性的、全面的战略管理过程可大体分解为三个阶段：一是战略分析，二是战略选择及评价，三是战略实施及控制。

钢铁企业通过战略制定，确立战略和战略目标；通过战略部署，使战略和战略目标具体化，转化为实施计划和关键绩效指标，并配置资源予以实施，同时应用其监测实施计划的进展情况，预测企业未来绩效，以保持竞争优势。

战略制定是钢铁企业对其未来发展计划、决策的过程，钢铁企业应基于其使命、愿景和价值观，以顾客和市场为导向，收集内外部环境的数据、信息，运用预测、估计、选择和设想及其他方法分析和预见未来，确立战略和战略目标，获得持续发展和成功。

钢铁企业应将战略和战略目标转化为实施计划及相关的关键绩效指标，并予以贯彻落实，同时应用这些关键绩效指标监测实施计划的进展情况，预测企业未来的绩效，以保持竞争优势。

战略绩效预测指对未来目标实现结果的估计，是一种关键的管理诊断和战略策划工具，其方法包括定性预测方法和定量预测方法。

战略管理功能主要包括但不限于以下内容：

（1）确定战略目标，包括时间表及逐年的、量化的关键指标值。

（2）层层分解、细化，确定关键绩效指标体系及其指标值。

（3）适时分析、评估实际与计划的偏离，并考虑内外部环境的变化，调整战略、战略目标及其实施计划。

（4）基于所收集的相关数据和信息，运用科学方法和工具，预测长短期计划期内的绩效，将其与竞争对手或标杆、其他钢铁企业绩效预测进行比较，制定和验证企业自身的目标和计划。

第十节 研发、设计管理系统

研究开发是指钢铁企业及研究机构为获得科学技术新知识，创造性运用科学技术新知识，或实质性改进技术、产品和服务而持续进行的具有明确目标的系统活动。技术研发是指为了实质性改进技术、产品和服务，将科研成果转化为质量可靠、成本可行、具有创新性的产品、材料、装置、工艺和服务的系统性活动。

设计是把一种设想通过合理的规划、周密的计划，通过各种感觉形式传达出来的过程；是设计师有目标有计划地进行技术性的创作与创意活动，是一种有目的的创作行为。

研究开发包括新产品、新技术、新工艺开发，以及工艺设计。

一、新产品开发

新产品指采用新技术原理、新设计构思研制、生产的全新产品，或在结构、材质、工艺等某一方面比原有产品有明显改进，从而显著提高了产品性能或扩大了使用功能的产品。

新产品开发指企业改进原有产品或增加新产品。

研发、设计管理系统新产品开发管理功能主要包括：

（1）数字化建模的构建水平和能力。

（2）产品性能与功能的数字化验证水平与能力。

（3）产品综合设计与优化的水平与能力。

（4）产品智能化设计的水平与能力。

二、新技术、新工艺应用开发

新技术是新的操作方法。

研发、设计管理系统新技术、新工艺应用管理开发功能主要内容包括：

（1）与工艺要求的契合度。

（2）与产品改进、提高质量要求的契合度。

（3）与管理效率、质量提升要求的契合度。

三、工程设计

工程设计，是根据建设工程的要求，对建设工程所需的技术、经济、资源、环境等条件进行综合分析、论证，编制建设工程设计文件的活动。工程设计是运用科技知识和方法，有目标地创造工程产品构思和计划的过程，几乎涉及人类活动的全部领域。

工程设计是指对工程项目的建设提供有技术依据的设计文件和图纸的整个活动过程，是建设项目生命期中的重要环节，是建设项目进行整体规划、体现具体实施意图的重要过程，是科学技术转化为生产力的纽带，是处理技术与经济关系的关键性环节，是确定与控制工程造价的重点阶段。

工程设计管理功能主要包括以下内容：

（1）计算机辅助的产品工艺流程设计或工艺规划水平与能力。

（2）计算机辅助的工艺过程动态仿真与分析水平和能力。

（3）计算机辅助的工艺过程与参数优化情况。

（4）专用工艺设备的优化设计水平与能力，工艺设计的集成化、智能化发展情况。

第七章 智能制造

第一节 概 述

智能制造是钢铁企业两化深度融合的主攻方向，是第六章所述功能的深化应用。面向钢铁产品全生命周期，通过互联网、云计算、大数据等新技术以及智能化的感知、人际交互、决策和执行技术的应用，提高各层级管理和操作人员、装备、产品、客商的整体集成度，并在此基础上，实现生产装备和控制、全供应链管控、分析决策过程的智能化。

以机器、原材料、控制系统、信息系统、产品以及人之间的网络互联为基础，通过对工业数据的全面深度感知、实时动态传输与高级建模分析，形成智能决策与控制，驱动制造业的智能化发展。

一、概念

智能制造系统是一种在整个制造过程中贯穿智能活动，并将这种智能活动与智能机器有机融合，将整个制造过程从订货、产品设计、生产到市场销售等各个环节以柔性方式集成起来的能发挥最大生产力的先进生产系统。

智能制造是面向产品的全生命周期，以新一代信息技术为基础，以制造系统为载体，在其关键环节或过程具有一定自主性的感知、学习、分析、决策、通信与协调控制能力，能动态地适应制造环境的变化，从而实现某些优化目标。

智能制造的核心，是将工业技术与信息技术、智能技术深度融合，形成绿色化、智能化的工业技术。实施智能制造，就是要将这一技术应用于设计、生产、管理和服务的全生命周期，实现智能设计、智能生产、智能管理、智能制造服务，在制造过程中进行感知、分析、推理、决策与控制，实现对产品需求的快速动态响应，对生产和供应链网络实时优化，迅速开发市场需求的新产品。

二、智能制造特点

在精确化、服务化、社会化的市场需求驱动下，智能制造主要呈现出以下 4 个特点。

一是生产过程高度智能。智能制造在生产过程中能够自我感知周围环境，实时采集、监控生产信息。智能制造系统中的各个组成部分能够依据具体的工作需要，自我组成一种超柔性的最优结构并以最优的方式进行自组织，以最初具有的专家知识为基础，在实践中不断完善知识库，遇到系统故障时，系统具有自我诊断及修缮能力。智能制造能够对库存水平、需求变化、运行状态进行反应，实现生产的智能分析、推理和决策。

二是资源的智能优化配置。信息网络具有开放性、信息共享性，由信息技术与制造技术融合产生的智能化、网络化的生产制造可跨地区、跨地域进行资源配置，突破了原有的本地化生产边界。制造业产业链上的研发企业、制造企业、物流企业通过网络衔接，实现信息共享，能够在全球范围内进行动态的资源整合，生产原料和部件可随时随地送往需要的地方。

三是控制系统化。智能制造基于数字技术，并结合知识的处理、智能优化以及智能数控加工方法，保证整个制造系统的高效、稳定运行，保证生产制造的效率。同传统制造系统相比，智能制造处理的对象是系统的知识而并非数据，系统处理的方法是智能灵活的；建模的方式是智能数学的方法，而不是经典数学（微积分）的方法。近年来，利用智能数学研发的方法包括专家系统、模式识别、博弈论、定性推理、多值逻辑、数据挖掘、网格计算等数量繁多的智能方法，将这些方法进行重新组合，能够形成新的计算方法，以极大扩展智能制造领域，因此智能数学方法的系统建立仍是未来智能制造的研发重点。

四是产品高度智能化、个性化。智能制造产品通过内置传感器、控制器、存储器等技术具有自我监测、记录、反馈和远程控制功能。智能产品在运行中能够对自身状态和外部环境进行自我监测，并对产生的数据进行记录，对运行期间产生的问题自动向用户反馈，使用户可以对产品的全生命周期进行控制管理。产品智能设计系统通过采集消费者的需求进行设计，用户在线参与生产制造全过程成为现实，极大地满足了消费者的个性化需求。制造生产从先生产后销售转变为先定制后销售，避免了产能过剩。

三、钢铁企业智能制造模式

钢铁企业智能制造的基本模式有以下七种。

一是生产工厂总体设计、工艺流程及布局均已建立数字化模型，并进行模拟仿真，实现生产流程数据可视化和生产工艺优化。

二是实现对物流、能量流、污染流、物料性质、资产的全流程监控与高度集成，建立数据采集和监控系统，生产工艺数据自动数据采集率达到90%以上。

三是采用先进控制系统，工厂自控投用率达到90%以上，关键生产环节实现基于模型的先进控制和在线优化。

四是建立制造执行系统（MES），生产计划、调度均建立模型，实现生产模型化分析决策、过程量化管理、成本和质量动态跟踪以及从原材料到产成品的一体化协同优化。建立企业资源计划系统（ERP），实现企业经营、管理和决策的智能优化。

五是对于存在较高安全风险和污染物排放的项目，实现有毒有害物质排放、污染物排放和危险源的自动检测与监控、安全生产的全方位监控，建立在线应急指挥联动系统。

六是建立工厂内部互联互通网络架构，实现工艺、生产、检验、物流等各环节之间，以及数据采集系统和监控系统、制造执行系统（MES）与企业资源计划系统（ERP）的高效协同与集成，建立全生命周期数据统一平台。

七是建有工业信息安全管理制度和技术防护系统，具备网络防护、应急响应等信息安全保障能力。建有功能安全保护系统，采用全生命周期方法有效避免系统失效。

四、智能制造技术在我国钢铁行业的应用

智能制造适合自动化程度较高的行业，而我国钢铁行业是自动化程度最高的制造业之一，要实现由制造向"智造"的转型，钢铁企业必须将互联网技术特别是物联网、大数据、云计算等技术充分应用在钢铁的生产、销售、管理等各个方面，以此实现我国钢铁行业的智能化转型升级，达到产品设计个性化、制造过程智能化、过程控制精准化、产销服务网络化。

（一）物联网技术

物联网是继计算机、互联网和移动通信之后，新一代信息技术的重要组成部分，也是信息化时代的重要发展阶段。作为我国国民经济的支柱性产业，钢铁行业已经有工业化和信息化方面的建设经验，故物联网技术在钢铁

行业有良好的应用基础。

1. 物联网的概念

物联网是通过射频识别、红外感应器、全球定位系统、激光扫描器、气体感应器等信息传感设备，按约定的协议，把任何物品与互联网连接起来，进行信息交换和通讯，以实现智能化识别、定位、跟踪、监控和管理的一种网络，简而言之，物联网就是"物物相连的互联网"。

物联网应用中主要有三项关键技术，分别是传感器技术、射频识别标签和嵌入式系统技术。从技术架构来看，物联网可以分为三层，分别是感知层、网络层和应用层。

2. 物联网技术在我国钢铁行业的具体应用

物联网技术是工业化与信息化深度融合发展的重要应用技术，对于实现钢铁行业生产自动化、运输智能化、管理一体化等方面具有巨大的作用，结合物联网的数据集成和射频识别等技术可以构建钢铁行业的物联网应用架构。国内已经有钢铁企业从生产管理、物流管理、绿色制造以及资源管理等方面积极探索，通过改善生产流程、优化生产方式来推动其智能化进程，实现制造向智造的转型升级。

（1）生产管理。

以某钢铁企业炼钢厂为例，传统的钢包监控系统主要采用人工方式，工作量大、运行效率低，不能满足不断增长的生产需求。钢铁生产时的高温、强屏蔽等特殊环境，也为钢包号码、状态以及位置的获取带来困难。

为了解决钢包管控中存在的以上问题，炼钢厂建立了基于物联网技术的钢包管理系统，利用射频识别、激光测距以及无线通信等在内的物联网技术，将炼钢、天车等数据库与钢包管理系统相连接，开发了包括钢包跟踪模块、钢包配包模块以及钢水温度补偿模块在内的钢包控制系统，实现了对钢包的实时识别、监控、跟踪，加快了周转节奏，提高了周转效率和空钢包平均温度。

系统投入使用后，当日产钢量达到 38～48 炉时，钢包周转率平均值提高 0.8 炉/个，典型钢种的出钢温度平均降低 11.2℃，钢包管控效率和炼钢厂运行效率都有极大的提升，值得广泛推广。

（2）物流管理。

基于全球定位系统、射频识别、无线传感网络等技术为钢铁生产运输过程中车辆的远程跟踪定位、物资远程控制管理以及智能物流的实现提供了可能。针对钢铁企业内物流管理专业化水平和智能化程度较低，物流运输效率和协同性较差的问题，中国钢铁科技集团有限公司联合河冶科技股份有限公司对基于物联网的钢铁企业物流智能管理系统进行了设计开发。

系统主要围绕物资运输需求、运输调度、运输计划、物流跟踪和仓储管理这些环节，通过促进物流的一体化管控、多平台协同运行和智能化管理，实现物流系统的高效、低成本运行，这一物流管理系统在钢铁企业内运行可以有效提升钢铁生产运输效率和企业内部运行效率。

（3）绿色制造。

"十二五"期间宝钢、首钢等大型钢铁企业推行智能化的绿色制造技术，卓有成效，全国共淘汰炼铁产能 90.89Mt、炼钢产能 94.86Mt，重点大中型企业吨钢综合能耗（折合成标准煤）由 605kg 下降到 572kg，能源消耗总量呈下降态势，但是还有很多中小企业没有做到污染物达标排放。

工业和信息化部于 2016 年 4 月 18 日发布了《绿色制造 2016 专项行动实施方案》，指出我国虽然是制造业大国，但没有完全摆脱高投入、高消耗和高污染的发展模式，明确提出制造业要全面推行绿色制造，构建绿色制造体系。2016 年 11 月 14 日又发布了《钢铁工业调整升级规划（2016—2020）》，要求大中小型钢铁企业全面实施绿色改造升级，将物联网等技术手段运用到生产过程中，达到节能减排的目的。

（4）资源管理。

宝钢集团是较早将物联网技术运用在设备资产和厂区综合管理的特大型钢铁企业。宝钢将物联网技术作为其信息化系统的补充和延伸，将其嵌入现有的管理系统中，建成仓库库位、搬运工具以及仓储物品三合一的识别系统。此外在厂区采用网格化＋重点区域监控的管控模式，对车辆、人员等植入射频设备芯片，结合门禁系统，实现车辆、人员、物资以及厂区环境的综合管理，规范了生产、检修作业流程，厂区安全生产也有极大提升。

（二）云计算和大数据

1. 云计算、大数据的概念及关系

云计算被定义为一种按使用量付费的模式，用户可以通过可用的、便捷的网络访问，进入可配置的资源共享池（网络、服务器、存储、应用软件等），这里的资源共享池通常被称为"云"，"云"具有虚拟集成性程度高、可靠性高、超大规模运算能力强等特点，用户可以根据自身需要选择使用"云"资源。

大数据，也称巨量资料，指的是需要新处理模式才能具有更强的决策

力、洞察力和流程优化能力的海量、高增长率和多样化的信息资产；大数据指不走随机分析法即抽样调查这样的捷径，而采用所有数据进行分析处理；"大数据"是指以多元形式，自许多来源搜集而来的庞大数据组，往往具有实时性。

大数据有 5 个特点：一是数量大，二是增长速度快，三是多样，四是价值密度低，五是真实性。

大数据与云计算密不可分。大数据数据量大、增长速度快的特点使其迫切需要云计算这样的技术平台来实现安全、快捷的处理、存储操作，海量数据的潜在价值只有通过云计算进行数据挖掘才能得以发现，云计算与大数据相辅相成，两者具有不可分割的关系。

2. 云计算、大数据在我国钢铁行业的具体应用

钢铁生产工艺流程漫长且复杂，在整个生产过程中会产生海量的数据，这些数据经过及时准确的处理才能挖掘出其价值，全面实现钢铁企业信息化。钢铁企业单独搭建主机系统处理海量数据的方式会产生诸如投入较大、能源消耗多、管理效率低下、主机系统之间独立以及资源利用率低等问题，导致大量数据只是单纯存储在硬盘上，数据的深层价值没有被挖掘出来，使得企业信息化的进程陷入停滞。此外，钢铁企业为进一步实现信息化，又引入了各种各样的服务器、硬件和设备，加剧了资源的消耗。

针对钢铁企业存在的这些问题，云计算平台实现了大量、各类数据的即时传输和高效处理，并运用数据分析模型获取海量数据的价值，为决策者提供业务数据的快速分析结果，为企业创造商业价值。

钢铁企业等大型制造业的私有云整体建设框架主要由基础架构及服务、平台及服务和软件及服务三层架构和云计算管理平台组成。

宝钢结合上海宝信软件股份有限公司的云平台建设思想，建设宝钢私有云平台，并为其云计算平台的实施制定了规范性原则，统一规划、集中建设、分步实施。在起步期，控制孤立系统的规模来实现设备的物理集中、资源的统一分配；在过渡期，为新建系统提供 PaaS 服务，为迁移系统提供 IaaS 服务；在发展期，提供 SaaS、PaaS 为主的云服务，对内实现中心间互备，对外可以向社会提供云服务。总体来看，宝钢私有云投运以来，为集团内各子公司提供了近百套 PaaS 服务环境，同时，云中心也开始试点对外提供云服务。

以上云计算是以 PC 为基础的，随着无线通信技术的发展，出现了基于手机等移动终端的云计算服务，形成了集成无线通信和云计算两项技术的移

动云计算。相比以 PC 为基础的云计算，移动云计算具有独特的优势，如设备和管理成本较低、数据存取操作便捷、智能化的均衡负载等。移动互联网的这些优势对于钢铁企业信息化的进一步精细化管理起到巨大的作用。

目前在钢铁企业信息化管理中移动云计算的应用并不广泛，所以探索这方面的应用有广阔的前景。宝钢提出基于移动云计算架构的钢铁企业私有云平台，包括移动终端层、网络传输层和应用层等三层结构。

移动终端层由智能手机、平板电脑等移动设备组成，是客户端与云平台的接口，实现信息的上传下载以及现场数据的采集整理等；网络传输层主要实现传输服务，由移动通信网络和云计算中心组成；应用层为客户展现了移动云计算系统能够提供的各种应用。移动云计算技术可以将人的移动转变为信息的移动，帮助企业实现更加精细化的管理。

钢铁行业云平台采用云计算和大数据的前沿技术，突破了传统主机系统难以处理海量数据的困境，实现了资源的统一管理，对数据进行高速有效的处理，并将可用信息反馈给决策者，有效解决了资金投入、能源消耗和资源利用之间的矛盾。

3. 智能制造技术在我国钢铁行业应用中存在的问题

近年来，智能制造技术在我国钢铁行业的推进过程中取得了显著的成效，但是制约智能制造技术在我国钢铁行业发展的突出矛盾依然存在，同时也存在一些问题亟待解决。

一是我国对于物联网、云计算等智能制造技术的基础研究能力相对不足，对于引进技术的消化吸收力度不够，缺乏原始创新。控制系统和系统软件等方面的技术环节薄弱，体系也不够完整，先进技术重点前沿领域发展滞后。

二是我国的智能装备难以满足制造业的发展需求，工业机器人、集成电路芯片、大型钢铁生产装备等成套控制系统对外依存度较高，新型传感器感知和分析技术、工业网络技术、典型控制系统等实现制造过程智能化的重要技术和关键部件主要依赖进口，没有针对我国实际发展情况的创新。

三是我国钢铁企业数量较多，且存在大量中小型企业，发展层次不一，统一推行智能制造难度较大，且钢铁企业集中度低导致了严重的信息孤岛问题。

四是受钢铁企业管理理念、城市发展水平、企业重视程度等方面的制约，大多数钢铁企业缺乏智能制造方面的专业人才，发展智能制造的软环境构建和长效机制创立不完善。

五、钢铁行业信息物理系统的构建

信息物理系统（CPS）是一个综合计算、网络和物理环境的多维复杂系统，通过 3C（Computer、Communication、Control）技术的有机融合与深度协作，实现大型工程系统的实时感知、动态控制和信息服务。信息物理系统实现计算、通信与物理系统的一体化设计，可使系统更加可靠、高效、实时协同，具有重要而广泛的应用前景。

（一）整体架构和工作范围

1. 系统改造

以原工控系统为基础，硬件适当小规模改造、扩展，软件依据需要进行智能化改造，大幅度应用人工智能，使原工控系统成为 CPS 系统。智能技术在钢铁材料设计以及工艺优化、产品质量监控与质量评估、智能制造精准控制中全面应用。

2. 突出重点

根据钢铁工业是流程工业的特点，立体原料库、成品库、RFID 等不作为重点。从纵向均匀性考虑，物流的重点放在工件位置信息，强化跟踪和微跟踪。

3. 协调处理

设备管理及智能化以感知、计算、协调、通讯、预测等为重点，单独一个模块，通过网络进入系统进行协调处理。

4. 起始不一

生产链从炼钢开始，价值链（或供应链）由原料开始。水平方向工序环节包括炼钢、连铸、热轧、冷轧、热处理与涂镀，直到产品出厂。

（二）网络与传感

（1）目前钢铁企业工控系统有良好的中间件系统，内部各部分通讯协议均已解决，通讯功能可以满足内部通讯的需要。

（2）缺少外部开放功能，加强对外开放的远程的网络功能，做到内部与内部、内部与外部顺畅互联互通。

（3）增设必要传感器，做到信息深度感知。

（4）针对无法检测的物理量，开发智能化软测量技术。

（5）自主开发优先，智能、无线传感器优先，外购降到最低。

（6）数据库、计算机必要的增设与扩充。

（7）强化跟踪与微跟踪。

（三）大数据与计算

（1）计算部分是核心，应当具有强大的智能化信息处理能力。

（2）采用人工智能与数学模型混合的策略。单独利用数学模型难于解决的问题，可以采用数学模型和智能化混合的解法，利用智能化的方法提高数学模型的计算精度和自适应、自学习的能力。

（3）对于不确定性问题、极复杂问题、强烈非线性问题，可以采用智能化的方法，特别是机器学习，甚至深度学习。

（四）上层服务功能

（1）以原有企业资源计划（ERP）和制造执行系统（MES）、过程控制系统（PCS）为基础开发。

（2）提出新的订单处理、计划排产、规程制定的设计思想。

（3）重点是以价值链创新为导向，实现柔性制造、定制化生产，适应大规模生产、小批量定制、短交货期要求。

（4）以智能化组织性能预测系统为支撑，以提高效率、降低成本、保证质量与精度为目标，实现创新的生产经营计划管理。

六、钢铁行业信息物理系统的建设目标与功能

现有的钢铁生产管理与控制系统，基本是嵌入式系统，与信息物理系统（CPS）有一定的关系。信息物理系统和嵌入式系统同属于控制系统，信息物理系统是嵌入式系统发展而来的。因此，现有的钢铁生产控制系统，即最发达、最先进的嵌入式系统，经过改进，可以"进化"为信息物理系统。

作为一个智能系统，智能钢铁生产系统同样应当具有感知能力、记忆和思维能力、学习能力和自适应能力、行为决策能力，具有感知、记忆、思维、自学习、自适应、决策等功能，具有自组织、自协调、自重整等自治功能。通过学习，可以使计算机获取、重构、创新知识，提升钢铁设备处理问题的能力，改善自身性能。这样，烧结机、高炉、转炉、精炼炉、连铸机、轧机、热处理生产线就由没有感觉、没有灵魂、不会思考、不会合作的物理系统成为活物，不仅有了感觉，还有了思想，变得更智慧、更聪明，甚至超过人类。

这个系统最核心的部分就是其计算部分，由于钢铁生产设备十分复杂，存在强烈的复杂性、非线性、时变性、不确定性和不完全性等，一般很难用精确的数学模型描述，而人工智能技术却在这方面具有优势。因此，开发钢铁企业的信息物理系统，最关键的问题是恰当、合理地应用各类智能算法，解决这些用数学模型难于精确控制的过程。当然，信息的深度感知也是非常重要的。

作为钢铁行业的智能化系统，应当完成下述功能：

（1）钢铁产品尺寸与表面的高精度控制和智能调优。

（2）钢铁冶炼与加工过程中钢铁产品组织性能的控制与智能调优。

（3）定制化、个性化与稳定化、均匀化生产。

（4）设备的智能管理与维护以及智能维修。

（5）物流智能管理与控制，能源智能管理与控制。

真正做到智慧优化决策，信息深度感知，精准协调控制。

第二节　智能制造优先行动领域

一、建设基于信息物理系统的全自动化工厂

信息物理系统（CPS）是综合计算、网络和物理环境的多维复杂系统。通过3C技术的有机融合与深度协作，实现大型工程系统的实时感知、动态控制和信息服务。信息物理系统实现计算、通信与物理系统的一体化设计，可使系统更加可靠、高效、实时协同，具有重要而广泛的应用前景。信息物理系统作为计算进程和物理进程的统一体，是集成计算、通信与控制于一体的下一代智能系统，是实时适应环境变化的动态系统。信息物理系统通过人机交互接口实现和物理进程的交互，使用网络化空间以远程的、可靠的、实时的、安全的、协作的方式操控一个物理实体。

信息物理系统包含了将来无处不在的环境感知、嵌入式计算、网络通信和网络控制等系统工程，使物理系统具有计算、通信、精确控制、远程协作和自治五大功能。它注重计算资源与物理资源的紧密结合与协调，主要用于一些智能系统上，如物联传感、智能家居、机器人、智能导航等。

信息物理系统是在环境感知的基础上，深度融合计算、通信和控制能力的可控、可信、可扩展的网络化物理设备系统，通过计算进程和物理进程相互影响的反馈循环实现深度融合和实时交互来增加或扩展新的功能，以安全、可靠、高效和实时的方式检测或者控制一个物理实体。

信息物理系统的基本组件包括传感器、执行器和决策控制单元。基本组件结合反馈循环控制机制构成了信息物理系统的基本功能逻辑单元，执行最基本的检测与控制功能。

信息物理系统是一种由传感器、感应器等感知设备、分布式控制器等嵌入式计算设备和 WSN、Internet 等网络所组成的多维复杂系统。典型的信息物理系统体系结构中主要包括传感器、执行器和分布式控制器 3 类组件。传感器主要用于感知物理世界中的物理信息，并通过模—数转换器将各种模拟的、连续的物理信息转化成能被计算机和网络所处理的数字的、离散的信息；分布式控制器接收由传感器采集并通过网络传输过来的物理信息，经过处理过后以系统输出的形式反馈给执行器执行，基于此来提供智能化服务；执行器接收控制器的执行信息，对物理对象的状态和行为进行调整，以适应物理世界的动态变化。

信息物理系统的核心是计算、通信、控制深度融合。信息物理系统在环境感知的基础上，深度融合了计算、通信、控制（3C）的可控、可信、可拓展的网络化物理设备系统。它通过计算进程和物理进程相互影响的反馈循环实现深度融合和实时交互来增加或拓展新的功能，以安全、可靠、高效、实时的方式监测或者控制一个物理实体。简单说来，信息物理系统是开放的嵌入式系统＋网络＋控制功能。

信息物理系统也可以称作为一个"网络—实体系统"，即从实体空间对象、环境、活动大数据的采集、存储、建模、分析、挖掘、评估、预测、优化、协同，并与对象的设计、测试和运行性能表征相结合，产生与实体空间深度融合、实时交互、互相耦合、互相更新的网络空间，进而通过自感知、自记忆、自认知、自决策、自重构和智能支持促进工业资产的全面智能化。因此，信息物理系统是智能化的核心关键技术。

信息物理系统可以被看作升级版的物联网。与物联网相比，信息物理系统更强调数字世界对于物理世界的控制，可通过互联网，以可靠并且安全的方式，实时和自治地操控一个物理实体和系统。信息物理系统将使得数字世界不再仅仅是物理世界的虚拟映像，而将是物理世界的控制者。

信息物理系统集成了感知系统、计算系统、控制系统与网络系统，主要着眼于信息世界与物理世界的协同和统一。

信息物理系统作为计算进程和物理进程的统一体，是集成计算、通信与控制于一体的下一代智能系统。信息物理系统通过人机交互接口实现和物理进程的交互，使用网络化空间以远程的、可靠的、实时的、安全的、协作的方式操控一个物理实体。

　　信息物理系统是在环境感知的基础上，深度融合计算、通信和控制能力的可控可信可扩展的网络化物理设备系统，通过计算进程和物理进程相互影响的反馈循环实现深度融合和实时交互来增加或扩展新的功能，以安全、可靠、高效和实时的方式检测或者控制一个物理实体。

　　信息物理系统是一个具有控制属性的网络，但又有别于现有的控制系统，在对网络内部设备的远程协调能力、自治能力、控制对象的种类和数量，特别是网络规模上远远超过现有的工控网络。

　　信息物理系统与物联网、传感网有所区别。物联网、传感网所擅长的是基于无线连接，主要实现感知；信息物理系统需要感控（感知＋控制），传感器网络为信息物理系统一部分。物联网中的物不具备控制和自治能力，通信也大都发生在物品与服务器之间，因此物品之间无法进行协同（从这个角度来说物联网可以看作是信息物理系统的一种简约应用）。信息物理系统具有远远超过物联网、传感网的强大的设备计算能力，信息物理系统是具有计算、通信、控制、协同和自治性能的系统。

　　基于信息物理系统的自动化工厂应具备对现实物理系统实时监控和模拟仿真的能力，通过数据的集成、共享和协同，实现对工序装备的实施优化控制，通过大数据技术支持模型数据分析和基于知识推理的模型精度提升，从而提高产品质量、降低能耗与成本。利用可视化技术，实现工程管理的全程可视化，以提高生产管理水平，减低劳动强度，改善工作环境。

　　钢铁企业很多工序可以独立划分为生产厂，如焦化厂、炼铁厂、炼钢厂、轧钢厂等。炼钢厂、轧钢厂更适宜于建设自动化工厂。

　　基于信息物理系统的自动化工厂的建设内容主要包括：

　　（1）基于异构网络的数据感知和数据接入。

　　（2）基于大数据技术的数模分析。

　　（3）智能装备应用。

　　（4）智能设备维护。

　　（5）系统与信息的深度集成，提升管理和劳动效率。

　　（6）基于工程综合指标体系，实现车间管控闭环。

　　（7）工艺知识库和模型标准化建设。

二、在钢铁制造流程中嵌入工业机器人

　　工业机器人是面向工业领域的多关节机械手或多自由度的机器人。工

业机器人是自动执行工作的机器装置，是靠自身动力和控制能力来实现各种功能的一种机器。工业机器人可以接受人类指挥，也可以按照预先编排的程序运行，现代的工业机器人还可以根据人工智能技术制定的原则纲领行动。

工业机器人按执行机构运动的控制机能，又可分点位型和连续轨迹型。点位型只控制执行机构由一点到另一点的准确定位，适用于定点作业；连续轨迹型可控制执行机构按给定的轨迹运动，适用于连续性作业。

工业机器人具有以下主要特点：一是技术先进。工业机器人集精密化、柔性化、智能化、软件应用开发等先进制造技术于一体，通过对过程实施检测、控制、优化、调度、管理和决策，实现增加产量、提高质量、降低成本、减少资源消耗和环境污染，是工业自动化水平的最高体现。二是技术升级。工业机器人与自动化成套装备具备精细制造、精细加工以及柔性生产等技术特点，是继动力机械、计算机之后，出现的全面延伸人的体力和智力的新一代生产工具，是实现生产数字化、自动化、网络化以及智能化的重要手段。三是应用领域广泛。工业机器人与自动化成套装备是生产过程的关键设备，可用于制造、安装、检测、物流等生产环节，并广泛应用于汽车整车及汽车零部件、工程机械、轨道交通、低压电器、电力、IC 装备、军工、烟草、金融、医药、冶金及印刷出版等众多行业，应用领域非常广泛。四是技术综合性强。工业机器人与自动化成套技术，集中并融合了多项学科，涉及多项技术领域，包括工业机器人控制技术、机器人动力学及仿真、机器人构建有限元分析、激光加工技术、模块化程序设计、智能测量、建模加工一体化、工厂自动化以及精细物流等先进制造技术，技术综合性强。

工业机器人在工业生产中能代替人做某些单调、频繁和重复的长时间作业，或是危险、恶劣环境下的作业。

在钢铁制造流程中的工况恶劣、高危作业、精细作业、重复劳动等工作场所，以工业机器人替代人工作业，实现机器人在钢铁制造全流程的嵌入式应用，从而改善劳动环境，提高安全水平，降低劳动强度，保证产品质量。

嵌入式工业机器人在钢铁企业的主要应用点包括但不限于以下方面：

（1）冶炼区。高炉自动填充炮泥机器人、高炉开铁口换钎机器人、焦炉出焦门清除作业机器人、连铸中间包测温取样机器人等。

（2）轧制区域。钢卷出口自动贴标机器人、锌锅自动捞渣机器人、冷轧自动取样机器人、冷轧自动包装机器人等。

（3）钢管区域。接箍上下料机器人、大口径钢管喷印机器人等。

三、钢铁生产设备状态可视化及设备资产预测式维护

可视化是利用计算机图形学和图像处理技术，将数据转换成图形或图像在屏幕上显示出来，并进行交互处理的理论、方法和技术。

可视化管理是指利用信息系统，让管理者有效掌握企业信息，实现管理上的透明化与可视化，这样管理效果可以渗透到企业人力资源、供应链、客户管理等各个环节。可视化管理能让企业的流程更加直观，使企业内部的信息实现可视化，并能得到更有效的传达，从而实现管理的透明化。

把反映钢铁生产设备运行状态的动态数据提炼为形象直观的分析图形，实现可视化信息管理，提高生产中心现场设备管理水平。

预测性维护也叫预测性维修，是指通过对设备进行数据收集和状态监测，在故障发生之前，就预测可能出现的故障隐患。物联网传感器、先进的分析技术和人工智能的发展，让预测设备故障变得更加容易。预测性故障模型需要大量的性能和环境历史数据，才能对设备精度进行预测。分析现场数据以建立正常的性能基线，也需要大量时间。为了让预测性维护工具发挥作用，不但要历时数月的分析工作，还需要对数据科学家进行人力资源投资。

钢铁企业生产设备众多，既有烧结机、高炉、热风炉、转炉、炼钢电弧炉、精炼炉、连铸机、轧钢加热炉等热工设备，也有轧机、风机、水泵、压缩机等机电设备，还有变频器、除尘器等节能环保设备。利用移动互联、大数据分析等新技术，促进设备维修从被动处理到主动管控、从单一数据专项分析到大数据综合分析、从基于经验的预防性维修到基于数据的预测性维修、从单纯反馈设备状态到提供整体解决方案的转变，从而实现钢铁生产主要设备和辅助设备状态可视、可预测及维护方案最优化的智能设备管理。

主要内容包括：

（1）钢铁生产设备状态智能感知装备的应用，特别是感知高炉等热工设备。

（2）无线传感器的应用。

（3）装备状态在线监测与指导。

（4）装备状态预测分析。

（5）基于大数据平台主要设备状态分析服务。

四、基于预测的能源环境精准管控

预测是指在掌握现有信息的基础上，依照一定的方法和规律对未来的事

情进行测算，以预先了解事情发展的过程与结果。预警是指在需要提防的危险发生之前，根据以往总结的规律或观测得到的可能性前兆，向相关部门发出紧急信号，报告危险情况，以避免危害在不知情或准备不足的情况下发生，从而最大程度地减轻危害所造成的损失的行为。

精准是精确、准确，时间感念中精准、空间位置上的准确。管控是管理控制、管制。精准管控指时间、空间、数量上精确、准确管控。

综合采用大数据分析技术、区域能源优化技术、在线能效分析与评价技术、安全监测与预测预警技术、知识自动化调度技术等技术，构建智慧能源环保管控系统。

钢铁企业能源种类众多，一次能源、二次能源、载能工质、固态、气态、液态均存在，进行精准管控是很复杂的。

主要内容包括：

（1）用智慧节能与管控技术推进节能减排和降本增效。热力系统（蒸汽、发电、管网系统）的在线优化、制氧系统供需系统优化、制水系统全流程经济运行分析、在线能效分析跟踪与评价等。

（2）用物联网技术提升过程管控能力。智慧巡点检管理、智慧化检修现场管理、以集控中心为基础的综合信息平台。

（3）能源系统的安全预警与评价。电力开关柜安全监测及预警、煤气密封罐水位安全监测及预警。

（4）排污及扩散监测及超标预警等。

五、面向制造现场的集成型智能制造管理

集成智能型制造通过人、设备、产品等制造要素和资源的相互识别、实时联通、有效交流，实现智能产品设计、智能排产、生产状态实时监测和自适应控制、人际智能交互等在生产过程中的应用，推动生产方式的定制化、柔性化、绿色化。

集成型制造智能管理的主要内容包括：

（1）多工序生产协同优化。生产计划优化排程、计划基准值管理与高级分析等。

（2）跨工序生产协同优化。原料申请优化模型、无委托材料智能匹配等、生产过程仿真等。

（3）先进产品质量策划。

（4）全样本工序一贯质量管理。

（5）库场无人化作业管理。

（6）基于全流程物料跟踪的成本盈利分析。

六、一体化智能物流管理系统

一体化物流是运用综合、系统的观点，将从原材料供应到成品分发的整个供应链作为统一的流程，对物流的所有功能进行统一管理，形成为顾客提供多个物流服务的最终解决方案；是指将原料、半成品和成品的生产、供应、销售结合起来成为一个有机整体，实现流通与生产的引导和促进关系。

一体化物流是物流管理系统化的具体体现，充分考虑整个物流过程及影响过程的各种环境因素，对实物流动进行整体规划和运行；一体化物流管理的目标是将市场、分销网络、制造过程和采购活动联系起来，实现服务的高水平与低成本，赢得竞争优势。

一体化物流是对使用于实物配送、生产支持和采购业务的资源的计划、分配和控制过程进行系统的管理。在一体化物流系统中，钢铁企业的物流与市场营销、钢铁产品及衍生产品生产、管理等各职能部门相互配合、共同保证钢铁企业总目标的实现。

一体化物流的智能化就是要使物流系统中的物品标识与识别自动化、现场作业智能化、配送与调度最优化、追溯管理一体化。

一体化智能物流管理系统的主要内容包括：

（1）原料码头港口机械装卸智能化。

（2）企业内物流组织及运输调度智能化。以框架车为核心的物流调度、基于移动互联实现委外运输业务应用的全覆盖，物流仿真与资源配置优化等。

（3）钢铁产品及延伸产品物流供应链智能化。基于物联网的物流自动追踪与识别、基于智能装备的无人化物流作业、基于大数据的 KPI 分析等。

（4）厂区重车优先运行智能绿波系统。厂区重车的识别感知、重车绿波调度策略等。

七、集成客户的端到端供应链

客户端也称为用户端，是指与服务器相对应，为顾客提供本地服务的程序。除了一些只在本地运行的应用程序之外，一般安装在普通的客户机上，需要与服务端互相配合运行。

供应链是指商品到达消费者手中之前各相关者的连接或业务的衔接，是围绕核心企业,通过对信息流、物流、资金流的控制,从采购原材料开始,制成中间产品以及最终产品,最后由销售网络把产品送到消费者手中的将供应商、制造商、分销商、零售商,直到最终用户连成一个整体的功能网链结构。供应链是执行采购原材料,将其转换为中间产品和成品,并且将成品销售到用户的功能网链。供应链是通过增值过程和分销渠道控制从供应商到用户的流,始于供应,终于消费。

供应链管理就是指对整个供应链系统进行计划、协调、操作、控制和优化的各种活动和过程,其目标是将顾客所需的正确的产品,能够在正确的时间,按照正确的数量、质量和状态送到正确的地点,并使这一过程所耗费的总成本最小。

在整体供应链体系中,整合供应商、生产基地、销售部门、地区公司、加工中心、物流服务商、最终用户之间的业务关系,实现制造企业与顾客间的产品设计、制造、供应协同,进行更高水平的供应链合作。

主要内容包括:

(1)全程供应链协同,即全程供应链信息互联互通、用户需求拉动的供应链管控、全程库存动态监控和多级预警响应、全程供应链周期管理。

(2)全生命周期技术服务,即用户 EVI 管理、用户异议处理及质量改善全流程管理、产品研发及认证全生命周期管理等。

(3)业务互联网化,即建设面向普通顾客的电子商务平台、发展第三方交易平台、营销互动社区和协同商圈建设等。

(4)业务智能化和大数据应用,即用户需求识别和行为预测,建立供应链管理优化模型,用户、业务价值分析等。

八、大数据平台建设

平台指计算机硬件或软件的操作环境,泛指进行某项工作所需要的环境或条件。

计算机平台的概念基本上有三种:一是基于快速开发目的的技术平台,二是基于业务逻辑复用的业务平台,三是基于系统自维护、自扩展的应用平台。技术平台和业务平台都是软件开发人员使用的平台,而应用平台则是应用软件用户使用的平台。

大数据平台是为钢铁企业大数据提供处理能力的平台,是一个数据分析挖掘平台。

工业大数据包括生产过程产生的制造与操作管理数据、消费者使用过程中产生的需求与消费行为数据。

大数据平台建设的主要内容包括:

(1)建立钢铁企业大数据平台的基本架构,即数据获取、数据存储、数据分析、数据洞察。

(2)钢铁企业基础数据接入,即面向现场设备的数据接入、面向信息系统的数据接入。

(3)大数据存储,即满足数据海量化、多样化的要求。

(4)大数据处理,即大数据规模 SQL 分析、工业控制级实时分析与优化、海量非结构数据的复杂挖掘。

(5)大数据展现,即大数据实时组态工具、大规模地理空间数据展现、自助分析工具、丰富的可视化图形库。

九、智能原料场

原料场存储的原料、燃料在数量上保证生产连续进行,在品种和质量上对使用变动和配比变动起缓冲作用。

(一)原料场管理的原料种类

钢铁企业原料场主要管理以下物质:

(1)铁矿石类,包括原块矿、整粒块矿、铁精粉、粉碎粉、筛下粉、球团矿、烧结矿、锰矿等。

(2)辅助原料,包括石灰石、白云石、硅石、硅砂、萤石、轻烧白云石、生石灰等。

(3)燃料,包括洗精煤、焦炭、动力煤、喷吹煤。

(4)厂内回收料,包括高炉灰、氧化铁皮、粒铁、转炉粗粒等。

(二)与铁前生产管理系统之间的关系

原料场管理系统是通过铁前生产管理系统包括在线生产管理系统和厂务管理系统来收集所需信息。生产管理系统包括生产计划管理、质量管理、生产指令信息管理、生产考核指标管理、生产实时数据监视、生产技术数据处理、工艺参数管理、主设备状况监视、成本管理等功能模块。厂务系统包括统计分析处理、工艺规程技术数据管理、资材消耗备件管理、基础管理。生产计划管理信息模块与料场管理系统有紧密关系,根据钢铁企业下达的生产计划、生产设备检修计划、配煤计划、配矿计划及能源平衡计划等一系列条件，形成各生产单元的年、季、月生产及原料使用计划，并根据实际生产条件对计划进行调整，对各分厂生产计划完成情况进行跟踪。模块提供给料场智能管理系统各生产单元的生产计划、原料使用计划、到货预告、设备状况、原料场库存、原料场堆料机、取料机的生产数据、设备故障、设备检修情况的信息。

原料场智能化管理系统通过光缆与铁前生产管理信息系统进行连接。铁前生产管理信息系统将原料场管理系统所需信息通过网络传递到其服务器上，然后由数据在线接收程序将这部分数据进行处理转存在料场智能化管理系统的数据源数据库中。

（三）原料场及其管理的功能

智能原料场不仅要有"思想"，还要有"感知"，有"行走能力"，其功能包括但不限于：

（1）接收由铁前生产管理信息系统下达的各生产单元的生产计划、原料使用计划、设备状况、料场库存、到货预告、原料场堆、取料机的生产数据、设备故障、设备检修情况的信息。

（2）编制合理的季、月、旬输入作业计划。

（3）编制合理的日输入及输出作业计划。

（4）完成准确可靠的季、月、旬料场配置图，完成料场配置图的实时显示、打印。

（5）设备定位、测距与导向。

（6）料堆堆位及库存智慧管理。

（7）自动堆、取料，按要求品种和配比向铁前生产系统输送原料。

（8）生产变革决策支持。

附录 T/HBMIA 1—2018 钢铁企业两化融合规范

（河北省冶金行业协会团体标准）

1 范围

本标准规定了钢铁企业两化融合的基本要求、基本原则、框架和功能，提出了钢铁企业智能制造的优先方向。

本标准适用于钢铁联合企业。铸造生铁生产企业和独立工序企业可参照执行。

本标准不适用于黑色金属矿山采选业。

2 规范性引用文件

下列文件对于本文件的应用是必不可少的。凡是注日期的引用文件，仅注日期的版本适用于本文件。凡是不注日期的引用文件，其最新版本（包括所有的修改单）适用于本文件。

GB/T 18725　制造业信息化技术术语

GB/T 18729—2011　基于网络的企业信息集成规范

GB/T 19580—2012　卓越绩效评价准则

GB/T 23000　信息化和工业化融合管理体系基础和术语

GB/T 23001—2017　信息化和工业化融合管理体系要求

GB/T 23020—2013　工业企业信息化和工业化融合评估规范

GB/T 25109.1—2010　企业资源计划　第1部分：ERP术语

GB/T 25109.2—2010　企业资源计划　第2部分：ERP基础数据

GB/T 25109.3—2010　企业资源计划　第3部分：ERP功能构件规范

GB/T 25109.4—2010　企业资源计划　第4部分：ERP系统体系结构

GB/T 25460—2010　面向制造业信息化的ASP平台功能体系结构

GB/T 25470—2010　制造业信息化共性技术资源服务平台功能规范

GB/T 26327—2010　企业信息化系统集成实施指南

GB/T 26335—2010　工业企业信息化集成系统规范

GBZ 18728—2002　制造业企业资源计划（ERP）系统功能结构技术规范

3　术语和定义

本文件未做界定时，GB/T 18725、GB/T 23000、GB/T 23020—2013、GB/T 26335—2010、GB/T 25109.1—2010界定的术语和定义适用于本文件。

下列术语和定义适用于本文件。

3.1　钢铁工业

一个完整的工业门类，是对以从事黑色金属矿物采选和黑色金属冶炼加工等工业生产活动为主的工业行业的统称，包括金属铁、铬、锰等的矿物采选业、炼铁业、炼钢业、钢加工业、铁合金冶炼业、钢丝及其制品业等。作为一个全面的生产系统，钢铁工业的生产又必须涉及非金属矿物采选和制品等一些其他工业门类，如焦化、耐火材料、炭素制品等，其产品与钢铁工业生产密切相关，通常将其与钢铁工业视为一个整体。

3.2　企业

共同承担一个明确任务、目的和目标，以提供产品或服务等输出的一个或多个组织。

3.3　钢铁企业

主要从事黑色金属矿物采选和黑色金属冶炼、加工及制品生产，以及与钢铁工业生产密切相关的非金属矿物采选和制品、炼焦等工业生产的实体。按产品分为钢铁产品生产企业、钢铁生产主要原材料生产企业、钢铁制品生产企业；按包含的生产工序分为钢铁联合企业、独立炼铁企业、独立炼钢企业、独立钢加工企业等。

3.4　钢铁联合企业

具备炼铁、炼钢、钢加工等钢铁工业主要生产环节并基本配套的生产企业。

3.5　信息基础设施

钢铁企业经营范围内的通信网络系统。在合理利用网络通信资源的前提下，发展并完善与用户之间的产品开发与经营通信网，与供应商之间的商贸经营的电子贸易信息网，以解决信息交换的通达性及安全性问题。

3.6　基础自动化

智能仪表、检测设备、PLC、DCS等。

3.7　过程自动化

智能控制模型、过程控制系统、专家系统等。

3.8　钢铁企业信息化

钢铁企业在生产和经营、管理和决策、研究和开发、市场和销售等各方面全面应用信息技术，建设信息网络、信息系统及应用互联网，通过对信息和知识资源的高效开发与利用，调整或重组其组织结构与业务模式，服务其发展目标，提高企业竞争力。

3.9　两化融合

信息化和工业化融合的简称。工业企业围绕其发展战略目标，以信息化作为企业发展的内生要素，在信息技术和工业技术不断演进、变革与交叉渗透的环境下，夯实工业自动化基础，推进产品研发设计、生产制造、经营管理和营销服务的优化提升，推动业务系统综合集成、企业间业务协同以及发展理念和模式的创新，以提升创新能力、能源资源优化配置水平和利用效率，实现创新发展、智能发展和绿色发展，形成可持续发展竞争能力的过程。

3.10　钢铁企业两化融合

以信息技术改造钢铁企业，使信息技术完全融入钢铁企业产品研发设计、生产制造、经营管理和营销服务过程，通过业务系统综合集成、企业间业务协同等建成完备的信息化系统，实现钢铁企业信息化，促进钢铁企业发展理念和发展模式的创新，提高钢铁企业运营效率。

3.11　实时控制

在系统规定的时间间隔内，调节或强制被控制对象完成预定动作或响应的过程控制。

3.12　业务流程

钢铁企业实现其业务目标和策略的一系列相互连接的过程集合。

3.13　系统集成

通过接口实现不同功能系统之间的数据交换和功能互连。

3.14　智能制造系统

采用人工智能、智能制造设备、测控技术和分布自治技术等各学科的先进技术和方法，实现从产品设计到销售整个生产过程的自律化。

3.15　物质流

物品从供应地向钢铁企业、在钢铁企业内部及向钢铁企业外部的实体流动过程，包括运输、储存、装卸、搬运、包装、流通加工、配送、信息处理等基本功能和过程。

3.16　能量流

能量从钢铁企业外部流入并进行贮存、加工转换、分配输送、使用、回收及再转换、输出的流动过程。

3.17　污染流

污染物在钢铁企业内生成及其被治理设施捕获或向环境排放的流动过程。

3.18　制造执行系统

又称生产执行系统，能启动、指导、响应并向生产管理人员报告在线、实时生产活动情况的生产活动管理系统，辅助执行制造订单的活动。缩写为 MES。

3.19　供应链

钢铁企业从原料订货、接收到生产钢铁产品，直至发送和交付客户的过程集合。

3.20　工序

一组人员在同一组设备或设施上对一种或几种物料所连续完成的使其直接发生物理变化或化学变化的一系列工艺过程集合。

4　基本要求

4.1　战略

钢铁企业应以战略统领其运营活动，以获得持续发展和成功；应将两化融合纳入其战略，将两化融合作为贯穿战略始终的重要内容。

4.2　基础

4.2.1　钢铁企业应具备信息化的基础条件。

4.2.2　钢铁企业应具备完善的具有数据传输功能的计量器具和信息化计量管理系统。

4.2.3　钢铁企业应具备完善的具有数据传输功能的化学成分、力学性能检测装置和信息化检测管理系统。

4.2.4　钢铁企业应具备基本的过程控制系统。

4.2.5　钢铁企业应建设完善的信息基础设施。

4.3　管理体系

钢铁企业应按照 GB/T 23001—2017 建立两化融合管理体系。

4.4　投入

钢铁企业应保证两化融合的资金投入、设备设施投入、人员投入和信息资源投入。

4.4.1　资金

钢铁企业应围绕新型能力的打造、保持和持续改进，对相关资金投入与使用进行统筹安排和优化调整，确保资金投入与使用的合理性、适度性和及时性。

4.4.2 设备设施

钢铁企业应明确设备设施相关方的责任和权限，统筹安排设备设施的提供、维护和升级改造，并形成文件化信息，以确保设备设施的自动化、数字化、网络化和智能化水平适应新型能力目标，确保设备设施的可用性、可维护性和完整性，确保设备设施的可靠性和安全性。

4.4.3 人员

钢铁企业应在两化融合方面提供培训或采取其他措施以帮助员工获得所需的能力，建立适当的激励制度，必要时聘用外部专业人员。

4.4.4 信息资源

钢铁企业应将信息资源作为战略性基础资源予以管理，建立机制，确保不断推进信息资源的标准化，识别、采集、获取和存储数据、信息和知识并确保其准确性和时效性，持续提高信息资源的传递和共享水平，统一管理数据并挖掘、提炼信息和知识，确保信息资源的可用性、完整性和保密性。

4.5 组织结构

钢铁企业组织结构应与两化融合相适应。

5 基本原则

5.1 重方法

钢铁企业信息化应以过程方法为基础，以系统方法进行整合，系统方法和过程方法相结合，进行有效集成，提升协同创新能力和战略决策水平。

5.2 多特性

钢铁企业信息化平台应具有先进性、可移植性、可重用性、开放性、可扩展性、安全性、可靠性、系统的可管理性、可集成性。

5.3 兼要素

钢铁企业信息化应充分体现基于数据、技术、业务流程、组织结构四要素互动创新和持续优化的发展模式。

5.4 相匹配

钢铁企业信息化集成系统的总体架构应与企业的管理体系、管理机制组匹配，应具有可调整的灵活性和可扩展性。

5.5 易架构

钢铁企业信息化集成系统应采用分层分布式系统结构，软件体系应采用模块化结构，以利于系统灵活配置、功能拓展和性能提升，支持企业可持续的业务流程重组，适应企业的改造与升级。

5.6 适需求

钢铁企业信息化集成系统的结构、硬件及软件配置应满足信息化建设总体要求，满足系统功能和性能参数指标的要求，满足分期建设及企业业务不断发展的需求。

5.7 向纵深

钢铁企业基础自动化水平较低、自动化系统尚未覆盖核心业务及主要相关业务时，应首先提高自动化水平；钢铁企业生产自动化系统较完善时，系统建设的重点应为其生产执行层、经营管理层与战略决策层，并将新建部分与基础自动化系统有效集成，融为一体。

5.8 避风险

钢铁企业建设信息化集成系统，应正确评估信息化系统投资风险和效益，制定企业信息化整体解决方案和分步实施策略，做好长远目标和现实之间的协调统一。

6 程序

钢铁企业信息化建设主要步骤有策划、实施、运行、评测和改进。

6.1 策划

6.1.1 钢铁企业应围绕可持续竞争优势需求，对所需新型能力及其关键指标进行识别、调整、评审和确定，所确定的新型能力应能够有效支撑其获取预期的可持续竞争优势。

6.1.2 钢铁企业应围绕所需新型能力策划两化融合实施方案，明确数据、技术、业务流程、组织结构互动创新和持续优化的需求和实现方法，以有效实现预期目标。

6.1.3 钢铁企业应确定策划两化融合实施方案的规则，包括确定策划的方法与过程、责任人和参与人的职责和权限等。

6.1.4 两化融合实施方案应综合战略循环（战略-可持续竞争优势-新型能力）、要素循环（数据-技术-业务流程-组织结构）、管理循环（策划-支持、实施与运行-评测-改进）和PDCA循环。

6.2 实施

6.2.1 钢铁企业应与合作方建立有效的沟通合作机制。

6.2.2 钢铁企业应制定业务流程与组织结构优化方案，明确业务流程与组织结构优化的实施主体及相关方的责任和权限，确保业务流程与组织结构优化的需求得到有效安排和沟通，确保新型能力涉及的业务流程职责、部门职责与岗位职责得到合理划分、规定和沟通，并建立职责协同机制。

6.2.3 钢铁企业应管理业务流程与组织结构优化的执行过程，确保兼顾相关职能和层次的利益，与相关方进行充分沟通，达成共识。

6.2.4 钢铁企业进行业务流程与组织结构优化时，应确保获得优化过程中的动态信息，并制定应对措施以确保优化过程中的冲突和风险得到有效预防和处理。

6.2.5 钢铁企业应制定技术方案，明确技术实现的主体及相关方的责任和权限，确保技术实现的需求得到有效安排和沟通，与业务流程及组织结构优化、数据开发利用等相关的主管部门进行沟通和确认，并得到相关管理者的批准。

6.2.6 钢铁企业应根据业务流程与组织结构优化方案和技术方案，管理技术获取过程，确保必要基础资源的数字化和标准化、所获取技术的有效性，确保技术知识向应用主体有效转移。

6.2.7 钢铁企业进行技术实现时，应能获得技术实现过程中的动态信息，制定相应措施以有效防范技术风险，必要时对技术实现过程实施监控和测量。

6.3 运行

6.3.1 钢铁企业应确保对数据开发利用的价值形成共识。

6.3.2 钢铁企业应制定数据开发利用方案，明确数据开发利用的主体及相关方的责任和权限，确保数据开发利用的需求得到有效安排和沟通，与业务流程及组织结构优化、技术实现相关的主管部门等进行沟通和确认，并得到相关管理者的批准。

6.3.3 钢铁企业应有效地开发利用数据，加快技术、业务流程、组织结构的同步创新和持续优化。可进行以下利用：

（1）选择所需的数据，进行跨时间、跨职能、跨层次的累积、清理和重构；

（2）建立适用的数据应用模型，并进行评审和批准；

（3）在业务系统中部署相应的数据应用模型；

（4）利用外部的数据服务；

（5）开发内部的数据，为外部提供服务。

6.3.4 钢铁企业确保获得数据开发利用过程中的动态信息，制定措施有效防范数据开发利用风险。

6.3.5 钢铁企业应进行数据、技术、业务流程、组织结构的匹配性调整，明确在合理的时间范围内组织开展试运行；必要时开展业务流程与组织结构的优化调整，开展技术实现的优化调整，开展数据开发利用的优化调整；确保在合理的时间范围内实现数据、技术、业务流程、组织结构的有效匹配。

6.3.6 钢铁企业应建立规范的数据、技术、业务流程、组织结构的制度和规范，及时沟通、确认和批准这些制度和规范。

6.3.7 钢铁企业应采取相应措施确保制度和规范得以有效执行。

6.3.8 钢铁企业应形成适当的规定，建立风险防范制度，确保正式运行时风险得到有效控制。

6.4 评测

6.4.1 钢铁企业应参考 GB/T 23020—2013 制定其两化融合评估体系，采取适宜的方法，确定、收集和分析适当的数据，对以下方面进行评估、分析和诊断，寻找改进机会。

（1）业务流程与组织结构优化、技术实现、数据开发利用与打造的新型能力及其目标的适宜性；

（2）新型能力目标的达成情况；

（3）可持续竞争优势的获取结果。

6.4.2 钢铁企业应建立和完善数据采集和报送制度，按照策划的周期开展两化融合自评估和自诊断，并与其他钢铁业企业进行对标。

6.4.3 钢铁企业应制定和实施监控与测量计划，确保对新型能力目标的完成情况、两化融合实施方案的执行过程及数据、技术、业务流程、组织结构匹配调整后的制度规范执行过程进行定期监控、测量和分析。

6.5 改进

当未能达到预期结果时，钢铁企业应采取适当的措施进行改进。

7 系统架构

钢铁企业两化融合系统应涵盖企业产品设计、生产制造、经营管理和营销服务的各重点业务环节，以产供销管理系统为核心，整合电子商务系统、数据分析与决策支持系统、过程控制系统、计量管理系统、检化验系统、能源管理系统、环境监测保护系统、物流管理系统等系统，实现研产供销、经营管理与生产控制、业务与财务全流程的无缝衔接和综合集成。根据企业需要，还可选配战略管理系统和研发、设计管理系统。

钢铁企业两化融合系统构架如图1所示。

战略管理系统		
数据分析与决策支持系统		研发、设计管理系统
产供销管理系统	物流管理系统	电子商务系统
		环境监测保护系统
		能源管理系统
过程控制系统	计量管理系统	检化验系统

图1 钢铁企业两化融合系统构架

8 系统功能

8.1 产供销管理系统

8.1.1 钢铁企业产供销管理系统包括经营管理层和制造执行层两个层面的功能。

8.1.2 经营管理层系统应具备采购管理、销售管理、设备管理、成本管理、财务管理、人力资源管理等功能，还可选配顾客与市场管理功能。

8.1.3 制造执行层包括铁区 MES 和钢轧 MES。铁区 MES 应具备原料计划、生产计划、配料管理、质量管理、仓库管理、生产实绩与跟踪、铁水调度、铁水罐管理等功能；钢轧 MES 应具备质量管理、生产合同管理、作业计划管理、物料跟踪与实绩管理、仓库管理、发货作业管理、工具器具管理等功能。

8.2 电子商务系统

8.2.1 钢铁企业电子商务系统应具备电子商务门户、客户服务和运营服务三部分功能。

8.2.2 客户服务功能包括营销展现、期货需求服务、现货交易服务、购物车服务、订单服务、合同服务、合同跟踪服务、加工服务、售后服务、VIP 服务和公共服务。

8.2.3 运营服务功能包括商品管理、销售管理、交易规则管理、资源投放管理、交易管理、会员统一管理、资金统一管理。

8.3 过程控制系统

8.3.1 钢铁企业全流程过程控制系统涵盖公司所有下属工厂、车间、工序和工位多个层面的过程控制功能需求，由各工序的过程控制计算机系统（PLC_L2）和各工序的基础自动化控制系统（PLC_L1）组成，按控制区域分为铁区过程控制系统和钢轧区过程控制系统两大类。

8.3.2 铁区过程控制系统包括原料场过程控制系统、烧结过程控制系统、焦化过程控制系统、高炉过程控制系统。

8.3.3 钢轧区过程控制系统包括铁水预处理过程控制系统、转炉过程控制系统、电炉过程控制系统、精炼炉过程控制系统、连铸过程控制系统、铁钢包管理系统、加热炉过程控制系统、热轧过程控制系统、冷轧过程控制系统、厚板过程控制系统、棒材过程控制系统、线材过程控制系统、钢管过程控制系统。

8.4 检化验系统

检化验管理系统应以 ISO/IEC17025、ISO9000 等标准化管理规范为基础，支持样品登记、数据收集、数据判断、样品分析和传输的全过程的生产组织、生产跟踪和质量管理。系统功能包括仪器接口、数据管理、资源管理、报告管理、数据共享。

8.5 计量管理系统

计量管理系统实现司磅作业全过程监控和原始数据跟踪记录。系统应具备司磅作业、司磅监控、计量数据管理、设备集成控制、司磅任务分配、智能卡管理等功能。

8.6 能源管理系统

8.6.1 能源管理系统分为在线能源动力系统运行管理、基础能源管理和专业管理子系统三部分。

8.6.2 在线能源电力系统能源管理包括能源信息管理、能源系统故障管理和综合平衡管理，能源信息管理具有能源数据采集与基本处理、能源设备管控一体化、能源信息的归档与管理、能源生产报表管理、能源系统多媒体综合管理功能，能源系统故障管理具有能源系统事件及故障记录、工艺与设备故障的报警与分析、供配电专业安全管理功能，综合平衡管理具有能源负荷及平衡预测、多介质综合平衡与调度功能。

8.6.3 基础能源管理包括能源计划实绩管理、能源分析支持管理、能源质量管理、能源运行支持管理功能。

8.6.4 专业管理子系统具有故障及应急联动管理、一体化安全管理、专业电力系统管理功能。

8.7 环境监测保护系统

环境监测保护系统应具备污染物监测、污染物治理设施监控、排污量计算、固体废弃物追踪、噪声监控、预警和报警功能。

8.8 物流管理系统

8.8.1 钢铁企业物流管理系统对物流服务资源进行统一管理，应涵盖采购物流、生产回收物流和销售物流。

8.8.2 采购物流管理功能包括资源平衡管理、物流计划管理、原料库存管理和物流执行跟踪功能。

8.8.3 生产回收物流管理功能包括原燃料配送调拨、在制品调拨管理、回收利用物流管理、运输调度管理和生产库存管理功能。

8.8.4 销售物流管理功能包括物流计划管理、作业计划管理、物流费用管理、库存管理和全程物流跟踪。

8.9 数据分析与决策支持系统

8.9.1 钢铁企业数据分析与决策支持系统包括基础分析、专题分析和决策分析三个层面的功能。

8.9.2 基础分析主要指各区域（铁区、炼钢、热轧、冷轧、厚板、棒线材、钢管等）统计分析。

8.9.3 专题分析主要包括生产分析、质量分析、采购分析、销售分析、财务分析、成本分析、能源分析、设备分析、库存分析、人力资源分析等。

8.9.4 决策分析层主要指管理驾驶舱。

8.10 战略管理系统

战略管理系统功能包括确立战略目标、确定关键指标体系指标、战略实施与调整、战略预测。

8.11 研发、设计管理系统

研究、设计管理系统包括新产品开发功能，新技术、新工艺开发功能及工艺设计功能。

9 智能制造

9.1 智能制造是钢铁企业两化深度融合的主攻方向。

9.2 智能制造面向钢铁生产全生命周期，通过互联网、云计算、大数据等新技术以及智能化的感知、人际交互、决策和执行技术的应用，提高各层级管理和操作人员、装备、产品、顾客的整体集成度。在此基础上，实现制造装备和控制、全供应链管控、分析决策过程的智能化。

9.3 钢铁企业应建立物理信息系统，为智能制造提供基础。

9.4　智能制造优先行动领域

9.4.1　建设基于 CPS 的全自动化工厂。

9.4.2　在钢铁制造流程中嵌入工业机器人。

9.4.3　钢铁生产设备状态可视化及设备资产预测式维护。

9.4.4　基于预测的能源环境精准管控。

9.4.5　面向钢铁产品制造现场的集成型智能制造管理。

9.4.6　一体化智能物流管理系统。

9.4.7　集成客户的端到端供应链。

9.4.8　钢铁工业大数据平台建设。

附 录 A
（资料性附录）
系统功能说明

A.1 产供销管理系统

A.1.1 采购管理功能

采购管理功能覆盖钢铁企业的原料、燃料、辅助材料和资材备件的采购业务。采购管理功能主要包括：

（1）发出有供应商名字的原材料、补给品、备件、工具、设备和其他所需物料的订单。

（2）监视采购进程并向申请人报告。

（3）物品到货并认可后，发放进货支付发票。

（4）汇集和处理原材料、备件等的单位请求，以便将订单发给供应商。

A.1.2 销售管理功能

销售管理以销售订单为源头，一切主营业务围绕销售订单而展开，是生产组织、发货以及月末结算和销售收入核算等工作的依据。销售管理功能主要包括：

（1）建立客户档案。

（2）管理产品的定价和报价。

（3）支持期货、现货等各种类型订单的订立、变更、撤销、结案等业务，并在订单释放前进行充分的业务评审。

（4）开具提单，组织成品发货业务，在生成提单前对货款进行校验，发货确认后形成码单。

（5）根据码单形成结算清单，作为财务开票依据。

（6）对异议立案、实物确认、理赔处理、整改措施的全过程进行管理。

（7）跟踪销售订单执行情况。

A.1.3 设备管理功能

计划、协调和跟踪维护设备和相关资产，确保设备的可用性，支持运行、点检、检修等现场设备管理。设备管理功能主要包括：

（1）建立设备台账。

（2）提供现有设备设施的维护。

（3）制定并执行预防性维护计划。

（4）监视设备以预测故障，其内容包括自检和提供诊断程序。

（5）发出物料和备件的定购单请求。

（6）拟定维护成本报告。

（7）为过程支持工程提供性能和可靠性的状态与技术反馈。

A.1.4 成本管理功能

对企业生产经营情况进行收集，实现按品种、工序、规格、班组、日核算成本，支持企业内部成本控制，提供成本分析手段以支持成本决策。成本管理功能主要包括：

（1）计算和报告产品总成本。

（2）向生产部门报告成本计算结果以做调整。

（3）为生产设定成本目标。

（4）收集原材料、劳动力、能源和其他要传送到会计部门的成本。

（5）计算和报告总生产成本，向生产部门报告成本计算结果以作调整。

（6）为物料和能源供应及分配设定成本目标。

A.1.5 财务管理功能

在钢铁企业的整体目标下，关于资产的购置（投资）、资本的融通（筹资）和经营中现金流量（营运资金）以及利润分配的管理。财务管理功能主要包括：

（1）全面预算管理。实现经营预算、财务预算及专门决策预算的全面预算管理。

（2）总账管理。总账作为存储会计信息的中央信息库，可实现科目、凭证、期间、币种、汇率、报表等财务会计的基本管理，并可提供开放的标准接口，实现与各业务模块的集成。

（3）应收管理。实现客户、银行、应收发票、收款、核销的过程管理，同时可实现与销售、资金、总账等模块的集成。

（4）应付管理。实现供应商、预付款、付款、发票、核销的过程管理，实现与采购、资产、资金、合同、总账等模块的集成。

（5）固定资产管理。实现固定资产的增加、调整、转移、报废、折旧等功能。

（6）资金管理。实现资金预算、资金结算、资金监控、票据管理、保函管理、融资信贷管理银企直连接口等全过程资金管控。

（7）费用管控。实现管理费用、运营费用、建设费用、工程费用等从预算到核算全过程的费用管控。

A. 1. 6　人力资源管理功能

钢铁企业根据其发展战略的要求，通过对企业中员工的招聘、培训、使用、考核、激励、调整等一系列过程，有计划地对人力资源进行合理配置。人力资源管理功能主要包括：

（1）组织机构。

（2）员工信息管理。

（3）薪资核算。

（4）绩效考核。

（5）社会保险。

（6）人员调动。

（7）考勤管理。

（8）招聘管理。

（9）员工自助查询服务、短信服务、报表管理等辅助工具。

A. 1. 7　顾客与市场管理功能

顾客与市场管理即识别、确定顾客的需求、期望和偏好，建立顾客关系，增强顾客满意度和忠诚度，提高市场占有率。

顾客与市场管理功能主要包括但不限于以下几种：

（1）根据企业战略优势，确定目标顾客群和细分市场。

（2）根据战略发展方向，关注包括竞争对手的顾客在内的潜在顾客和市场、收集竞争和市场情报，拓展新的市场。

（3）了解关键顾客的需求、期望和偏好，确定顾客对钢铁产品的要求和标准。

（4）将当前和以往顾客的相关信息用于产品和服务的设计、生产、改进、创新以及市场开发和营销过程。

（5）用各种信息来强化顾客导向、满足顾客需要以及识别创新的机会。

（6）建立顾客关系以赢得顾客，满足并超越其期望，提高其忠诚度。

（7）测量顾客满意和忠诚。

（8）对顾客进行产品和服务质量的跟踪。

（9）获取和应用可供比较的竞争对手和标杆的顾客满意信息。

A.1.8　铁区 MES 的功能

铁区 MES 定位于铁前区域管理计算机系统，以满足铁前生产工艺的要求为出发点，着重于对铁前生产过程进行管理，及时准确地收集原燃料消耗、物流信息、过程质量等信息，并在此基础上制定合理生产计划，为操作人员及时了解生产、物流、质量等信息，并为产销成本、销售、采购等模块提供基础信息；从原料管理角度看，系统以支持铁前生产稳定为目标，着重于对大宗原燃料进厂、起堆、供应、回收等流程进行管理，为原料管理人员做好原料的收、发、存管理提供支持。从炼铁和炼钢衔接的角度看，铁水调度通过铁水的生产、运输、质量、计量、使用信息的集成为调度人员的铁水调度业务提供支撑，实现铁前和炼钢工序的信息流和物流无缝衔接。

A.1.8.1　原料计划功能

支持原料管理人员制定每月原料需求计划。

A.1.8.2　生产计划功能

根据产能制定生产计划，按计划组织生产。

A.1.8.3　配料管理功能

实现铁前区域内各工序配料管理，涉及所有有配料工艺的工序。

A.1.8.4　质量管理功能

全面跟踪产品生产过程质量，方便相关人员了解从原燃料进厂到出铁出渣的质量信息。

A.1.8.5　仓库管理功能

仓库管理的范围包括原燃料堆场、中间料场、成品堆场的入库、倒库、出库、库存查询、盘库管理。

A.1.8.6　生产实绩与跟踪功能

提供生产实绩的收集和处理，通过建立全面的物料信息库，把分散的物料信息高度整合，为各种管理需求的实施提供完备的信息基础。

A.1.8.7　铁水调度功能

为调度人员提供进行铁水调度需要的信息平台，帮助调度人员制定铁水分配计划，跟踪与铁水调度相关的生产情况。

A.1.8.8　铁水罐管理功能

支持对铁水罐全生命周期的使用、维修情况进行跟踪管理。

A.1.9　钢轧 MES 的功能

钢轧 MES 是面向钢轧产线（包括炼钢、热轧、冷轧、厚板、棒材、线材、钢管等）的制造管理和生产执行的计算机系统。钢轧 MES 前后贯通整条产线，实现全过程的一体化产品与质量设计、计划与物流调度、生产控制与管理。上下连通现场控制设备与企业管理平台，实现数据的无缝连接与信息共享。

A.1.9.1　生产合同管理功能

对释放生产的合同进行实时动态管理，支持合同的产能平衡、计划排程、过程执行与跟踪。

A.1.9.2　质量管理功能

建立制造规范体系，使质量工程师能够根据顾客需求、国家标准和相关行业标准制定企业内部各生产线、各工序的工艺制造参数，形成钢铁企业制造规范库。

A.1.9.3　作业计划管理功能

根据订单排程确定的产品品种、数量及完成日期，安排具体工作中心和/或工作单元的详细作业计划，确定精确的计划作业顺序、时间及负荷，为作业分派资源，跟踪作业执行情况，并调整作业计划。

A.1.9.4　物料跟踪与实绩管理功能

对制造过程中使用到的物料进行全程跟踪，自动收集生产实绩数据，实时掌握厂内物料库存，记录物料异动履历。

A.1.9.5　仓库管理功能

对与生产制造密切相关的原料库、中间库、成品库进行管理，合理划分库区库位，按照物料的形态、质量等级、加工途径、产品去向等信息，建立库区与各生产工序的逻辑关系；设置堆放规则，指示并执行物料在生产过程中的搬运操作，为库区合理利用、物流畅通高效提供保障。

A.1.9.6　发货作业管理功能

支撑成品的发货作业，规范产成品出厂管理业务，保证订单按期交货。

A.1.9.7　工具器具管理功能

计划、协调、跟踪、维护与生产作业计划密切相关、影响生产工艺和质量控制的工具器具，确保生产制造的可用性，实现工具器具的合理使用。

A.2　电子商务系统

A.2.1　电子商务门户功能

电子商务门户功能主要包括但不限于内容：
（1）为用户提供所有电子商务系统的统一登录、用户注册。
（2）新手上路指导。
（3）各公司交易规则。
（4）现货竞价公告及资源公告。
（5）最新现货资源及最新竞价资源的滚动展示和统一查询。

A.2.2　客户服务功能

客户服务功能包括但不限于内容：
（1）营销展现。展现各营销单元的营销产品、产品用途及基础标准。
（2）期货需求服务。期货需求收集，为制造单元生产提供需求来源。
（3）现货交易服务。通过定价挂牌交易（一般销售和打包销售）、双盲议价交易（人工议价和机器议价）、集合议价交易、竞价交易等交易方式，为客户提供现货交易服务。
（4）购物车服务。提供一口价生成订单、生成议价订单和资源集合议价的功能，同时买家可以一次清空购物车中资源。
（5）订单服务。提供订单明细查询。

（6）合同服务。确认后的合同供客户查询。可通过电子合同技术，形成在线有效的电子合同查询和下载。

（7）合同跟踪服务。跟踪合同的生产进度、钢材出厂、物流、结算、提供等综合及明细情况。

（8）加工服务。收集客户的加工需求，向产业链上的加工服务商下单。

（9）售后服务。经过防伪认证后的质保书信息，可进行查询和打印；对提出的质量异议可进行处理进程跟踪；对营销单元发布的满意度调查，可进行填写。对营销单元在销售过程中的意见和建议，可进行提交。

（10）VIP服务。与战略用户形成专属个性化服务，通过业务协同，共享供应链信息。

（11）公共服务。通过单据防伪机制控制电子业务单据的有效性；通过CA认证对身份进行验证，从而进行有法律效用的电子业务；通过网络进行支付或供应链融资服务时，银行对资金往来的支持；通过移动方式将信息推送给用户；利用数字报文方式将企业双方的业务信息进行互传。

A.2.3 运营服务功能

运营服务功能包括但不限于内容：

（1）商品管理。提供对相关商品的管理，可以对一些商品定义其关键主要商品属性和交易商品属性信息，供会员在进行交易时维护商品信息。

（2）销售管理。对现货资源进行管理，在现货资源投放前对挂牌资源组合、打包、定价、核价、价格优惠。

（3）交易规则管理。提供定价销售模式、议价销售模式、集合议价销售模式和网上竞拍模式的交易规则管理。

（4）资源投放管理。实现现货资源的投放管理。

（5）交易管理。交易管理是电子商务系统的运营管理中心，包括了市场管理、商品管理、会员管理和平台审计等。

（6）会员统一管理。对会员的账户、权限、电子签名等服务的管理。

（7）资金统一管理。为每个会员开设独立的账户，对发生的资金往来进行统一管理。

A.3 过程控制系统

A.3.1 原料场过程控制系统功能

原料场过程控制系统功能包括但不限于以下内容：

（1）接收炼铁 MES 系统的原料作业计划和运输计划。

（2）进行料场库存管理。

（3）进行皮带机输送运转管理、移动机械运转管理。

（4）作业实绩数据收集处理、料场仓存管理。

（5）操作画面显示和指导等。

A.3.2 烧结过程控制系统功能

烧结过程控制系统功能包括但不限于以下内容：

（1）过程数据定周期收集。

（2）过程数据的事件触发型收集。

（3）矿槽、配比、原料使用量管理。

（4）成分分析及质量管理。

（5）配料、水控制、终点控制、层厚控制、点火控制等数学模型以及烧结工艺和脱硫工艺的技术计算等。

（6）与炼铁 MES 系统、全厂检化验系统的数据通信。

（7）操作画面显示和指导。

A.3.3 焦化过程控制系统功能

焦化过程控制系统功能包括但不限于以下内容：

（1）过程数据定周期收集。

（2）过程数据的事件触发型收集。

（3）煤槽、配比、原料使用量管理。

（4）成分分析及质量管理。

（5）干熄焦优化和各工艺技术计算。

（6）推焦计划的编排及管理，焦输送跟踪。

（7）操作画面显示和指导。

A.3.4 高炉过程控制系统功能

高炉过程控制系统功能包括但不限于以下内容：

（1）过程数据定周期归档收集。

（2）原料及称量子系统、高炉本体计算、喷煤系统数据处理、热风炉数据处理、冷却系统控制、工艺控制模型等。

（3）操作画面显示和指导。

A.3.5 铁水预处理过程控制系统、转炉过程控制系统、电炉过程控制系统、精炼炉过程控制系统、连铸过程控制系统功能

铁水预处理过程控制系统、转炉过程控制系统、电炉过程控制系统、精炼炉过程控制系统、连铸过程控制系统功能包括但不限于以下内容：

（1）作业跟踪。

（2）操作管理。

（3）操作实绩收集、送信。

（4）数学模型和设定控制。

（5）操作画面显示和指导。

A.3.6 铁钢包管理系统功能

铁钢包管理系统的功能主要包括但不限于以下内容：

（1）天车在线调度。

（2）铁水包在线（离线）管理。

（3）钢包在线（离线）管理。

（4）铁水包下线管理、钢包下线管理。

（5）各工序运转状况实时收集和查询等。

A.3.7 加热炉过程控制系统功能

加热炉过程控制系统的功能主要包括但不限于以下内容：

（1）物料跟踪。

（2）加热炉燃烧模型。

（3）计划数据管理。

（4）实绩数据采集、班管理。

（5）操作画面显示和指导。

A.3.8 热轧过程控制系统、冷轧过程控制系统、厚板过程控制系统、棒材过程控制系统、线材过程控制系统、钢管过程控制系统功能

热轧过程控制系统、冷轧过程控制系统、厚板过程控制系统、棒材过程控制系统、线材过程控制系统、钢管过程控制系统的功能包括但不限于以下内容：

（1）物料跟踪。

（2）计划数据管理。

（3）设定计算。

（4）实绩数据采集、班管理和停机管理。

（5）轧辊管理。

A.4　检化验系统

A.4.1　仪器接口功能

将分析仪器直接与计算机连接起来，通过专业化的软硬件接口技术，实现分析数据的短距离或远程自动采集。

A.4.2　数据管理功能

定义分析样品及分析项目参数，监测从生成分析任务到分析结束的全过程，跟踪实验室分析任务完成状况，对异常情况进行处理。

A.4.3　资源管理功能

对实验室不同类型的资源进行综合管理，包括人员、仪器设备、材料试剂、文件、分析方法等。

A.4.4　报告管理功能

根据实验室管理要求生成检验数据台账、月报、周报、日报等各类报表。

A.4.5　数据共享功能

通过一定的通讯方式实现数据共享，能够方便地将检测数据共享至其他系统。

A.5　计量管理系统

A.5.1　司磅作业管理功能

包括全厂各类衡器的状态管理、实绩数据采集。

A.5.2　计量数据管理功能

管理维护司磅计量各类衡器的计量实绩数据、临时数据、委托数据、系统数据和其他业务数据。

A.5.3　监控管理功能

包括视频监控、仪表数据实时监控、对射监控、用纸监控和其他设备监控。

A.5.4　设备集成控制功能

统一接入和管理二次仪表、各类控制设备和人机交互设备，提供标准的服务接口。

A.5.5　司磅任务分配功能

集中作业时，实时监控磅房状态，根据制定的策略自动分配作业任务到集中作业终端。

A.5.6　智能卡管理功能

配套司磅业务流程的智能卡的读写控制、制发卡和库管理。

A.6　能源管理系统

能源管理系统要扁平化、集中一贯制和管控一体化。

A.6.1　能源数据采集与基本处理功能

从次级用能单位、耗能设备采集能源消耗、产生（转换）、回收数量、质量数据，实现能源数据共享管理。数据采集保证其完整性、准确性、实时性、独立性、安全性，进行必要的温度压力补偿、数据规定及追溯，满足监控和管理要求。

A.6.2　能源设备管控一体化功能

实现主升降压变电所、水泵站、煤气主管网（混合站、煤气柜等）、气体管网（含储罐）等重要站所的集中监控，实现远程操作和调整。有足够的安全技术措施和管理措施、有效的预案，具有符合行业规范的人机界面。

完成能源动态分配优化、在线调度，完成能源转换。

A.6.3　能源信息的归档和管理功能

包括安全的短时和长时归档，人性化的查询界面和管理界面，各类信息记录，故障信息归档。

A.6.4　能源生产报表管理功能

提高能源介质瞬时报表，生成调度日报表及管理类日报表，生成月、季度、年度能源平衡表。

A.6.5　能源系统多媒体综合管理功能

提供特定站、所的视频监视及记录。

A.6.6　能源系统及故障记录功能

进行事件顺序记录、故障记录、操作记录。

A.6.7　工艺与设备的报警与分析功能

包括独立报警通道、分级故障报警、故障时序分析，进行事故预案管理，与控制系统联动处理，分析和实施紧急减载，监督控制。

A.6.8　供配电专业安全管理功能

供配电系统的运行安全管理、操作安全管理和检修安全管理。

A.6.9　能源负荷预测功能

实现系统性负荷预测，包括电力负荷预测、日用电量预测、煤气系统预测、氧氮氩预测、固体燃料预测，管理能源负荷。

A.6.10　多介质综合平衡及调度功能

根据负荷预测，进行平衡预测。对能源系统进行优化调整，实现企业能源系统的整体平衡和经济调度。

A.6.11　能源计划实绩管理功能

根据企业生产计划及历史数据编制能源供需计划，指导能源生产系统按照供需计划组织生产，向主生产线提供所需要的能源量，供需计划按照风、水、电、气（汽）介质编制；对各能源介质实际发生量、使用量、放散量等数据进行采集、抽取和整理，取得能源生产运行的实绩数据，用于反映各种能源介质生产（回收）、分配和使用情况，并对相关能源消耗指标进行计算、分析和管理。

A.6.12 能源分析支持管理功能

使用数据分析技术，对能源历史数据进行分析，根据企业生产与设备运行安排，进行能源供需、能源消耗实绩与计划的比较分析和吨钢综合能耗等能源技术经济指标分析、对标分析等分析，以指导企业能源管理工作。

A.6.13 能源质量管理功能

对水、煤气、蒸汽等能源介质的质量指标进行监督管理，编制各种能源质量报表，对各类质量指标进行跟踪监控和趋势分析，避免能源质量造成的事故。

A.6.14 能源运行支持管理功能

进行能源生产和回收运行管理，实现能源调度日常管理的数字化，实现能源供应的连续、稳定和安全。

A.6.15 故障及应急联动管理功能

由异常、故障或其他条件触发的预案管理，应急联动及基于组态技术的预案生成及管理。

A.6.16 一体化安全管理功能

在监控及管理系统中设计有满足集中安全管理的专业安全管理模块，包括授权、接入管理等。

A.6.17 专业电力系统应用功能

电力系统的潮流计算、短路计算等。

A.7 环境监测保护系统

A.7.1 污染物监测功能

监测大气污染物、水污染物原始浓度及其载体流量、温度，计算污染物产生量。

A.7.2 排污量计算

监测大气污染物、水污染物排放浓度及其载体流量、温度，测算污染物排放量。

A.7.3 污染物治理设施监控功能

监控污染物治理设施运行参数及治理介质消耗量，计算污染物治理设施运行效率、污染物脱除效率。

A.7.4 追踪固体废弃物功能

追踪固体废弃物综合利用、填埋等去向，统计综合利用量。

A.7.5 噪声监控功能

监控噪声源和厂界噪声。

A.7.6 预警和报警功能

大气污染物、水污染物排放浓度接近排放标准时、排污总量接近许可排放量时进行声光等预警，超过排放标准时进行声光等报警。

A.8 物流管理系统

A.8.1 资源平衡管理功能

包括制造单元资源信息管理、进口及国内原料采购配送计划管理和中转配送计划，保证企业原料供应和合理分布。

A.8.2 物流计划管理功能

对企业采购进厂业务的物流计划进行管理，涵盖远洋运输管理、外轮排港管理、运力调度管理和原料配送管理，支持外轮接卸、国内中转、采购配送等物流业务模式。

A.8.3 原料库存管理功能

支持企业采购原料的外港、在途、厂内库存管理。

A.8.4 物流执行跟踪功能

对物流计划的执行情况进行跟踪，收集原料到货信息，并通过与港口、路局信息的互通，反映物流运转情况，提供在途原料信息，优化企业港存原料，加快铁路物流反应时间，减少原燃料的途中消耗。

A.8.5 原燃料配送调拨功能

对原燃料进行从堆场到生产线的配送物流和从堆场到堆场或从生产线到生产线的调拨物流进行管理，保证生产供应。

A.8.6 在制品调拨管理功能

对需要汽车或铁路运输的在制品生产线间转库或生产线内内驳的物流业务进行管理，保证上下游生产线物流的顺畅有序。

A.8.7 回收利用物流管理功能

对生产过程中产生的固体废弃物进行回收，针对可以再利用的废钢等固体废弃物进行回炉配送管理。

A.8.8 运输调度管理功能

对企业内部的各种运输指令进行调度管理，平衡物流运输资源，提高运输效率。

A.8.9 生产库存管理功能

收集企业内部的原燃料、在制品、产成品库存信息，用于物流分析与平衡，支撑物流调度。

A.8.10 物流计划管理功能

根据销售合同的物流模式制定物流计划，包括物流方案、计划编制、出厂预报和集批计划。

A.8.11 作业计划管理功能

根据物流计划和集批计划，形成销售出厂发货计划和物流资源分配计划。

A.8.12 物流费用管理功能

对物流费率进行管理，收集物流结算单据，支持物流费用结算。

A.8.13 库存管理功能

对产成品各种形式的库存、贸易加工单元的库存以及在途库存进行管理。

A.8.14 全程物流跟踪功能

支持从销售合同下发到交付最终用户的生产、出厂、在途的合同全程物流跟踪。

A.9 数据分析与决策支持系统

A.9.1 基础分析功能

基础分析功能主要指铁区、炼钢、热轧、冷轧、厚板、棒线材、钢管等各区域统计分析。

（1）铁前区域分析：包括对原料、烧结、炼焦、高炉单元等区域的产量、质量、成分、性能、稳定性、原燃料消耗、设备运转、技术经济指标等进行分析。

（2）炼钢区域分析：对炼钢区域的质量、成本、能源消耗等进行分析。

（3）热轧区域分析：对热轧区域的轧钢、精整、质检等方面的指标进行分析。

（4）冷轧区域分析：对冷轧产品表面封闭判定情况、缺陷、返修情况等进行统计分析，对能源介质消耗情况、包装产量、余材利用率进行分析。

（5）厚板区域分析：对厚板区域的轧制、精整、质检等方面的指标进行分析。

（6）棒线材区域分析：对棒线材区域的产品质量、库存情况、机组作业情况、能源介质消耗情况、合格率、成材率等进行分析。

（7）钢管区域分析：对钢管区域的产品质量、库存情况、机组作业情况、能源介质消耗情况、合格率、成材率等进行分析。

A.9.2 专题分析功能

专题分析主要包括生产分析、质量分析、采购分析、销售分析、财务分析、成本分析、能源分析、设备分析、库存分析、人力资源分析等。

（1）生产分析：分析生产管理过程中与合同、库存、实绩相关的各种指标。

（2）质量分析：收集生产过程工艺参数、产品质量信息（设计信息、判定信息），对产品制造过程中各关键工艺参数异常、质量不合格和用户质量异议进行统计分析。

（3）采购分析：收集、整合采购和相关财务信息，形成采购应用分析框架，支持采购供应业务多维度分析，以便降低采购成本、控制采购风险。

（4）销售分析：整合营销业务链全流程数据，对营销业务链中订单、库存等进行全景分析；支持营销价值链的深化提升，为企业产品结构优化、产能平衡、产品定价、渠道优化、用户服务提供依据。

（5）财务分析：采用同比分析、环比分析、趋势分析、比率分析等多种专业分析方法，挖掘财务数据内在价值，提升日常财务工作效率，加强网络化企业财务监控和信息共享。

（6）成本分析：以产销成本核算数据、成本预算数据为基础，运用因素、对比等分析方法，分析企业和各部门的成本构成和趋势，提供常用成本报表和成本基础数据的查询。

（7）能源分析：提供能源生产、能源统计、能耗分析、目标管控、能源成本、水质管理功能，通过对能源数据的分析、对比，及时预警、指导能源生产。

（8）设备分析：覆盖设备管理的主要业务，支持故障、成本、效率等的综合、全面、深入的数据挖掘分析；

（9）库存分析：分析各种物料的库存量，通过消耗速率确定每种物料可供应生产的天数，分析库存空间，确保安全库存。

（10）人力资源分析：支撑人力资源精细化管理，提供从战略制定到实时监控的数据支撑，同时满足政府部门和行业协会的指标信息管理的要求。

A.9.3 决策分析功能

决策分析主要指管理驾驶舱。

建立管理驾驶舱，通过各种图表直观、形象地展现企业经营的关键指标及其运营趋势，并对异常指标予以及时预警和挖掘分析。

A.10 战略管理系统

A.10.1 确立战略目标功能

通过战略制定，确立战略和战略目标，包括时间表及逐年的、量化的关键指标值。

A.10.2 确定关键指标功能

通过战略部署，使战略和战略目标具体化，转化为实施计划和关键绩效指标，层层分解、细化，确定关键绩效指标体系及其指标值。

A.10.3　战略实施与调整功能

配置资源以实施战略，同时应用其监测实施计划的进展情况；适时分析、评估实际与计划的偏离，并考虑内外部环境的变化，调整战略、战略目标及其实施计划。

A.10.4　战略预测功能

基于所收集的相关数据和信息，运用科学方法和工具，预测长短期计划期内的绩效，将其与竞争对手或标杆、其他钢铁企业绩效预测进行比较，制定和验证企业自身的目标和计划，以保持竞争优势。

A.11　研发、设计管理系统

A.11.1　新产品开发管理功能

新产品开发功能包括数字化建模、产品性能与功能的数字化验证、产品综合设计与优化、产品智能化设计的水平与能力的管理。

A.11.2　新技术开发管理功能

新技术开发管理功能包括新技术与工艺要求的契合度的管理，新技术与产品改进、提高质量要求的契合度的管理，新技术与管理效率、质量提升要求的契合度的管理。

A.11.3　工程设计管理功能

工程设计管理功能包括管理计算机辅助的产品工艺流程设计或工艺规划水平与能力；计算机辅助的工艺过程动态仿真与分析水平与能力；计算机辅助的工艺过程与参数优化情况；专用工艺设备的优化设计水平与能力，工艺设计的集成化、智能化发展情况。

附　录　B
（资料性附录）
智能制造优先行动领域

B.1　建设基于CPS的全自动化工厂

基于CPS的自动化工厂应具备对现实物理系统实时监控和模拟仿真的能力，通过数据的集成、共享和协同，实现对工序装备的实施优化控制，通过大数据技术支持模型数据分析和基于知识推理的模型精度提升，从而提高产品质量、降低能耗与成本。利用可视化技术，实现工程管理的全程可视化，以提高生产管理水平，减低劳动强度，改善工作环境。

基于CPS的自动化工厂的建设内容主要包括：

（1）基于异构网络的数据感知和数据接入。

（2）基于大数据技术的数模分析。

（3）钢铁生产及辅助生产智能装备应用。

（4）智能设备维护。

（5）系统与信息的深度集成，提升管理和劳动效率。

（6）基于工程综合指标体系，实现烧结、球团、炼铁、炼钢、连铸、轧钢、热处理等工序管控闭环。

（7）工艺知识库和模型标准化建设。

B.2　在钢铁制造流程中嵌入工业机器人

在钢铁制造流程中的工况恶劣、高危作业、精细作业、重复劳动等工作场所，以工业机器人替代人工作业，实现机器人在钢铁制造全流程的嵌入式应用，从而改善劳动环境，提高安全水平，降低劳动强度，保证产品质量。

嵌入式工业机器人的主要应用点包括但不限于：

（1）冶炼区。包括高炉自动填充炮泥机器人、高炉开铁口换钎机器人、焦炉出焦门清除作业机器人、连铸中间包测温取样机器人等。

（2）轧制区域。包括钢卷出口自动贴标机器人、锌锅自动捞渣机器人、冷轧自动取样机器人、冷轧自动包装机器人等。

（3）钢管条钢区域。包括接箍上下料机器人、大口径钢管喷印机器人等。

B.3　钢铁生产设备状态可视化及设备资产预测式维护

利用移动互联、大数据分析等新技术，促进钢铁生产设备及辅助设备维修从被动处理到主动管控、从单一数据专项分析到大数据综合分析、从基于经验的预防性维修到基于数据的预测性维修、从单纯反馈设备状态到提供整体解决方案的转变，从而实现钢铁生产及辅助设备状态可视、可预测及维护方案最优化的智能设备管理。主要内容包括：

（1）设备状态智能感知装备的应用。

（2）无线传感器的应用。

（3）装备状态在线监测与指导。

（4）装备状态预测分析。

（5）基于大数据平台主要设备状态分析服务。

B.4　基于预测的能源环境精准管控

综合采用大数据分析技术、区域能源优化技术、在线能效分析与评价技术、安全监测与预测预警技术、知识自动化调度技术等技术，构建智慧能源环保管控系统。主要内容包括：

（1）用智慧节能与管控技术推进节能减排和降本增效。包括热力系统（蒸汽、发电、管网系统）的在线优化、制氧系统供需系统优化、制水系统全流程经济运行分析、在线能效分析跟踪与评价等。

（2）用物联技术提升过程管控能力。包括智慧巡点检管理、智慧化检修现场管理、以集控中心为基础的画报综合信息平台。

（3）钢铁生产能源系统的安全预警与评价。包括电力开关柜安全监测及预警、煤气密封罐水位安全监测及预警、排污及扩散监测及预警等。

B.5　面向钢铁产品制造现场的集成型智能制造管理

集成智能型制造通过人、设备、产品等制造要素和资源的相互识别、实时联通、有效交流，实现智能钢铁产品设计、智能排产、生产状态实时监测和自适应控制、人机智能交互等在生产过程中的应用，推动钢材生产方式的定制化、柔性化、绿色化。

集成型制造智能管理的主要内容包括：

（1）多工序生产协同优化。包括生产计划优化排程、计划基准值管理与高级分析等。

（2）跨工序生产协同优化。包括原料申请优化模型、无委托材料智能匹配、生产过程仿真等。

（3）先进钢铁产品质量策划。

（4）全样本工序一贯质量管理。

（5）库场无人化作业管理。

（6）基于全流程物料跟踪的成本盈利分析。

B.6 一体化智能物流管理系统

一体化物流的智能化就是要使物流系统中的物品标识与识别自动化、现场作业智能化、配送与调度最优化、追溯管理一体化。

钢铁企业一体化智能物流管理系统的主要内容包括：

（1）原料码头港机装卸智能化。

（2）钢铁企业厂内物流组织及运输调度智能化。包括以框架车为核心的物流调度、基于移动互联实现委外运输业务应用的全覆盖，物流仿真与资源配置优化等。

（3）钢材及其他钢铁产品物流供应链智能化。包括基于物联网的物流自动追踪与识别、基于智能装备的无人化物流作业、基于大数据的 KPI 分析等。

（4）厂区重车优先运行智能绿波系统。包括厂区重车的识别感知、重车绿波调度策略等。

B.7 集成客户的端到端供应链

在整体供应链体系中，整合供应商、钢铁生产基地、销售部门、地区公司、钢材加工中心、物流服务商、最终用户之间的业务关系，实现制造钢铁企业与客商间的产品设计、制造、供应协同，进行更高水平的供应链合作。主要内容包括：

（1）全程供应链协同。包括全程供应链信息互联互通、用户需求拉动的供应链管控、全程库存动态监控和多级预警响应、全程供应链周期管理。

（2）全生命周期技术服务。包括用户 EVI 管理、用户异议处理及质量改善全流程管理、产品研发及认证全生命周期管理等。

（3）业务互联网化。建设面向普通客户的电子商务平台、发展第三方交易平台、营销互动社区和协同商圈建设等。

（4）业务智能化和大数据应用。用户需求识别和行为预测，建立供应链管理优化模型，用户、业务价值分析等。

B.8 钢铁工业大数据平台建设

钢铁工业大数据包括：生产过程产生的制造与操作管理数据、消费者使用过程中产生的需求与消费行为数据。大数据平台建设的主要内容包括：

（1）建立钢铁企业大数据平台的基本架构。包括数据获取、数据存储、数据分析、数据洞察。

（2）钢铁企业基础数据接入。面向现场钢铁生产设备和辅助生产设备的数据接入、面向信息系统的数据接入。

（3）大数据存储。满足数据海量化、多样化的要求。

（4）大数据处理。包括大数据规模 SQL 分析、工业控制级实时分析与优化、海量非结构数据的复杂挖掘。

（5）大数据展现。包括大数据实时组态工具、大规模地理空间数据展现、自助分析工具、丰富的可视化图形库。

参 考 文 献

[1] 顾强，成卓，徐鑫．"基本实现工业化"的内涵、标志及展望［J］．工业经济论坛，2015（1）：1～12.

[2] 朱继民．新型工业化道路及其在首钢的实践［J］．管理世界，2006（1）：2～13.

[3] 荣文丽，武力．中国当代钢铁工业发展的思想与实践［J］．河北学刊，2013，33（1）：137～144.

[4] 段雅文．中国新型工业化道路探索——以曹妃甸工业区循环经济发展为例［D］．秦皇岛：燕山大学，2010.

[5] 符鑫峰．2015年钢铁企业信息化建设概况［J］．中国钢铁业，2016（7）：19～24.

[6] 简新华，余江．中国工业化与新型工业化道路［M］．济南：山东人民出版社，2009.

[7] 刘秋生．企业信息化工程理论与方法［M］．南京：东南大学出版社，2016.

[8] 许轶旻．信息化与工业化融合的影响因素研究［D］．南京：南京大学，2013.

[9] 陈亮．信息化对工业化的推动作用研究［D］．武汉：华中科技大学，2011.

[10] 吴胜武，沈斌．信息化与工业化融合 从"中国制造"走向"中国智造"［M］．杭州：浙江大学出版社，2010.

[11] 邓家发．宝钢集团信息化与工业化融合的机制研究［D］．桂林：广西师范大学，2013.

[12] 范文娟．钢铁行业中的两化融合贯标实践［J］．中国金属通报，2016（7）：106～107.

[13] 朱忠新．钢铁企业两化融合典型案例分析［J］．冶金财会，2017（9）：48～49.

[14] 董雁鹏．钢铁行业两化融合发展现状［N］．世界金属导报，2015-12-29（B08）.

[15] 漆永新．两化融合催生钢铁行业发展新业态［J］．中国制造业信息化，2012（6）：16～18.

[16] 我国钢铁业"两化"融合的现状与存在的问题［N］．中国冶金报，2011-10-29（B01）.

[17] 管炳春．以两化融合体系推进钢铁4.0［N］．中国冶金报，2014-10-16（004）.

[18] 朱忠新．大型钢铁企业集团信息化的探索与实践［J］．冶金财会，2017（10）：48～50.

[19] 濮立新．对中国钢铁企业信息化的思考［J］．冶金管理，2006（5）：40～43.

[20] 袁久柱，陈兆阳，周磊．钢铁行业信息化建设现状及前景展望［J］．河北冶金，2017（7）：81～86.

[21] 王健，崔新莹．钢铁企业的信息化支撑［J］．中国制造业信息化，2010（7）：35～36.

[22] 刘晓冰，吕强，邱立鹏，等．钢铁企业集团信息化建设新模式研究与应用［J］．计算机集成制造系统，2008，14（3）：487～493.

[23] 杨翼帆．钢铁企业信息化的风险及管理思路［J］．计算机光盘软件与应用，2012（11）：7～8.

[24] 李清波．钢铁企业信息化规划模型研究［J］．商场现代化，2008（1）：287～288.

[25] 宋河山．钢铁企业信息化及智能化建设［N］．世界金属导报，2017-9-19（B06）.

[26] 吴铮．钢铁企业信息化建设与发展［J］．软件导刊，2010，9（7）：3～4.

［27］梁少华，郝勇生，殷捷，等．钢铁企业信息化建设中 EMS 的定位与应用［J］．冶金动力，2013（6）：73～75.

［28］蒋斌．钢铁企业中 ERP 与 CRM 的结合［D］．成都：电子科技大学，2007.

［29］魏源清．行业整合背景下的钢企信息化战略［N］．中国冶金报，2010-7-31（B04）.

［30］朱麟．基于决策论的河北省钢铁产业信息化趋势研究［J］．中国科技信息，2011（18）：174.

［31］王力．集团型钢铁企业集中管控信息化建设的探索与实践（上）［J］．冶金自动化，2013，37（6）：1～6.

［32］耿庆军．基于制造业强省的企业信息化模式研究［D］．淄博：山东理工大学，2008.

［33］姜春海．太钢 L3 级系统的研究与应用［D］．天津：天津大学，2007.

［34］芦永明，王丽娜，陈宏志，等．中国钢铁企业信息化发展现状与展望［J］．中国冶金，2013，23（5）：1～6.

［35］王炳艳．信息化助力钢铁产业发展［J］．中国计算机用户，2009（2）：25～27.

［36］隋静博．我国钢铁企业的信息化管理［J］．企业研究，2012（20）：71～72.

［37］周杨哲．信息化时代下我国钢铁行业信息化发展现状研究［J］．有色金属文摘，2015，30（1）：98～99.

［38］侯志江．太原钢铁集团公司信息化建设与研究［D］．天津：天津大学，2011.

［39］游振华，毛建军．我国民营钢铁企业信息化影响因素分析［J］．中国管理信息化，2009，12（21）：123～125.

［40］曹勇，格日勒图．我国钢铁企业信息化问题与对策研究［J］．中国管理信息化，2009，12（21）：111～113.

［41］赵刚．A 钢铁集团公司信息化规划设计与研究［D］．天津：天津大学，2008.

［42］杨卓成．HD 钢铁集团基于云计算和物联网的信息化研究［D］．邯郸：河北工程大学，2014.

［43］董玉样．面向钢铁业服务的智能信息化系统研究［D］．上海：上海交通大学，2010.

［44］宋泽海．"互联网＋钢铁"发展趋势与企业的战略选择［J］．经营与管理，2015（12）：69～72.

［45］李欢，莫欣岳．"互联网＋"时代下智能制造技术在我国钢铁行业的应用［J］．世界科技研究与发展，2017，39（1）：62～67.

［46］阚景阳．多元化战略背景下的河北钢铁产业对策分析［J］．冶金经济与管理，2013（1）：31～36.

［47］张春霞，王海风，张寿荣，等．中国钢铁工业绿色发展工程科技战略及对策［J］．钢铁，2015，50（10）：2～7。

［48］杨德春．京津冀协同发展视域下钢铁产业发展战略创新［J］．武汉商学院学报，2015，29（6）：46～51.

［49］张远贵，易树平，高庆萱，等．钢铁企业面向供应链的物流战略研究［J］．价值工程，

2007 （4）：63～66.

[50] 袁莉，佘元冠．中国钢铁工业信息化发展战略研究 ［J］．科学管理研究，2007，25
（1）：85～88.

[51] 韩珍堂．中国钢铁工业竞争力提升战略研究 ［D］．北京：中国社会科学院研究生
院，2014.

[52] 唐旺，宁华，陈星，等．关键信息基础设施概念研究 ［J］．信息技术与标准化，2016
（4）：26～29.

[53] 杜振华．"互联网＋"背景的信息基础设施建设愿景 ［J］．改革，2015（10）：
113～120.

[54] 王延红．江苏省工业信息基础设施发展路径研究 ［J］．江苏科技信息，2016
（23）：1～3.

[55] 崔聪聪．网络关键信息基础设施范围研究 ［J］．东北师大学报（哲学社会科学版），
2017（1）：121～125.

[56] 杨楠，王云莉，杨涛，等．虚拟企业信息基础设施框架研究 ［J］．计算机集成制造系
统，2002，8（3）：182～186.

[57] 李坤望，邵文波，王永进．信息化密度、信息基础设施与企业出口绩效——基于企业异
质性的理论与实证分析 ［J］．管理世界，2015（4）：52～65.

[58] 高金．钢铁企业物流业务两化融合问题研究 ［J］．冶金经济与管理，2015（1）：
31～33.

[59] 刘景均．践行两化融合　打造数字化、智能化钢铁企业——河钢唐钢两化融合做法成效
及经验 ［J］．冶金管理，2015（12）：30～35.

[60] 霍咚梅，肖邦国．我国钢铁行业技术创新发展趋势及方向浅析 ［J］．冶金经济与管理，
2015（6）：4～6.

[61] 张继武．JL 钢铁公司制造执行系统（MES）的构建研究 ［D］．沈阳：东北大学，2007.

[62] 张玉东．PG 炼钢厂 MES 系统数据挖掘的设计与开发 ［D］．成都：电子科技大学，2011.

[63] 吴迪．鞍钢物流管理平台优化设计 ［D］．长春：吉林大学，2016.

[64] 苏畅．钢厂 MES 系统的研究与实现 ［D］．成都：电子科技大学，2013.

[65] 黄晓晨．大型钢铁企业 EDI 数据交换平台研究 ［D］．武汉：华中科技大学，2011.

[66] 刘羽飞．钢铁 MES 系统的设计与实现 ［D］．上海：上海交通大学，2011.

[67] 李颖．薄板厂冶炼区域调度信息化解决方案 ［J］．冶金自动化，2015（S1）：333～337.

[68] 周树恂．曹妃甸钢铁企业能源管理中心项目建设方案设计与实施 ［D］．天津：河北工
业大学，2014.

[69] 王鹏．钢铁产业信息化建设新模式研究 ［J］．中国冶金，2011，21（9）：14～16.

[70] 王涛．钢铁服务企业生产管理方法研究与信息系统设计 ［D］．上海：上海交通大
学，2010.

[71] 刘军伟．钢铁工业泛在信息匹配推送服务体系及其实现方法研究 ［D］．武汉：武汉科

技大学, 2015.

[72] 梁新民. 基于 OLAP 的钢铁物流企业销售系统设计与实现 [D]. 成都: 电子科技大学, 2012.

[73] 刘金美. 基于 SAP APO 的钢铁行业系统集成研究 [D]. 大连: 大连海事大学, 2010.

[74] 胡瑜. 集团化钢铁企业信息系统整合关键技术研究 [D]. 天津: 天津大学, 2013.

[75] 李丁霞. 钢铁企业冷轧工序 MES 库存管理模块的研究与应用 [D]. 兰州: 兰州大学, 2014.

[76] 张秀伟. 钢铁企业营销管理系统设计与实现 [D]. 武汉: 武汉理工大学, 2009.

[77] 刘福德, 姚明海. 钢铁企业 CIMS 信息流分析与功能设计 [J]. 制造业自动化, 2017, 39 (1): 134 ~ 137.

[78] 严笋. 钢铁企业远程集中计量信息化设计与实现 [D]. 长沙: 湖南大学, 2012.

[79] 谢艳平. 集团管控模式下的 HLGG 公司 ERP 财务系统实施研究 [D]. 衡阳: 南华大学, 2014.

[80] 宁汉吉. 济钢 LF 精炼炉 L2 级自动化系统设计 [D]. 西安: 西安理工大学, 2010.

[81] 李幼灵. 钢铁企业质量计量控制系统研究 [D]. 昆明: 昆明理工大学, 2014.

[82] 乔阿美. 企业服务总线 ESB 在基于 SOA 的钢铁企业信息化平台下的实现 [J]. 数字通信世界, 2016 (2): 87 ~ 88.

[83] 金豪. 某钢铁企业轧制生产线信息资源管理解决方案 [D]. 上海: 上海交通大学, 2012.

[84] 余凯, 赵婷, 徐宗球. 双机热备技术在 EMS 中的应用 [J]. 冶金自动化, 2012 (S2): 238 ~ 241.

[85] 吕志民, 徐钢, 毛文赫, 等. 冶金全流程工艺质量在线监控和离线分析诊断系统 [J]. 冶金自动化, 2015, 39 (3): 15 ~ 21.

[86] 吕罕轶, 王昊. 转炉自动化炼钢系统的完善与优化 [J]. 工业技术, 2016 (14): 143.

[87] 梁欢. 中国钢铁行业移动信息化应用研究——以唐山钢铁行业研究为例 [D]. 北京: 北京邮电大学, 2013.

[88] 白琬铭. 两化融合管理体系建设 [J]. 中国船检, 2015 (3): 105 ~ 107.

[89] 凌大兵. 构建新型能力体系助推企业两化融合 [N]. 人民邮电, 2016-2-29 (5).

[90] 洪京一. 全面推广两化融合管理体系引领企业打造互联网时代新型能力 [N]. 中国电子报, 2015-12-18 (4).

[91] 姜晓阳. 两化融合管理有效性分析方法与企业新型能力识别 [J]. 计算机与应用化学, 2015, 32 (4): 385 ~ 391.

[92] 赵圣文, 褚衍昌. 企业决策层战略变革研究 [J]. 山西经济管理干部学院学报, 2012, 20 (2): 17 ~ 19.

[93] 杭天竹. 大数据环境下的企业信息系统内部控制风险探析 [J]. 中国管理信息化, 2016, 19 (17): 59 ~ 62.

[94] 方玲，仲伟俊，梅姝娥．基于风险偏好的信息系统安全技术策略研究［J］．科研管理，2017，38（12）：165～172.

[95] 马丽仪，张露凡，杨宜，等．基于模糊神经网络方法的信息系统安全风险评价研究［J］．中国安全科学学报，2012，22（5）：164～169.

[96] 郑毅．基于灰色理论的信息系统安全风险评估研究［D］．成都：成都理工大学，2013.

[97] 付钰，吴晓平，叶清，等．基于模糊集与熵权理论的信息系统安全风险评估研究［J］．电子学报，2010（7）：1489～1494.

[98] 吴炎太，林斌，孙烨．基于生命周期的信息系统内部控制风险管理研究［J］．审计研究，2009（6）：87～92.

[99] 周知，胡昌平．基于综合赋权法的学术信息系统风险识别研究［J］．情报科学，2017，35（8）：159～169.

[100] 周宇．信息系统集成项目风险管理研究［D］．北京：华北电力大学，2017.

[101] 顾文强．信息系统安全风险评估方法的应用研究［D］．无锡：江南大学，2013.

[102] 宋天予，黄立，卢黎明．信息系统全生命周期安全风险评估体系研究［J］．湖州师范学院学报，2017，39（2）：57～61.

[103] 刘勇，林奇，孟坤．一种基于信息熵的企业信息系统的安全风险定量评估方法［J］．计算机科学，2010，37（5）：45～48.

[104] 罗志钢．高炉专家系统设计研究［J］．工业控制计算机，2011，24（3）：6～7.

[105] 国宏伟，邓君堂，陈杉杉，等．高炉专家系统的数据采集及处理［J］．冶金自动化，2008，32（3）：98.

[106] 李鹏，毕学工，周进东，等．低成本高效益高炉专家系统开发的理念与实践［J］．中国冶金，2015，25（7）：10～16.

[107] 陈贺林，陶卫忠．宝钢高炉智能控制专家系统的研发［J］．宝钢技术，2012（4）：60～64.

[108] 陈建华，徐红阳．"高炉专家系统"应用现状和发展趋势［J］．现代冶金，2012，40（3）：6～10.

[109] 蒋杉，吕晓云．基于数据挖掘技术的高炉分析与诊断专家系统［J］．冶金自动化，2011，35（4）：26～29.

[110] 陈令坤，李佳．基于模式识别的自学习型高炉冶炼专家系统的开发与应用［J］．东南大学学报（自然科学版），2012，42（S1）：117～121.

[111] 张惠荣，王国贞，张苏英．基于案例推理的高炉热风炉燃烧专家控制系统［J］．河北冶金，2016（3）：26～29.

[112] 李春彪．模糊控制在宝钢高炉专家系统开发中的应用［J］．冶金自动化，2017（S1）：156～158.

[113] 朱国峰，那树人，张兆华，等．新型高炉炼铁原燃料采购决策专家系统［J］．金属世界，2015（3）：74～76.

［114］雷磊．烧结工艺专家系统建立及软件开发［D］．重庆：重庆大学，2011．

［115］朱雪婷，王直杰．基于烧结工艺的能耗数据库系统的研究［J］．山西冶金，2017（2）：11～13．

［116］周健，付晓东．钢铁生产物料管理系统业务流程设计与实现［J］．辽宁科技学院学报，2016，18（2）：29～31．

［117］周瑾，李丹，刘冉，等．计量检测工作中的智能管理系统设计研究［J］．海洋技术学报，2017，36（1）：120～124．

［118］侯忠明，万钧，齐长清．酒钢计量数据管理信息系统［J］．中国计量，2012（5）：32～34．

［119］闫新宏．某钢厂能源计量管理系统设计与实现［J］．自动化应用，2016（12）：14～15．

［120］武永强．新兴铸管智能化远程集中计量管理系统的设计与开发［D］．北京：北京工业大学，2016．

［121］孟辛酉．专家控制系统在焦炉自动配煤系统中的应用［J］．科技资讯，2010（20）：110～111．

［122］徐明万．焦炉加热专家系统开发的可行性研究［J］．燃料与化工，2018（1）：10～12．

［123］吕晓茜．二次冷却智能优化控制的研究［J］．机械工程与自动化，2016（5）：165～166．

［124］周梦杰．钢铁一体化生产智能调度及其知识库系统的研究［D］．武汉：武汉科技大学，2016．

［125］王珊珊，曾亮．基于多目标优化的炼钢—连铸生产智能调度模型与算法［J］．科学技术与工程，2015，15（34）：88～94．

［126］李婷．基于扩展资源任务网的钢铁企业物流与能流协同调度方法［D］．北京：北京科技大学，2017．

［127］马步强，刘峰，徐学华，等．连铸机智能控制平台的架构设计［C］．2015连铸装备的技术创新和精细化生产技术交流会．

［128］何冰，米进周，王旭英，等．连铸生产线智能化方向的初步探究［J］．重型机械，2017（5）：1～5．

［129］钱宏智，胡丕俊，邱成国，等．基于洁净钢制造平台的智能控制系统［J］．冶金自动化，2013，37（4）：1～6．

［130］马天牧．炼钢—连铸批量计划智能优化编制方法［D］．沈阳：东北大学，2013．

［131］郑忠，刘怡，陈开，等．炼钢—连铸—热轧生产计划编制的统一模型及智能算法［J］．北京科技大学学报，2013，35（5）：687～693．

［132］黄辉．炼铁—炼钢区间铁水优化调度方法及应用［D］．沈阳：东北大学，2013．

［133］张志杰．智能连铸机控制技术开发［J］．仪器仪表用户，2014（2）：16～19．

［134］李源，李明，马玲，等．智能测控技术在连铸机设备优钢化升级改造中的研究与应用

［J］. 自动化与仪器仪表，2013（4）：166～167.

［135］张剑丰，姚建青. 智能润滑在宝钢5号板坯连铸机上的应用［J］. 宝钢技术，2014（5）：18～21.

［136］王勇，胡建光，孙玉军，等. 智能制造在梅钢炼钢厂的应用实践［J］. 中国冶金，2018，28（1）：32～39.

［137］罗首章，刘永顺，赵永刚. 宝钢料场智能化管理系统的实现［J］. 宝钢技术，2000（4）：31～36.

［138］魏玉林，宋宜富，高峰，等，大型原料场智能化系统应用实践［N］. 世界金属导报，2017-12-26（B16）.

［139］程亚晶. 基于物联网技术的无人值守智能仓库的建立［J］. 中国管理信息化，2017，20（21）：189～190.

［140］彭延书. 全自动无人值守原料采集取样系统工艺浅析与功能实现［J］. 山西电子技术，2016（4）：13～15.

［141］李爱军，李晋瑶. 物联网在物流业中的应用研究——以基于物联网技术的无人值守仓库系统为例［J］. 襄阳职业技术学院学报，2015，14（1）：34～36.

［142］王东，安秀伟，李慧超，等. 青特钢综合原料场智能化设计及生产实践［J］. 烧结球团，2016，41（2）：50～53.

［143］陈小波，肖鹏，赵安明，等，智能控制技术在我国轧钢控制中的应用［J］. 中国金属通报，2016（10）：62，63.

［144］刘文仲. 中国轧钢自动化现状及实现轧钢智能化的思考［J］. 冶金自动化，2016，40（6）：1～5.

［145］魏武强，谭小武. 自动轧钢技术在轧钢生产中的开发与应用［J］. 科技创新与应用，2016（29）：132.

［146］王国栋. 钢铁工业的绿色智能制造［N］. 世界金属导报，2016-11-1（B04）.

［147］王映红，董磊. 钢铁企业工厂数据平台的构建与应用［J］. 冶金自动化，2017，41（3）：44～48，68.

［148］孙彦广. 钢铁工业数字化、网络化、智能化制造技术发展路线图［J］. 冶金管理，2015（9）：4～8.

［149］龚兴. 钢铁业应培育4种智能制造新模式［N］. 中国工业报，2016-11-28（A01）.

［150］郑忠，黄世鹏，龙建宇，等. 钢铁智能制造背景下物质流和能量流协同方法［J］. 工程科学学报，2017，39（1）：115～124.

［151］殷瑞钰. 关于智能化钢厂的讨论——从物理系统一侧出发讨论钢厂智能化［J］. 钢铁，2017，52（6）：1～12.

［152］张海宁，李士琦. 河钢石钢智能制造的思考［J］. 中国冶金，2016，26（6）：1～5.

［153］朱进. 论钢铁企业智能制造的三种集成模式［C］. 2016互联网＋与钢铁工业智能制造高峰论坛论文集.

［154］ 赵振锐，刘景钧，孙雪娇，等．面向智能制造的唐钢信息系统优化与重构［J］．冶金自动化，2017，41（3）：1~5，31.

［155］ 何安瑞，邵健，孙文权，等．适应智能制造的轧制精准控制关键技术［J］．冶金自动化，2016，40（5）：1~8，18.

［156］ 李欢，莫欣岳．智能制造技术在钢铁行业的应用［J］．企业管理，2017（3）：103~106.

［157］ 于勇．唐钢智能制造的信息化架构设计［J］．钢铁，2017，52（1）：1~6.

［158］ 郭朝晖．工业4.0与智能制造的概念本质及其在行业的落地［J］．中国工业评论，2016（8）：105~106.

［159］ 沈烈初．关于智能制造发展战略的八点建议——对中国工程院提出的《中国智能制造发展战略研究报告（征求意见稿)》的一些看法［J］．中国仪器仪表，2018（2）：33~36.

［160］ 郭朝晖．钢铁行业与工业4.0［J］．冶金自动化，2015，39（4）：7~11，44.